¡Sí se puede!

¡Sí se puede!

*Estrategias para organizarse
y cambiar el mundo*

MARSHALL GANZ

Selección y prólogo de Carlos Quintero
Traducción de Darío Zárate Figueroa

Primera edición, 2022

Diseño de portada: León Muñoz Santini
y Andrea García Flores
Fotografía de solapa: Martha Stewart

D. R. © Marshall Ganz
Para consultar a detalle los derechos de autor de cada
capítulo, consulte las páginas 261-262 de este volumen

D. R. © 2022, Carlos Quintero Herrera Lasso,
de la compilación

D. R. © 2022, Libros Grano de Sal, SA de CV
Av. Río San Joaquín, edif. 12-B, int. 104, Lomas de Sotelo,
11200, Miguel Hidalgo, Ciudad de México, México
contacto@granodesal.com
www.granodesal.com 🐦 GranodeSal
📘 LibrosGranodeSal 📷 grano.de.sal

Todos los derechos reservados. Se prohíben la reproducción
y la transmisión total o parcial de esta obra, de cualquier
manera y por cualquier medio, electrónico o mecánico
—entre ellos la fotocopia, la grabación o cualquier otro
sistema de almacenamiento y recuperación—, sin la
autorización por escrito del titular de los derechos.

ISBN 978-607-59437-1-8 (Grano de Sal)

Impreso en México • *Printed in Mexico*

Índice

Presentación | SANTIAGO CREHUERAS 9

Introducción | CARLOS QUINTERO HERRERA LASSO 11

Prefacio a esta edición 25

I. Textos teóricos para la práctica
    1. El poder de las historias en los movimientos sociales 31
    2. Cómo David venció a Goliat 47
    3. Organización 75
    4. Dirigir el cambio: liderazgo, organización
       y movimientos sociales 95

II. Artículos, conferencias, entrevistas y discursos
    5. La empresa social no es cambio social 143
    6. Hablando de poder (texto del Proyecto Gettysburg) 149
    7. Organizando a Obama: campaña, organización
       y movimiento 155
    8. Cómo el poder de la gente produce cambios.
       Entrevista con Bill Moyers *183*
    9. Discurso en El-Hibri 197

III. Guías de trabajo
    10. Narrativa pública: el yo, el nosotros y el ahora 207
    11. Narrativa pública en acción. Cuatro desafíos
        de liderazgo: pérdida, poder, diferencia, cambio 217

Acerca de Leading Change Network 227
Referencias 229
Glosario de términos clave 253
Procedencia de los textos 261
Nota sobre las obras usadas en la portada 263

Presentación

Hace algunos años tuve el privilegio de cursar dos materias con Marshall Ganz en la Universidad de Harvard. La primera estaba enfocada en la organización y los movimientos sociales; la segunda, en la narrativa pública. El impacto del aprendizaje que obtuve en ambos cursos fue extraordinario. Sus enseñanzas me han permitido enfrentar los retos de la organización (*organizing*, en inglés) creando equipos e impulsando iniciativas en rubros como democracia, sustentabilidad, las transiciones energéticas, el desarrollo de comunidades y la participación en consejos directivos; incluso he podido incursionar en el diseño y la elaboración de narrativas públicas profesionales escribiendo discursos para el presidente y varios secretarios de estado de mi país, México, así como ofrecer mis contribuciones en diversos temas de la agenda pública a escala mundial, nacional y estatal.

Marshall Ganz vivió una de sus primeras experiencias de organización en el movimiento por los derechos civiles en Estados Unidos. Allí notó que las personas que "tienen" los problemas deben ser las generadoras de las soluciones, y que hay una diferencia importante entre los recursos y el poder. A partir de esa experiencia, desarrolló las pedagogías que yo tuve el privilegio de aprender directamente de él. Ganz propone equipar a las personas con el poder para generar cambios reales, con base en la narración de historias, la estrategia y la acción, entre otras prácticas de liderazgo, para alcanzar metas compartidas. Así, nos invita a traducir nuestros valores en recursos emocionales que nos permitan responder a los desafíos con coraje, encontrar esperanza y evitar el miedo tomando en cuenta nuestro pasado, nuestro presente y a lo que —en conjunto— aspiramos para el futuro. La polarización y la inestabilidad política que están viviendo nuestros países; la pobreza, la desigualdad y las injusticias sociales en nuestras comunidades; así como la falta de compromiso y liderazgos, demandan acciones urgentes, concretas, creativas e innovadoras como las que propone este organizador y pensador estadounidense.

El estímulo que Marshall Ganz ha detonado en Carlos Quintero y en mí nos motivó a embarcarnos en la aventura de impulsar este libro, inédito en inglés, para que sus lecciones lleguen a una amplia audiencia de habla hispana y potencien su impacto en nuestra región.

¡Sí se puede! Estrategias para organizarse y cambiar el mundo, estoy seguro, será la fuente de inspiración y esperanza de muchas acciones colectivas y transformadoras que se ejecutarán con la cabeza, con las manos y, principalmente, con el corazón.

Santiago Crehueras
Febrero de 2022

Introducción

> ¿Qué hacer con la apatía, prima hermana
> de la inercia? [...]
> Podemos combatir la apatía con enojo.
> No con rabia, sino con indignación y esperanza.
>
> MARSHALL GANZ

En 1997 dos equipos de beisbol, uno de México y otro de Estados Unidos, jugaron un partido que quedó marcado en mi memoria y en la de muchos compatriotas. El equipo Linda Vista, proveniente de Guadalupe, Monterrey, representó a México en la Serie Mundial de las ligas pequeñas en un juego que parecía imposible de ganar. A los mexicanos les tocó enfrentar, en la final del torneo, al campeón estadounidense, el equipo proveniente de Mission Viejo, California.

El partido comenzó, como se esperaba, a favor de los estadounidenses. Para la cuarta entrada, Mission Viejo dominaba el marcador 3-0 y las pocas posibilidades de triunfo del equipo mexicano estaban por desvanecerse. En la quinta entrada, sin embargo, éste anotó y, aunque el marcador continuaba siendo desfavorable, comenzó a sentirse esperanza en el ambiente. En la sexta y última entrada, todo cambió. Aunque primero Mission Viejo anotó de nuevo, el equipo mexicano conectó un cuadrangular de tres carreras y con esto empató el partido a 4 carreras. Desde las gradas, el público explotó con un cántico que se sigue escuchando hoy en las competencias deportivas más desafiantes: "¡Sí se puede! ¡Sí se puede!". Finalmente, con la anotación de una última carrera, el partido culminó 4-5 a favor de Linda Vista. El equipo mexicano había vencido al favorito y se coronaba como campeón mundial.

Yo tenía 11 años cuando, en compañía de mis padres, presencié dicho evento. Éste fue el primer partido de beisbol que vi en mi vida y, aun sin saber nada de ese deporte, recuerdo que sentí una gran emoción por haber sido testigo de algo tan importante. Las y los niños mexicanos aprendimos ese día que vencer gigantes era posible. Si Linda Vista derrotó a los estadounidenses en su propio deporte, ¿qué otras cosas se podían lograr?†

Pocos entre quienes recordamos con cariño aquel "¡Sí se puede!" de 1997 sabemos que en realidad nació muchos años antes de ese partido, a principios de la década de 1970, y que su lugar de origen fue el estado de Arizona. Se pronunció por primera vez en 1972, una década después de que César Chávez, el líder comunitario de ascendencia mexicana más importante de la historia de Estados Unidos, fundó la United Farm Workers [Unión de Campesinos] (UFW).‡ Marshall Ganz, profesor de organización y liderazgo de la Escuela Kennedy de la Universidad de Harvard y autor de este libro, cuenta que en 1972 César Chávez realizó un ayuno en ese mismo estado, en la ciudad de Phoenix. Durante los 25 días que duró, tomó únicamente agua, en protesta por una reforma legislativa que aprobaron el Congreso y Jack Williams (en ese entonces gobernador de Arizona), la cual limitaba —y en ciertos casos prohibía— las huelgas y los boicots,§ dos tácticas muy relevantes para el movimiento campesino. César vivió buena parte de dicho ayuno en reposo, acompañado de una de las cofundadoras del movimiento, Dolores Huerta.₵ Durante la protesta, ella se reunió con otros organizadores, entre los que se encontraba Marshall Ganz, para analizar la estrategia del movimiento. Era notable, comentaba ella, que en Phoenix dominaba una actitud de "no se puede" entre los grupos y los líderes locales. "Nosotros —dijo— debemos representar lo contrario. Debemos decir que sí se puede."

---

† Se puede consultar a detalle el marcador del partido en web.archive.org/web/20170831135755/http://www.littleleague.org/series/history/scores/1997/9715line.htm.

‡ Originalmente se llamaba National Farm Workers Association [Asociación Nacional de Trabajadores Campesinos] (NFWA), pero más tarde cambió su nombre a United Farm Workers Organizing Committee [Comité de Organización de la Unión de Campesinos] (UFWOC) y, finalmente, a United Farm Workers.

§ Disponible en www.nytimes.com/1972/06/11/archives/new-labor-law-expected-to-set-off-arizona-clash.html.

₵ Entre los cofundadores se encontraban Julio Hernandez, Rogelio Terronez, Antonio Orendain y Gilberto Padilla.

Dolores Huerta y demás organizadores llevaron ese "¡Sí se puede!" a otras conversaciones con grupos más amplios del movimiento y, muy pronto, esta frase se convirtió en el grito de guerra durante los actos masivos de la UFW. A pesar de que el movimiento no derrotó la iniciativa en Phoenix, el grito siguió siendo su lema. Desde entonces, esta frase ha acompañado a múltiples movimientos, tanto campesinos como urbanos, en Estados Unidos, así como a muchos otros en México y diversos países de habla hispana. Incluso lo han adoptado diversos políticos, entre ellos el expresidente estadounidense Barack Obama,[†] de quien hablaremos más adelante.

Hoy, el canto de "¡Sí se puede!" representa la esperanza de que los chicos pueden vencer a los grandes, como Marshall Ganz describe en su texto "Cómo David venció a Goliat", incluido en este libro. La esperanza, según la visión de nuestro autor, no es de ninguna manera un concepto vacío y abstracto. Por el contrario, se refiere a la capacidad estratégica y organizativa para lograr cambios reales y tangibles. En la UFW, Marshall Ganz aprendió el oficio de la organización y el liderazgo.[‡] Del movimiento y de líderes como César Chávez, con quienes trabajó desde 1965 hasta 1981, adquirió muchos de los valores fundamentales que le permitieron desarrollar su pedagogía.

Marshall Ganz nació en 1943. Su padre era rabino y su madre, maestra. Creció en Bakersfield, en el Valle Central de California, donde, años después, conocería a César Chávez. Según contó él mismo en una entrevista con Bill Moyers ("Cómo el poder de la gente produce cambios", incluida en esta selección), Ganz creció rodeado de historias con las cuales fue generando paralelismos entre las anécdotas del Antiguo Testamento y las experiencias de su propia vida. Este trasfondo familiar y religioso serviría años después como un punto de conexión con las comunidades aliadas a la

---

[†] El 8 de enero de 2009 fue una de las primeras veces en que Obama utilizó la frase, en este caso, "*Yes, we can*", como lema de su campaña presidencial: www.youtube.com/watch?v=Fe751kMBwms.

[‡] Sobre la Unión de Campesinos se puede leer más en el capítulo "El poder de las historias en los movimientos sociales".

UFW, en su mayoría compuestas por mexicanos inmigrantes que tenían un vínculo muy cercano con el cristianismo y figuras religiosas como la Virgen de Guadalupe.

La familia de Marshall Ganz vivió una temporada en la Alemania ocupada después de la segunda Guerra Mundial, donde su padre se desempeñó como capellán del ejército estadounidense para trabajar con sobrevivientes del Holocausto. Ganz recuerda que, cuando era pequeño, en un cumpleaños no sólo no recibió regalos, sino que, por el contrario, su madre lo alentó a dar regalos a los demás niños. Este recuerdo tuvo una connotación distinta cuando, siendo un poco mayor, comprendió la razón: los demás niños eran huérfanos porque sus padres habían sido víctimas de los nazis. De esta experiencia aprendió que el racismo mata, ya que sus padres le enseñaron a interpretar el Holocausto más allá del antisemitismo. En parte gracias a este recuerdo de la infancia, la lucha contra el racismo ha sido una de las claves del trabajo de Ganz a lo largo de los años.

Después comenzó sus estudios en la Universidad de Harvard, en 1960, pero no se graduó sino hasta casi treinta años después, ya que su último verano como estudiante universitario coincidió con el magnicidio del entonces presidente John F. Kennedy. Tras este acontecimiento, Ganz decidió involucrarse en el activismo y se sumó al Mississippi Summer Project [Proyecto de Verano de Misisipi], un programa vinculado con el movimiento por los derechos civiles que encabezaba Martin Luther King.[†] En el caso de Marshall, el verano se extendió un año y medio, hasta que, por fin, decidió abandonar la escuela.

Aunque desde niño había aprendido con su padre la importancia del trabajo comunitario en el ámbito religioso, esta nueva experiencia lo marcó enormemente. En Misisipi encontró su vocación: trabajar para desarrollar liderazgos que puedan unir a una comunidad en torno a la gestación del poder que necesitan para alcanzar

---

[†] Hubo muchos líderes en el movimiento, aunque el más reconocido fue Martin Luther King. De hecho, según anotaciones del propio Ganz, King desaprobaba el Proyecto de Verano de Misisipi porque era una iniciativa del Student Nonviolent Coordinating Committee [Comité Coordinador Estudiantil No Violento].

el cambio que desean. Posteriormente conoció a César Chávez, con quien coincidió en objetivos y valores. En una decisión que marcaría su vida y su filosofía para siempre, se sumó a la UFW. Aunque había crecido rodeado del movimiento campesino, tuvo que vivir la experiencia de Misisipi para poder ver esta realidad, que lo acercó al hecho de que existen otras comunidades de personas sin derechos políticos ni económicos. Por otro lado, California tenía su propia historia de discriminación racial contra los pueblos originarios, los chinos, los japoneses, los filipinos y los propios mexicanos. Misisipi no era una excepción, sino un ejemplo del cambio que se necesitaba.

Durante 16 años, Marshall Ganz trabajó con la UFW como organizador de marchas y boicots, como negociador e incluso como director de organización y miembro del consejo directivo. Durante este tiempo, desarrolló y acuñó el concepto de *capacidad estratégica*, que definió como "la capacidad de convertir lo que tienes en lo que necesitas para obtener lo que buscas". Esta idea, así como toda su pedagogía, se basa en la importancia de las relaciones personales.

Pocas veces he visto a Marshall Ganz molesto. Una de ellas fue en la discusión posterior a la proyección de una película de 2014, dirigida por el también actor mexicano Diego Luna, que pretendía reflejar la vida de César Chávez. En ella, lo mostraban como un líder carismático que pronunciaba elocuentes discursos en plazas públicas, lo cual a nuestro autor le pareció muy desafortunado. Desde su perspectiva, convirtieron a su mentor y amigo en una caricatura. "César —dijo aquel día— no era un gran orador. Era un tejedor de relaciones. Su poder[†] era relacional, no discursivo." Y ése también es el poder de Marshall Ganz. Si bien como orador es increíblemente persuasivo, durante la conversación en corto de-

---

[†] *Poder*, para los propósitos de este libro, se usará con base en la definición neutral de Martin Luther King que permea la literatura de Marshall Ganz y que discutiremos más adelante: "la capacidad de lograr propósitos". El poder emerge del balance entre necesidades y recursos. Es una relación, no una cosa, y por lo tanto es accesible desde una perspectiva más amplia. Véase el capítulo "Hablando de poder (texto del Proyecto Gettysburg)" de esta selección.

muestra su enorme capacidad para construir relaciones y alinear valores para perseguir propósitos en común.

Una vez concluida su experiencia en la UFW, Marshall Ganz se dedicó toda una década a trabajar en campañas políticas y a definir los siguientes pasos en su carrera profesional. En 1991 regresó a Harvard para terminar sus estudios después de 28 años de ausencia. Posteriormente realizó una maestría en administración pública, seguida de un doctorado en sociología por la misma universidad. Desde entonces es profesor de la Escuela Kennedy de Harvard, donde todos los años imparte las clases de narrativa pública y de organización, tanto a estudiantes de la universidad como a cientos de líderes alrededor del mundo que utilizan estas enseñanzas en sus propios contextos. La pedagogía de la organización es una forma de liderazgo que habilita a una comunidad para convertir los recursos que tiene en el poder que necesita para lograr el cambio que busca por medio del reclutamiento, la capacitación y el desarrollo de líderes. Organizarse, desde este punto de vista, es una forma de equipar a las personas con la capacidad para lograr cambios efectivos. Marshall Ganz enseña esto a partir de cinco prácticas de liderazgo que deben ir acompañadas de una mentoría deliberada e intencional: generar una historia compartida (o una narrativa pública), construir relaciones cívicas, armar una estructura colaborativa confiable, diseñar estrategias y ejecutar acciones medibles; todo esto, sostenido por prácticas de aprendizaje continuo.

En términos políticos, Marshall Ganz apoya a líderes y candidatos que se alinean con los valores democráticos que él defiende. Entre ellos destaca Barack Obama. Entre 2007 y 2008, nuestro autor fue el arquitecto de la campaña de campo que lo llevaría no sólo a ganar la presidencia, sino a construir una esperanza que la gente de Estados Unidos no había visto en muchos años. Esta esperanza fue el elemento clave que llevó a Obama a recibir el premio Nobel de la Paz tan sólo unos meses después de que asumió la presidencia. Ganz diseñó los mecanismos de capacitación de los "Campamentos Obama". Con esa estructura, el equipo de campaña, compuesto por voluntarios y empleados, abordó a los votantes con una estrategia relacional basada en valores compartidos, contando su narrativa pública, para a partir de ahí construir un sentimiento de esperanza que les permitió hacer un poderoso llamado al voto. En

"Organizando a Obama: campaña, organización, movimiento", incluido en este volumen, Marshall describe a detalle cómo se planeó y desarrolló esta estrategia. Que el entonces senador por Illinois resultara electo como el primer presidente afrodescendiente de Estados Unidos fue, en no menor medida, producto del trabajo y la puesta en práctica de las ideas de nuestro autor.

No obstante, casi 15 años después de haber colaborado en su campaña, Ganz tiene sentimientos encontrados respecto a Obama debido a que, en su opinión, el movimiento que se construyó en la campaña, mismo que se desmanteló una vez que llegó al gobierno, pudo haber sido un mecanismo clave para impulsar una agenda realmente transformadora, pero se quedó corto de coraje. De igual forma, considera que la promesa de cambio quedó incumplida, y la esperanza y la oportunidad que caracterizaron esa campaña se desperdiciaron.

El 14 de marzo de 2021 Marshall Ganz celebró su cumpleaños número 68. En una videollamada con más de 600 participantes, entre amigos, colaboradores, alumnos y muchas otras personas a quienes ha marcado en distintos momentos de su vida, confesó que si tuviera que resumir su legado lo haría con las tres preguntas del rabino Hillel, un sabio del siglo I que planteó: "Si no estoy para mí mismo, ¿quién estará para mí? Si sólo estoy para mí, ¿qué soy? Y, si no es ahora, ¿cuándo?" Cualquiera que haya leído o visto alguna plática de Marshall Ganz conoce la impronta que el rabino Hillel dejó en él. Sus pedagogías de la narrativa pública y la organización se basan en estas tres interrogantes que, si bien fueron formuladas hace dos mil años, aún hoy están vigentes. Estas preguntas, que él aborda ampliamente a lo largo de su obra, tienen el poder de cambiar ideas que parecen inmutables, transformar la vida de las personas y moverlas a la acción. Ganz las convierte en tres historias que en conjunto conforman la narrativa pública: la historia del yo, la historia del nosotros y la historia del ahora. Hacer este ejercicio, para el cual incluimos el material "Narrativa pública: el yo, el nosotros y el ahora" (guía de trabajo), requiere conectar con lo más profundo de ti. Esto vale para toda su pedagogía. La organización implica una transformación tanto personal como social. No es posible aspirar a la segunda si no estás dispuesto a hacer la primera.

Lo escribo con pleno conocimiento de causa, como alguien a quien estas ideas cambiaron de manera profunda.

Tuve el privilegio de conocer a Marshall Ganz cuando fue mi profesor en 2013. Su clase de narrativa pública, que además es el punto de partida para toda su pedagogía de la organización, me obligó a enfrentar mi propia historia y a cuestionarme quién soy, en qué creo y cuál es mi propósito. Al llevar a cabo estos ejercicios entendí, por ejemplo, que buena parte de mi vocación de servicio emana de mi bisabuelo que peleó en la Revolución mexicana; que el momento en el que me convencí de que podía causar una diferencia fue cuando participé como abogado en un juicio cuyo resultado fue la liberación de una mujer falsamente acusada y encarcelada; por último, que las historias son el motor que me da la fuerza para trabajar en conjunto con otras personas a fin de alcanzar los objetivos que buscamos. También aprendí algo que Marshall Ganz transmite por medio de sus pedagogías: el enorme poder que implica ser el autor de mi propia historia.

Más adelante, Ganz accedió a dirigir mi tesis y, desde entonces, ha sido un mentor y un referente para mí en distintos proyectos. Uno de éstos arrancó en 2017, dos décadas después de aquel partido de beisbol. Después de trabajar durante más de diez años en distintos espacios del sector público, decidí dedicarme a generar organización comunitaria. Fundé Ensamble, una asociación civil que construye comunidad en el oriente de la Zona Metropolitana del Valle de México. Ése es un espacio que hace 500 años fue un epicentro de poder en nuestra región y hoy, no obstante su cercanía con la Ciudad de México, además de ser una de los lugares más poblados del país, en muchos sentidos se encuentra desvinculada de éste. La forma de trabajo de Ensamble es una adaptación de las pedagogías de narrativa pública y organización de Marshall Ganz. Nuestro enfoque consiste en trabajar con grupos de vecinos para construir una historia en común, un propósito y, a partir de eso, una estrategia para generar cambios en la comunidad.

Un ejemplo de cambio social y personal es el de Esther Valtierra, quien nació y vive en Los Reyes, municipio de La Paz, en el Estado de México. Cuando la conocí, a sus 65 años, ella contaba historias de un pasado lleno de valor y coraje, pero también de un presente desesperanzado. Como muchas mexicanas y mexicanos, a los 14 años tuvo que dejar la escuela y su sueño de ser maestra para apoyar económicamente a su familia. Se sentía frustrada, como si hubiera llegado al final de su vida. Por medio de Los 500 × La Paz, un grupo de vecinos del municipio, se enfocó en ejercer un liderazgo en el sentido que propone Marshall Ganz: "asumir la responsabilidad de habilitar a otros para alcanzar propósitos compartidos en tiempos de incertidumbre". Se dedicó a organizar a los vecinos para recuperar espacios públicos que, debido a su abandono, se encontraban ocupados por grupos delincuenciales.

A las pocas semanas de haber arrancado este proyecto, de participar en las capacitaciones y de construir comunidad para mejorar su entorno —y al tiempo que la comunidad se organizaba para recuperar sus parques y plazas—, Esther ya contaba otra historia. Se veía a sí misma como la persona útil y valiosa que es en realidad. Incluso aprendió a impartir talleres de organización y narrativa pública que han llegado a decenas de personas, entre las que se encuentran sus hijas y nietos. Más de cincuenta años después, cumplió su sueño de ser maestra. El ejemplo de Esther inspiró a muchas otras personas a trabajar juntas para transformar su entorno. Hoy, Los 500 × La Paz ha logrado organizar a miles de personas en Los Reyes; su presencia se siente en la comunidad y marca una diferencia, pues han recuperado espacios públicos, atrajeron atención y, con ella, una mayor capacidad de acción estratégica para todos sus vecinos.

Marshall Ganz me ha recordado en más de una ocasión que las palabras *coraje* y *corazón* tienen el mismo origen etimológico. Ambas derivan de la palabra francesa *coeur*, que significa "corazón". Por su parte, *coeur* proviene del latín *cor*, que se remite también a "cuerda" e "intestino", que, a su vez, tienen su origen en el indoeuropeo *ker*, que quiere decir "entraña". Es decir, la organización es un acto de coraje que implica poner el corazón y la entraña por delante. Marshall Ganz me lo enseñó y Esther me lo demostró con su ejemplo.

Aunque estos conceptos y estrategias se gestaron en Estados Unidos, historias como la de Esther ilustran que la pedagogía de Ganz no es específica de ninguna región. Más aún, ésta ha sido exitosa en los cinco continentes, en países y culturas muy distintas, y se utiliza tanto en entornos laborales, en la esfera pública o el ámbito de las asociaciones, como en la esfera privada y en relaciones con familiares y amigos (Aiello y Ganz, 2020). Así como ha sucedido con Ensamble, Marshall Ganz ha influido en cientos de organizaciones, desde Canadá hasta la Patagonia argentina, pasando por Perú, Colombia, Chile y otros países latinoamericanos. Su influencia también ha llegado a lugares y regiones con realidades muy diversas, como Australia, Japón, Medio Oriente y distintas partes de África y Europa. Movimientos sociales que han nacido o se han fortalecido a partir de la pedagogía de la organización de nuestro autor han logrado conformar los más diversos movimientos, tanto a escala vecinal como internacional: movimientos con fines políticos que luchan contra regímenes autoritarios, organizaciones gremiales que buscan mejores condiciones para ejercer sus profesiones, movimientos estudiantiles de jóvenes inconformes con la realidad y grupos de trabajadores que persiguen mejores condiciones de vida. Buena parte de ese trabajo se ha realizado con el apoyo de la Leading Change Network [Red para Liderar el Cambio], la cual agrupa a miles de personas que trabajan con las pedagogías de Marshall Ganz en todo el mundo y en diversos idiomas.

El trabajo de Ganz es una pedagogía porque es al mismo tiempo experiencial, práctica y reflexiva; además —a diferencia de una técnica—, es sumamente flexible en las formas en las que se puede aprovechar. Hoy tiene aplicaciones en el ramo educativo, sobre todo en las ciencias sociales: sociología, ciencias políticas y estudios sobre organización y liderazgo. También se utiliza en campos tan diversos como organización comunitaria, cabildeo, gobierno, negocios, servicio social, salud, cultura, recreación, mercado laboral, religión e incluso en el ámbito militar. Cuando estas ideas se retoman más allá de la esfera pública, se usan sobre todo en la comunicación interpersonal, no sólo —como se podría pensar— en grandes eventos y discursos (Aiello y Ganz, 2020).

Este libro contiene algunos textos inéditos de Marshall Ganz y otros publicados por primera vez en un idioma distinto al inglés. *¡Sí se puede! Estrategias para organizarse y cambiar el mundo* es una apuesta por parte del autor para que sus conceptos beneficien al amplio público hispanohablante. En cierto sentido, es una manera de volver a conectar con aquellos tiempos en los que comenzó a gestar sus pedagogías como organizador de la UFW. *¡Sí se puede!* es un volumen diseñado para que lo utilicen personas de los ámbitos, espacios y sectores más diversos, para que aprovechen la facilidad de contar con los textos español.

Muchos lugares en los que la pedagogía de Marshall Ganz ha dejado huella, como México y la mayor parte de los países de nuestra América Latina, tienen una gran riqueza en cuanto a tradiciones organizativas. Éstas van desde tradiciones milenarias que nuestros pueblos originarios han trabajado, conservado y perfeccionado a lo largo de muchas generaciones, hasta experiencias urbanas que se han desarrollado en las últimas décadas. La pedagogía de la organización por ningún motivo busca sustituir las tradiciones existentes en esta región del planeta. Al contrario, el autor desea que su trabajo sirva para entablar un diálogo y generar un proceso de aprendizaje mutuo con personas y comunidades que, como él, están ayudando a construir un mundo más justo. Más aún, la pedagogía de Marshall Ganz aspira a ser —como en mi caso y muchos otros lo ha sido— un vehículo para que las personas se conecten de una manera más profunda con sus propias tradiciones morales, religiosas, sociales y, por supuesto, organizativas.

¡Sí se puede! tiene el objetivo central de compartir las ideas y la práctica de Marshall Ganz en sus diferentes facetas: como tallerista y profesor, como activista y luchador social, como sociólogo y académico, y, en especial, como generador de cambios sociales y políticos. Para eso recopilamos una serie de entrevistas, textos académicos, discursos, artículos de opinión y un par de guías prácticas que él mismo utiliza con sus estudiantes.

Las personas que lean este libro aprenderán sobre el poder y cómo se construye; qué son las historias y para qué sirven; a qué se refiere Ganz cuando habla de narrativa pública; cómo desarrollar liderazgo y organización; qué significa la paz y por qué no es lo mismo que la ausencia de conflicto; cómo nacieron los movimientos sociales, además de otros temas relacionados. Pero, más importante que nada, las personas que lean este libro aprenderán de sí mismas, de sus orígenes, valores y deseos. Éste no es un libro para personas que están satisfechas con su realidad. Por el contrario, es una lectura para aquéllas que no le tienen miedo a cuestionar paradigmas, agitar su vida y la de quienes las rodean. La obra de Marshall Ganz es fascinante, pero está llena de preguntas difíciles. Éste no busca ser, como el autor jamás lo ha sido, un libro cómodo.

Otra forma de pensar en el trabajo de Marshall Ganz es como un mapa para personas insatisfechas con la realidad y la injusticia que viven y perciben a su alrededor, pero que no saben cómo empezar a generar cambios. También sirve como una guía para quienes sienten, como todos lo hemos hecho alguna vez, que no tienen la capacidad para generar un impacto significativo en la realidad. El trabajo de Ganz emana justamente de esta inquietud: ¿cómo, siendo yo tan pequeño, puedo transformar un mundo tan grande? La respuesta a la que llegó el autor es tan simple que por eso sorprende. La forma en la que podemos lograr un cambio —dice— es uniendo fuerzas con otras personas. Así, la pedagogía de la organización sirve para que quienes quieren mejorar su país, región o comunidad sepan cómo hacerlo. También estas lecturas pueden ser la sacudida que necesitan todas aquellas personas que aún no están organizadas, pero sienten en su sangre la indignación que podría llevarlas a la acción y a la decisión de convertirse en "arquitectas de su propio destino".[†]

Las lecciones de Ganz siempre han sido importantes, pero hoy más que nunca son urgentes. Este libro nace de la necesidad de construir esperanza en estos tiempos de polarización e incertidumbre, en los que la lucha por el poder se siente desconectada de las necesidades más apremiantes. Éstos son tiempos de frustración y enojo, sentimientos que, bien canalizados, pueden detonar la acción, el cambio y la búsqueda de justicia social. Marshall lo dice muy claro: "Maimónides, filósofo judío del siglo XII, definió la esperanza como 'creer en la plausibilidad de lo posible, en vez de la necesidad de lo probable.'" Esto —explica— significa que "ser realista es reconocer que el mundo no es un ámbito en el que lo probable siempre ocurra. Digo, es más probable que Goliat gane. Pero a veces David gana, ¿sabes?"[‡]

[†] Frase prestada del poema "En paz", de Amado Nervo.
[‡] Cita de la entrevista de Marshall Ganz con Bill Moyers que se incluye en el capítulo "Cómo el poder de la gente produce cambios" de este volumen.

Marshall Ganz no pretende que éste sea un camino sencillo. Cambiar el mundo es un trabajo largo, difícil y desgastante en el que las probabilidades están alineadas en tu contra. Pero esto no quiere decir que no haya que hacerlo. Lo imposible sucede cuando tienes un propósito, una estrategia y la determinación de alcanzar objetivos en común. Ésa es la promesa de este libro. Si lo que buscas es construir un mundo más justo, la organización es el mecanismo por medio del cual puedes convertir ese deseo en una realidad.

Cuenta un proverbio chino que el mejor momento para plantar un árbol fue hace veinte años. El segundo mejor momento es hoy. El tercer componente de la narrativa pública, la historia del ahora, consiste en ese llamado a la acción. No habrá un momento idóneo para comenzar. El ahora es lo único que tenemos. Porque sí se puede y éste es el momento.

CARLOS QUINTERO HERRERA LASSO
Enero de 2022

Prefacio a esta edición

Cuando Carlos Quintero me planteó la idea que se convertiría en este libro, me "hizo clic" de inmediato. Mucho de lo que he llegado a ser, de lo que he aprendido y hecho surgió de los 16 años que pasé con la United Farm Workers [Unión de Campesinos] (UFW), bajo el abrazo caluroso de la comunidad mexicana y mexicoestadounidense. Quiero darles las gracias.

Me capacité en los métodos de organización que obtuvieron pensiones para quienes no tenían la ciudadanía estadounidense, que ayudaron a elegir al primer latino para el concejo municipal de Los Ángeles y consiguieron los votos en el este de esa ciudad que le permitieron al senador Robert Kennedy ganar la elección primaria en California... sólo para perderlo esa misma noche a causa de la bala de un asesino. Aprendí por qué *El Malcriado* era el nombre —y el espíritu— del periódico de la UFW. Conocí la diferencia entre una "marcha" y una "peregrinación"[†] y por qué las votaciones para llamar a huelga debían llevarse a cabo en Guadalupe Hall el 16 de septiembre. Aprendí que todas las personas merecen respeto y que, cuando se organizan, pueden combinar sus recursos y crear el poder para exigir justicia a las mayores corporaciones agrícolas de California. Descubrí el poder del sacrificio, el compromiso, la solidaridad, la esperanza y el heroísmo que hay en cada persona; también que hay demonios capaces de despojarnos de nuestras almas. Y aprendí que podía organizar, enseñar a otras personas a organizarse y a seguir en la lucha hasta ganarla.

Escribí los textos contenidos en este volumen mucho tiempo después de terminada mi labor con la UFW, pero las preguntas que en ellos se hacen, las reflexiones que ahí se comparten y las acciones que se describen están todas enraizadas en lo que aprendí durante esos 16 años, un aprendizaje hecho casi por completo en español. Por eso me da una alegría particular compartir las lecciones de esos años en la lengua en la que fueron aprendidas.

[†] En español en el original. [N. del e.]

¡Y esta labor está lejos de haber terminado! Una canción que Judy Collins grabó en la década de 1960 nos confronta tanto con el desafío como con la esperanza. El movimiento por los derechos civiles se llamaba a sí mismo el movimiento por la libertad, porque *libertad* implica algo mucho más grande que "derechos jurídicos", empezando por solidaridad, coraje, igualdad y agencia:

> La libertad no llega como un ave al vuelo,
> no cae del cielo como la lluvia en verano.
> Libertad, la libertad es algo que se gana con esfuerzo.
> Tienes que trabajar por ella, pelear por ella, día y noche,
> ¡y cada generación debe ganársela de nuevo!
> Debes transmitirla a tus hijos, hermano.
> Debes transmitirla a tus hijas, hermana.
> Tendrán que pelear por ella, día y noche,
> ¡y cada generación debe ganársela de nuevo!
> Debes transmitirla a tus hijos: transmítela.[†]

Mi esperanza es que las reflexiones, historias, herramientas y tácticas que comparto aquí contigo puedan serte de utilidad, no sólo como un conjunto de ideas interesantes, sino más bien como un estímulo para hacer preguntas, imaginar y actuar. Puedes pensar en el contenido de este libro no como un modelo, sino como una especie de hoja de ruta que apunta, tal vez, a los recursos que ya están incorporados en tus propias experiencias, comunidades, historias y cultura: en tu propia realidad.

Gracias a Carlos Quintero, Olmo Balam Juárez, Tomás Granados Salinas, Santiago Creuheras, Alyssa Lyn Ashcraft, Vandinika Shukla, Carlos Quintero padre, Leticia y Gabriela Jauregui, Emilia Aiello, Nicholas Hayes, Regina Pieck y todas las demás personas

---

[†] *Freedom doesn't come like a bird on the wing/Doesn't fall down like the summer rain./Freedom, freedom is a hard-won thing./You have to work for it, fight for it, day and night for it,/And every generation has to win it again!/Pass it on to your children, brother./Pass it on to your children, sister./They have to fight for it, day and night for it./And every generation has to win it again!/Pass it on to your children, pass it on* ["Pass It On", música de George Kleinsinger, letra de Millard Lampell].

que apoyaron este proyecto. Gracias a Abraham Cruzvillegas, Pia Camil y Marcos Castro. Sobre todo, gracias a los compañeros de lucha en los movimientos de trabajadores campesinos en los que tuve el privilegio de participar, y a los jóvenes que puedan leer estas palabras y encontrarlas útiles para forjar su propio futuro.

¡Sí se puede!

MARSHALL GANZ

1. Textos teóricos para la práctica

1. El poder de las historias en los movimientos sociales

> Esta historia ha de contar el buen hombre a su hijo;
> y nunca san Crispín ha de pasar,
> desde este día hasta el final del mundo,
> sin que en él se nos recuerde a nos;
> nos los pocos, los felices pocos, nos, banda de hermanos;
> pues aquel que hoy vierta su sangre conmigo
> ha de ser mi hermano; por más vil que sea él,
> este día ennoblecerá su condición:
> y caballeros que hoy en Inglaterra están en cama
> se creerán malditos por no haber estado aquí,
> y tendrán su hombría en poca estima mientras hable
> cualquiera que haya peleado con nosotros en el día
>   de san Crispín.
>
> WILLIAM SHAKESPEARE,
> *Enrique V*, acto IV, escena 3

INTRODUCCIÓN

En este ejemplar discurso motivacional, pronunciado el día de san Crispín, el rey Enrique V cuenta una nueva historia que promete una transformación de identidad a todo aquel que elija participar en la inminente batalla contra los franceses, que los superan ampliamente en número. No obstante, el resultado de la promesa depende de su eficacia para lograr aquello que Enrique y sus hombres necesitan para salir vivos de la batalla. Quizá sus arcos largos podrían darles superioridad sobre los franceses, montados y acorazados, pero sólo si tienen el coraje de mantenerse firmes y pelear. En este artículo, me concentro en la relación entre narración de historias y estrategia en los movimientos sociales, y argumento que una fuente excepcional de su poder radica en la nueva historia que éstos cuentan.

Mi interés por la narración de historias —y la estrategia— surgió de tres maneras distintas: como un niño para quien la narración anual de la historia de la Pascua judía nunca dejaba de ser extraordinaria; como un joven voluntario en el Student Nonviolent Coordinating Committee [Comité Coordinador Estudiantil No Violento] (SNCC) en Misisipi, que reconoció una nueva narración de esta conocida historia, y como un organizador con la United Farm Workers [Unión de Campesinos] (UFW), que participó en una narración aún más novedosa de la misma historia. Asimismo, como estudiante de sociología de los movimientos sociales, preocupado por una falta de enfoque en los aspectos de la labor que se centran en los actores, en particular la influencia de los agentes —líderes y participantes— para articular el sentido motivacional y estratégico de por qué se debe y cómo se puede movilizar una serie de recursos para aprovechar las oportunidades. Y como profesor de practicantes de la organización que ha descubierto que enseñar sobre la narración de historias es una de las formas de docencia más útiles.

Cómo narran los movimientos sociales

Comencé este artículo con una cita de *Enrique V* como ilustración del vínculo entre el acto de contar una buena historia y el de trazar una buena estrategia. Por desgracia, los estudiosos de los movimientos sociales en la tradición de los procesos políticos han prestado muy poca atención a la labor interpretativa de narrar historias y se han concentrado en temas más estructurales relacionados con recursos y oportunidades.[†] El único aspecto de la labor interpretativa que los estudiosos de los movimientos sociales han

---

[†] Si uno concibe el proceso organizativo como uno de construcción de relaciones, interpretaciones (por qué queremos organizarnos y cómo podemos hacerlo) y acciones (movilización y despliegue de recursos), los estudiosos de los procesos políticos se centran casi sólo en la "acción". Hasta cierto punto, también examinan el papel de las relaciones como redes, pero, a excepción del enmarcado, han ignorado la interpretación.

investigado es el marco (McAdam, McCarthy y Zald, 1996). Aunque el acto de enmarcar —establecer contextos cognitivos dentro de los cuales los datos cobran sentido— es intrínseco a la cognición, la mayoría de estos estudiosos se limita al análisis discursivo. Catalogan, diseccionan y comparan un marco con otro, a veces correlacionando tipos de marcos y tipos de resultados, en vez de prestar atención a quién participa en el enmarcado y de qué manera, explicar procesos de enmarcado o evaluar los distintos contextos en los que ocurre el enmarcado. Sin embargo, el proceso implícito en estos análisis es uno en el que los organizadores "empacan" de manera estratégica un mensaje para un "público", de la misma manera que lo haría un asesor de campaña: un elemento relativamente menor de la labor interpretativa que ocurre en los movimientos sociales (Benford, 1997; Benford y Snow, 2000).

Una nueva generación de estudiosos ha comenzado a ir más allá del marco y a reconocer que la narración de historias bien puede ser el elemento que más distingue a los movimientos sociales de los grupos de interés y otras formas de acción colectiva (Somers, 1992; Gamson, 1992; Somers, 1994; Franzosi, 1997; Polletta, 1998a; Polletta, 1998b; Steinberg, 1999; Hunt, 2000; Bologh, 2000; Davis, 2002). La narración es fundamental para los movimientos sociales porque construye agencia, forma identidad y motiva la acción.

> La narración de historias es la manera en que aprendemos a ejercer agencia para lidiar con nuevos desafíos, siendo conscientes del pasado, pero también de futuros alternativos (Bruner, 1986; Polkinghorne, 1988; Bruner, 1990, 1991; Emirbayer y Mische, 1998; Amsterdam y Bruner, 2000). No se trata de seguir un guion, sino de elegir cómo manejar las desviaciones del libreto. La narración nos involucra en un recuento "entramado" de actores que avanzan, de maneras legítimas, hacia metas consideradas valiosas, y que se encuentran con problemas inesperados, a los cuales deben responder con acciones innovadoras que lleven a una resolución por un nuevo camino, hacia una nueva meta o a la derrota, de la cual se extrae una "moraleja" (Amsterdam y Bruner, 2000). Nos enseña a lidiar con lo inesperado, al ir improvisando futuros alternativos mientras mantenemos la continuidad con nuestro pasado.

- La narración de historias es la manera en que desarrollamos identidades individuales y colectivas que definen los fines que buscamos y entre quiénes los procuramos (MacIntyre, 1981; Carr, 1986; Taylor, 1989; Bruner, 1990; Somers, 1992; Hunt y Benford, 1994; Somers, 1994; Ricœur, 1995; Teske, 1997; Polletta, 1998a, 1998b; Davis, 2000; Gergan y Gergan, 2001; Hinchman y Hinchman, 2001; MacIntyre, 2001). Nuestra identidad puede entenderse como un relato que tejemos a partir de una vida entera de historias en las que hemos participado como narradores o como escuchas, aprendiendo cómo actuar en el mundo. Cuando contamos nuestra historia, hacemos una labor identitaria representando lo que hemos sido y forjando a las personas en las que nos convertiremos. Como interacción entre hablantes y escuchas, la narración de historias es una actividad forjadora de cultura, que construye entendimientos compartidos sobre cómo manejar los riesgos de incertidumbre, anomalía e impredecibilidad con base en el recuerdo de cómo lidiamos con desafíos pasados. Así, nuestras identidades individuales están vinculadas con aquellas personas con quienes compartimos historias —nuestras familias, comunidades, colegas, tradiciones, cultos, nacionalidades— y con quienes las representamos en nuestras cenas familiares, actos religiosos, festividades y otras celebraciones culturales que institucionalizan —o transforman— su narración.
- La narración de historias es la manera en que tenemos acceso a los recursos emocionales —o morales— para tener la motivación de actuar hacia esos fines (Brueggemann, 1978; Sarbin, 1995; Bradt, 1997; Peterson, 1999a, 1999b). Las historias, intrínsecamente normativas, proyectan valencia positiva y negativa sobre distintos tipos de comportamiento. Así, se convierten en lo que Charles Taylor llama nuestras "fuentes morales": fuentes de aprendizaje emocional a las que podemos tener acceso para obtener el coraje, el amor o la esperanza que necesitamos para lidiar con el miedo, la soledad y la desesperanza que inhiben nuestra acción (Taylor, 1989; Jasper, 1998). Como lo enseñó san Agustín, "conocer el bien" no es suficiente para producir un cambio de comportamiento que requiere "amar el bien". La narración de historias es, a la vez, una manera de "en-

marcar" nuestra experiencia como formadora de propósito (que hace que las cosas "cobren sentido") y para "regular nuestras emociones" (conservar la confianza, mantener nuestra ansiedad bajo control, tener una historia en la que podamos creer) (Bruner, 1990).

En este artículo exploro la influencia de la narración de historias en el lanzamiento del movimiento de campesinos liderado por César Chávez a lo largo de un periodo de cuatro años, de la primavera de 1962 a la de 1966.[†] En particular, abordo la influencia de la narración de historias en tres momentos de elección, formación de identidad y acción: desarrollar un núcleo de liderazgo, fundar una organización y lanzar un movimiento.

FORMAR EL LIDERAZGO

El movimiento de campesinos comenzó en la primavera de 1962, por obra de unos "felices pocos", unas 12 personas que se habían reunido en la década de 1950, bajo el liderazgo de César Chávez.[‡] Cinco eran mexicoestadounidenses que ya no trabajaban en el campo, de los cuales cuatro eran hijos de la primera generación de campesinos inmigrantes mexicanos; la quinta, Dolores Huerta, era hija de un líder sindical minero de Nuevo México y la operadora de una casa de huéspedes en Stockton. Otros cuatro eran mexicanos que habían migrado para trabajar en el campo, uno de los cuales había llegado "sin papeles". Había tres parejas, en las que ambos miembros estaban involucrados activamente. Ninguno de los latinos había asistido a la preparatoria, a excepción de Huerta, que fue a la universidad, y la mayoría eran católicos. De los tres anglos que

---

[†] Me centro en el papel complementario de la estrategia en Ganz (2000a).

[‡] El núcleo de liderazgo inicial estaba formado por César y Helen Chávez, Dolores Huerta, Gilbert Padilla, Antonio y Rachel Orendain, Julio y Josefina Hernández, Roger Terronez, Chris Hartmire, Jim Drake y Fred Ross. Véase Ganz (2000a, 2000b) para los resúmenes biográficos y una lista de fuentes biográficas.

había, dos eran clérigos protestantes de veintitantos años, egresados del Seminario Teológico Unión. El tercero, Fred Ross, el mayor del grupo, con 56 años, exmaestro, trabajador social y administrador de campo, había sido reclutado por Saul Alinsky en 1947 para coordinar la Community Service Organization [Organización de Servicio a la Comunidad] (CSO), la primera asociación civil mexicoestadounidense de alcance estatal en California. Ross reclutó a Chávez en 1952 y juntos enrolaron al resto.

Los latinos reclutados en la CSO, quienes habían vivido las condiciones que deseaban cambiar, aprendieron a enfocar su ira políticamente, mientras fueron desarrollando un nuevo sentido de agencia conforme llegaban a considerarse a sí mismos "organizadores". Mediante la organización habían logrado disminuir la brutalidad policial, expandir las funciones de los votantes y obtener beneficios para quienes no eran ciudadanos, pero habían logrado muy poco para mejorar las condiciones de los campesinos, la comunidad de la que habían surgido. Liderados por Chávez, cuyo plan para organizar a los campesinos había sido rechazado por la cautelosa CSO, decidieron hacerlo por su cuenta. Chávez, confiando en sus ahorros, la ayuda de amigos y el dinero que su familia pudo ganar en el campo, rechazó el apoyo financiero externo y se mudó a Delano para comenzar este proyecto.[†]

FUNDAR LA ORGANIZACIÓN

En la primavera de 1962, Chávez y sus colaboradores lanzaron una campaña de reuniones caseras a lo largo de seis meses entre los campesinos del valle de San Joaquín, comenzando con aquellos que habían estado activos en la CSO y con quienes reunieron cientos de historias individuales de injusticia, para tejerlas en un relato más amplio de injusticia económica, racial y política, arraigada en la historia de los campesinos mexicanos en Estados Unidos. Esta historia, a su vez, se entretejió con las de la CSO, una asociación civil estadounidense, la tradición "revolucionaria" mexicana

---

[†] Salvo que se especifique lo contrario, este informe se ha extraído de mi tesis no publicada, Ganz (2000b).

y las enseñanzas del catolicismo romano, para formar la visión de una nueva organización que ofrecía esperanzas de atajar estas injusticias y abrir el camino a un nuevo futuro.

Esta nueva historia se formalizó en una "convención fundadora" de unos 200 delegados agrícolas, la cual se celebró en septiembre en la sala de banquetes de un restaurante mexicano en Fresno. Chávez dirigió la reunión en español, pero ésta, a semejanza de las reuniones de la CSO, incluyó una invocación, un juramento de lealtad: las *Robert's Rules of Order* [Reglas del orden de Robert], minutas oficiales y la elección de funcionarios. Los delegados votaron por organizarse, hacer campaña por un salario mínimo de 1.50 dólares la hora, establecer cuotas de 3.50 dólares por mes, adoptar la audaz bandera roja, blanca y negra del "águila campesina", así como el lema "Viva la causa". Chávez legitimó la nueva organización al reportar que, durante la campaña de reuniones caseras, unos 25 mil campesinos se habían registrado en un censo para exigir mejores condiciones. Los tres invitados que hablaron en la reunión provenían de comunidades entretejidas en la historia de la nueva organización: el fraile católico Cown de Del Rey, el reverendo Hartmire, del Ministerio Migrante, y José Corea, presidente nacional de la CSO. Las cuotas estaban pensadas para lograr una indemnización por defunción, una cooperativa de crédito, una cooperativa de campesinos y servicios sociales. La nueva organización se llamó Farm Workers Association [que después sería la Asociación Nacional de Trabajadores Campesinos] (NFWA). Los organizadores propusieron el término *asociación*, y no *sindicato*, para no ahuyentar a los trabajadores que habían tenido experiencias negativas con anteriores intentos de sindicalización y para no provocar una reacción prematura de los campesinos. El término *campesino* describía a la clase rural mexicana, cuyos movimientos desde la Revolución evocaban tierra, dignidad y resistencia. Hacia el final de la reunión se interpretó una balada original, "El corrido del campesino", en la tradición del caudillo mexicano.

Tres meses después volvieron a reunirse en una "convención constitucional", en la iglesia de Nuestra Señora de Guadalupe en Delano, para escuchar el preámbulo de su constitución, extraído de la encíclica *Rerum novarum* del papa León XIII, que decía:

Tengan presente los ricos y los patronos que oprimir para su lucro a los necesitados y a los desvalidos y buscar su ganancia en la pobreza ajena no lo permiten ni las leyes divinas ni las humanas. Y defraudar a alguien en el salario debido es un gran crimen, que llama a voces las iras vengadoras del cielo.

LANZAR EL MOVIMIENTO

El 8 de septiembre de 1965, tres años después de su fundación, los líderes de la NFWA se vieron obligados a decidir si se sumarían a una huelga de cosechadores de uvas, iniciada por trabajadores filipinos asociados con un sindicato rival de la Federation of Labor and Congress of Industrial Organizations [Federación Estadounidense del Trabajo y Congreso de Organizaciones Industriales] (AFL-CIO). Conscientes del peligro de actuar de manera precipitada, pero presintiendo una oportunidad y dispuestos a asumir ciertos riesgos, decidieron medir el apoyo de los trabajadores mexicanos mediante una votación por la huelga. Para evocar sus narrativas religiosas y culturales —o tradiciones morales— compartidas, programaron la reunión para el 16 de septiembre, día de la Independencia de México, en la iglesia de Nuestra Señora de Guadalupe. Sin embargo, Chávez también reconoció la oportunidad que le proporcionaba el nuevo relato del movimiento por los derechos civiles que se desarrollaba a lo largo del país y lo introdujo en la votación de la huelga, insistiendo en un compromiso con la no violencia, una novedad en el mundo de los campesinos. Además, pidió el compromiso de ir a huelga para ganar el reconocimiento sindical y no sólo un aumento salarial, otra expectativa novedosa para muchos de los presentes. Eliseo Medina, a la sazón un campesino de 18 años, recuerda:

> Entonces llaman a una reunión para Nuestra Señora de Guadalupe, el 16 de septiembre. Todos están llenos de fervor revolucionario. Así que voy a la reunión. Aunque no me gusta mucho la iglesia. Está llena. Nunca había conocido a César Chávez. No sabía cómo diablos se veía. Padilla [...] me lo presenta y es un pelagatos. ¿Ése es César Chávez? No era un gran orador, pero comenzó a hablar y te-

nía mucho sentido lo que decía. Merecíamos que se nos pagara un salario justo. Como éramos pobres, nadie debía aprovecharse de nosotros. También nosotros teníamos derechos en este país. Merecíamos más. La huelga no sería fácil. Mientras más decía lo duro que sería, más gente quería hacerlo. Para cuando terminó la reunión [...] yo ya estaba decidido (Medina, 1998).

Los mil mexicanos entusiastas que asistieron a la reunión votaron abrumadoramente a favor de la huelga. Los organizadores tenían la esperanza de convertirla en un movimiento. Adaptando su propia versión de la historia de los derechos civiles en el "número de la huelga" del periódico, escribieron:

> ¿Qué es un movimiento? Es cuando suficientes personas comparten una idea como para que sus acciones se junten como una enorme ola de agua a la que nada puede detener. Es cuando un grupo de personas comienza a preocuparse tanto por un tema que están dispuestas a hacer sacrificios. El movimiento negro comenzó en el ardiente verano de Alabama hace diez años, cuando una mujer negra se negó a dejarse empujar al fondo del autobús. Así surgió una gigantesca ola de protestas a lo largo del sur de Estados Unidos. El movimiento negro está dispuesto a luchar por lo que es suyo, un lugar equitativo bajo el sol. Algún día, en el futuro, dirán que en el ardiente verano de California, en 1965, comenzó el movimiento de los campesinos. Nació con una pequeña serie de huelgas. Empezó tan lentamente que al principio fue sólo un hombre, luego cinco, luego cien. Así es como comienza un movimiento. Por eso la Asociación de Trabajadores Campesinos es un movimiento, más que un sindicato (*El Malcriado*, 1965).

Aunque muchos trabajadores abandonaron la zona, los productores comenzaron a reclutar esquiroles externos para reemplazarlos, y la responsabilidad de mantener los piquetes itinerantes para informar a los recién llegados sobre la huelga recayó en un cuadro de 200 huelguistas y voluntarios. A falta de un fondo para la huelga, los huelguistas tuvieron que depender de contribuciones externas de partidarios para mantenerse a sí mismos y a sus familias. Para la segunda semana de la huelga, la NFWA desarrolló una rutina de reuniones de viernes por la noche y delegaciones sabatinas para sostener estas actividades.

Las reuniones nocturnas de los viernes, lideradas por Chávez, eran una celebración semanal de dos horas para un nuevo capítulo en la historia de la huelga, que se contaba en reportes, rutinas cómicas y canciones. Unos 200 huelguistas, sus familias, voluntarios y delegaciones religiosas, estudiantiles, obreras y comunitarias llenaban periódicamente una pequeña sala comunitaria para compartir inspiradores reportes en los que interpretaban los sucesos de la semana. Los actos del Teatro Campesino encabezado por Luis Valdez, que combinaba elementos de teatro popular mexicano, *Commedia dell'arte*, Bertolt Brecht y la *troupe* de mimos de San Francisco, ofrecían reflexiones cómicas sobre las interacciones de trabajadores, productores, contratistas, esquiroles, organizadores y partidarios. Medina recuerda:

> Me encantaban las reuniones de los viernes por la noche. Eran como montajes teatrales. Había mucha diversión, y reportes y discursos. Un fuerte sentido de solidaridad. Estamos todos juntos en esto. Oía que venía gente de San Francisco, de Los Ángeles, de lugares que ni siquiera sabía que existían. Era todo muy nuevo. Era como que uno ni siquiera sabía que esas cosas existían. Venía gente, y ministros y sacerdotes, y personas de otros lugares. Y luego anunciaban a todos estos políticos famosos y sindicatos... ¡Guau! Era como si estuviera bebiendo vino fino (Medina, 1998).

Las misas oficiadas por "sacerdotes de la huelga" también se convirtieron en parte de la rutina semanal de los huelguistas, reafirmando así el coraje y el sacrificio que la huelga requería. La historia mexicana cobraba vida conforme comenzaban a aparecer en muros y cercas consignas que decían "¡Viva Juárez, viva Zapata, viva Chávez!". La estrategia de la huelga se decidía en reuniones entre organizadores, pero el trabajo motivacional sobre la historia de la huelga —sin el cual habría habido muy poco material para trazar estrategias— se hacía en las reuniones de los viernes por la noche.

El enfoque en la identidad étnica también fue benéfico para el país en su conjunto. La discriminación sistemática a la que estaban sujetos los mexicanos en el suroeste de Estados Unidos era una historia poco conocida en el resto del país, pero los líderes de la NFWA reconocieron que el movimiento por los derechos civiles había creado una oportunidad para contar esta historia a la nación, explicar las terribles circunstancias en que vivían los campesinos y de esta manera distinguir a la NFWA de "un sindicato más" y a la lucha de los campesinos de "una huelga más". El hecho de que La Causa fundamentara sus reclamos en enseñanzas sociales católicas la protegía, además, de la "caza de comunistas" que había resultado tan efectiva para sabotear los esfuerzos de organización sindical de campesinos en el pasado; asimismo, atrajo al clero católico, cuyos líderes estaban concluyendo sus deliberaciones en el Concilio Vaticano Segundo. Finalmente, la NFWA pudo alcanzar a campesinos que sabían poco de los beneficios de la sindicalización, pero que la reconocían como un esfuerzo de "gente mexicana" para ayudarse a sí misma. Eso significó también que la huelga pudo atraer el apoyo económico, político y moral de mexicanos y mexicoestadounidenses en ciudades y pueblos de todo el estado.

Aunque el apoyo a la huelga continuó creciendo, en noviembre la temporada de uvas terminó sin grandes avances y un boicot convocado en diciembre contra Schenley Industries, una gran compañía licorera con 1618 hectáreas de uvas en Delano, no dio resultados. En febrero, Chávez reunió un amplio grupo de líderes en la casa de un partidario cerca de Santa Bárbara para dedicar tres días a pensar cómo lidiar con Schenley, prepararse para la primavera y mantener el compromiso de los huelguistas, organizadores y partidarios. Cito mis notas de esa reunión:

> Mientras las propuestas recorrían la sala, alguien sugirió que siguiéramos el ejemplo de los mineros de Nuevo México que habían viajado a Nueva York para poner un campamento frente a la sede de la compañía en Wall Street. Los campesinos podrían viajar a la sede de Schenley en Nueva York, poner un campamento frente al edificio y mantener una vigilia hasta que Schenley firmara. Entonces, alguien más sugirió que fueran en autobús para poder celebrar mítines a lo largo de todo el país, organizar comités de boicot locales y generar publicidad, a fin de impulsar su llegada a Nueva York. Entonces alguien preguntó, ¿por qué no marchar, como lo había hecho el doctor King el año anterior, en vez de viajar en autobús?

Pero Nueva York está muy lejos de Delano, respondió otra persona. Por otro lado, la sucursal de Schenley en San Francisco no estaba demasiado retirada: unos 450 kilómetros que, según los cálculos de un veterano del ejército, podían recorrerse a un ritmo de 24 kilómetros diarios, o sea en unos 20 días.

¿Pero qué tal si Schenley no respondía? —preguntó Chávez—. ¿Por qué no, mejor, marchar a Sacramento y presionar al gobernador Brown para que interviniera e iniciara las negociaciones? Quiere reelegirse, quiere los votos de nuestros partidarios, así que quizá podamos tener más fuerza si lo usamos como "palanca". Sí —dijo alguien más—, y, de camino a Sacramento, la marcha podría pasar por la mayoría de los pueblos de campesinos. Podríamos seguir el ejemplo de la "Larga Marcha" de Mao y organizar comités locales y conseguir que firmen promesas de no romper la huelga. Sí, y también podríamos conseguir que nos den comida y hospedaje. Y así como Zapata escribió su Plan de Ayala —sugirió Luis Valdez—, podemos escribir un Plan de Delano, leerlo en cada pueblo, pedir a los campesinos locales que lo firmen y pasar al siguiente pueblo. Entonces —preguntó Chávez—, ¿por qué hacer una "marcha"? Pronto será Cuaresma, un tiempo de reflexión, de penitencia, de pedir perdón. Quizá lo nuestro debería ser una "peregrinación", que podría llegar a Sacramento el domingo de Pascua (Ganz, 2000a).

La marcha se puso en camino el 17 de marzo, liderada por un campesino que cargaba un estandarte de la Virgen de Guadalupe, santa patrona de México, retratos del líder campesino Emiliano Zapata y banderas que proclamaban "Peregrinación, penitencia, revolución". Los huelguistas, además, llevaban pancartas que llamaban a sus partidarios a boicotear a Schenley. De los 67 miembros elegidos para hacer la marcha completa, el más viejo, William King, tenía 63 años y el más joven, Augustine Hernandez, 17; entre ellos había 18 mujeres. La marcha atrajo mucha atención, sobre todo cuando la televisión transmitió imágenes de policías de Delano, con cascos y toletes, obstruyendo el paso de salida por ser un "desfile sin permiso", lo cual evocó imágenes de las formaciones de policía en Selma, Alabama, el año anterior.

Conforme la marcha avanzaba por el valle de pueblo en pueblo, creció el interés público por la historia, sobre todo después de que más de mil personas dieran la bienvenida a los manifestantes en Fresno al final de la primera semana. ¿Qué pasaría? ¿Conseguirían lo que querían? Comenzaron a aparecer boletines diarios en la prensa del Área de la Bahía: historias sobre quiénes eran los huelguistas, por qué caminaban 480 kilómetros, de qué iba la huelga. Obispos católicos y episcopales autorizaron a sus feligreses a unirse a la peregrinación, y la Junta de Rabinos del Norte de California llegó para compartir la matzá con los manifestantes en la Pascua judía. La marcha no sólo articuló el reclamo de justicia de los campesinos, sino también los reclamos de la comunidad mexicoestadounidense que quería tener una nueva voz en la vida pública. En lo individual, Chávez describió la marcha como una forma de "entrenarnos para soportar la larga, larga lucha que, a estas alturas, era evidente que [...] sería necesaria. Queríamos estar en forma, no sólo física sino también espiritualmente" (Levy, 1975).

Entonces, en la tarde del 3 de abril, una semana antes de la llegada programada a Sacramento, Chávez recibió una llamada del abogado de Schenley, que había empezado a sentir los efectos del boicot. Temerosos de que la llegada de los manifestantes a Sacramento se convirtiera en una campaña nacional contra Schenley, querían llegar a un acuerdo. Unas apresuradas negociaciones dieron como resultado el reconocimiento del sindicato campesino, mejoras considerables e inmediatas en los salarios y condiciones laborales, además del primer contrato sindical verdadero en la historia del campesinado en California. Sin embargo, al mismo tiempo que celebraban su victoria, los manifestantes dieron la vuelta a sus pancartas de "Boicot a Schenley" para escribir "Boicot a S&W" y "Boicot a Treesweet", productos de la poderosa DiGiorgio Corporation, que sería su siguiente objetivo.

El sábado por la tarde, el creciente grupo de manifestantes se reunió en los terrenos de la Escuela de Nuestra Señora de la Gracia, en West Sacramento, en una colina con vista al otro lado del río Sacramento, hacia la ciudad capital a la que ingresarían la mañana siguiente: una escena que más de un orador comparó con la de los israelitas acampados a orillas del río Jordán, afuera de la Tierra Prometida. Tras una plegaria con unas 2 mil personas, Roberto Román, un campesino que había cargado una cruz de madera forrada con tela negra los 480 kilómetros de Delano a Sacramento, pasó la mayor parte de la noche forrándola de blanco y decorándola con flores. La mañana siguiente, descalzo y triunfante, cargó su cruz sobre el puente del río, por el centro comercial Capitol y sobre la escalinata del Capitolio de California, donde se le unieron otros 51 miembros "originales" que habían hecho la marcha completa y una multitud de 10 mil campesinos y partidarios. Aunque entre los oradores había gran variedad de líderes religiosos, obreros, políticos y mexicoestadounidenses, no estaba incluido el gobernador Brown, quien había decidido "pasar el día con su familia" en la casa de Frank Sinatra en Palm Springs. Ante la emoción por lo de Schenley, el hecho de que el gobernador hubiera declinado reunirse con los manifestantes parecía algo poco importante. No obstante, la comunidad mexicoestadounidense lo tomó como una afrenta directa, hecho que le dio a Chávez nuevas fichas para negociar con el gobernador, las cuales tendrían mucha importancia en el siguiente capítulo de la lucha.

INTERPRETACIÓN

¿Qué logra la narración de historias? ¿Cómo crea agencia, cómo forma y reforma identidad, y cómo motiva la acción? ¿Qué importancia tiene esto para explicar los orígenes, el desarrollo y los resultados de los movimientos sociales?

Los "felices pocos" que iniciaron el movimiento campesino habían desarrollado sus narrativas identitarias individuales y colectivas en lo que Margaret Somers (1994) llama el "contexto relacional" de la CSO, basado en tradiciones culturales y religiosas compartidas, alimentado por la experiencia de los campesinos inmigrantes y reforzado por las decisiones que éstos tomaron, y por medio de las cuales se convirtieron en "organizadores" no sólo capaces, sino obligados a cambiar sus comunidades. Es más fácil comprender la fuente de su compromiso en términos de sus historias sobre aquello en lo que se habían convertido (Teske, 1997) que en términos de incentivos materiales, de propósito o de estatus que les convenía buscar (Wilson, 1995 [1974]). Esto también puede ayudar a aclarar un misterio que desconcierta a los estudiosos de las decisiones racionales: de dónde viene lo que ellos llaman fanáticos o cooperadores incondicionales, a los cuales reconocen como iniciadores de movimientos sociales, pero no pueden explicar su presencia (Coleman, 1990; Chong, 1991; Munck, 1995; Kim y Bearman, 1997).

Es más, sus historias podrían captar la atención de otros a quienes deseaban reclutar, llevando así a la convención fundacional que formalizó la transformación de miles de historias individuales en la historia compartida de una nueva organización. La fundación de la nueva organización mezcló las narrativas religiosas, políticas y culturales mexicanas, que eran fundamentales para las identidades de los líderes y participantes, con una tradición estadounidense de asociaciones civiles, combinando lo familiar con lo novedoso de un modo que creó una nueva historia. Los beneficios que la nueva organización esperaba ofrecer —cooperativa de crédito, indemnización por defunción y servicios sociales— no sólo serían valiosos por sí mismos, sino que también darían evidencia importante de la nueva historia: la solidaridad, la dignidad y el poder que podía implicar ser un campesino mexicano en California.

Conforme se desarrollaba la huelga, la NFWA aprendió a contar su historia por medio de piquetes, reuniones de huelguistas, desobediencia civil, delegaciones de apoyo, celebraciones religiosas y, por supuesto, la marcha a Sacramento. Así surgió una "comunidad carismática" basada en "votos de pobreza voluntaria" que compartía un compromiso religioso de ganar la huelga. La comunidad huelguista se convirtió en un crisol de cambio cultural que dio origen a nuevas identidades compartidas. Los campesinos se volvieron chavistas, partidarios, voluntarios; la huelga de viticultores se convirtió en La Huelga; la NFWA, en La Causa, y César Chávez... se convirtió en César Chávez, el legendario líder campesino. La marcha fue una narración de historias en acción, palabras y símbolos. Recreó un viaje individual y colectivo de la esclavitud a la libertad. Al decidir participar, los individuos podían vincular su identidad con las de otros que compartían "la causa" y así entrar al escenario de la historia. La marcha no sólo le dio a la NFWA una oportunidad de contar su historia, sino que fue la representación de su historia, de tal modo que trabajadores, partidarios y público podían participar. Esta dinámica cultural infundió a la NFWA de sentido a los ojos de campesinos, mexicoestadounidenses, estudiantes, activistas religiosos y estadounidenses liberales, mucho más allá de su alcance político o influencia económica como organización comunitaria. Pero dado que, como la promesa del rey Enrique V, la marcha fue una historia tan poderosa, fue también una poderosa estrategia: una manera de movilizar el apoyo al primer boicot, que dio como resultado un avance que, a su vez, consagró a la marcha con la importancia aún mayor de una historia recreada sobre cómo los campesinos mexicanos, con sacrificios, solidaridad, determinación y buena organización, podían cambiar el mundo y a sí mismos.

CONCLUSIONES

Comencé este artículo con la cita de *Enrique V* como ejemplo de la relación entre el acto de contar una buena historia y el de trazar una buena estrategia. He procurado mostrar cómo la narración de historias puede desarrollar agencia, reformular identidades y facilitar el acceso a los recursos motivacionales para formar un grupo de liderazgo, fundar una nueva organización y lanzar un nuevo movimiento social. Aunque podemos ver las historias como estructuras discursivas, el aspecto que se muestra más claramente aquí es la narración de historias como representación, en la que el "texto" es tanto acción como palabra y símbolo. Apreciar el papel de las historias requiere poner atención a la representación: quién cuenta la historia, con quién interactúa, dónde y cuándo se cuentan las historias. Se puede decir que los elementos más críticos para contar una nueva historia son las identidades de sus narradores y escuchas. La identidad de un narrador da credibilidad a la historia vinculándola con sus escuchas en un viaje común. Los movimientos sociales cuentan una nueva historia. De este modo adquieren liderazgo, ganan militantes y desarrollan la capacidad de movilizar los recursos necesarios para lograr el éxito. Los movimientos sociales no son sólo redes reconfiguradas y recursos reubicados. Son nuevas historias sobre aquello en lo que sus participantes esperan convertirse.

2. Cómo David venció a Goliat

Una mañana de domingo de Pascua, el 10 de abril de 1966, Roberto Román, descalzo, cargó triunfante su pesada cruz de madera sobre el puente del río Sacramento, por el centro comercial Capitol y la escalinata del capitolio del estado de California. Román, un campesino inmigrante de origen mexicano, iba acompañado de otros 51 miembros "originales": campesinos vitícolas en huelga que habían caminado 480 kilómetros en su "peregrinación" de Delano a Sacramento. Los recibió una multitud de 10 mil personas que habían llegado de todo el estado para compartir su inesperada victoria.

Durante siete meses, los campesinos vitícolas en huelga, organizados por la incipiente National Farm Workers Association [Asociación Nacional de Trabajadores Campesinos] (NFWA), habían soportado agresiones, esquiroles, arrestos, incertidumbre económica y, en ocasiones, desesperanza. Sin embargo, también habían salido a flote gracias al apoyo de líderes religiosos, estudiantes, grupos del movimiento por los derechos civiles y sindicatos. Muchos partidarios habían viajado a Delano para llevar comida, ropa, dinero y mensajes de solidaridad, y habían comenzado a responder a la convocatoria de los campesinos para hacer un boicot nacional a Schenley Industries, una compañía distribuidora de licor en todo el país y productora de uva en Delano. En el invierno de 1966, al aproximarse la nueva temporada de uvas, los líderes de la NFWA decidieron organizar la peregrinación de 480 kilómetros de Delano a Sacramento a fin de movilizar el apoyo para la huelga entre los campesinos, atraer la atención pública hacia el boicot y observar la Cuaresma.

Los campesinos comenzaron la peregrinación el 17 de marzo, cargando estandartes de la Virgen de Guadalupe, santa patrona de México, retratos del líder campesino mexicano Emiliano Zapata y pancartas que proclamaban "peregrinación, penitencia, revolución". También llevaban letreros que urgían a sus partidarios a boicotear a Schenley. Roberto Román cargó su cruz de madera de un metro ochenta de alto, construida con polines y forrada de tela negra. De los huelguistas elegidos para hacer la marcha completa, William King, el más viejo, tenía 63 años, y Augustine Hernandez, el más joven, tenía 17. Casi una cuarta parte eran mujeres.

La marcha, que comenzó un día después de que el senador Robert Kennedy visitara Delano para participar en las audiencias del Subcomité de Mano de Obra Migratoria del Senado de Estados Unidos, atrajo la atención pública desde el principio. Las imágenes televisadas de una fila de policías con cascos obstruyendo la salida de los manifestantes —y llamando a la peregrinación "un desfile sin permiso"— evocaban las formaciones de policía en Selma, Alabama, apenas un año antes. Conforme los manifestantes avanzaban por el valle, de pueblo en pueblo, el interés público crecía. Al final de la primera semana, una multitud de más de mil personas les dio la bienvenida a los manifestantes en Fresno. Comenzaron a aparecer en la prensa del Área de la Bahía de San Francisco boletines diarios que informaban sobre el avance de la marcha. Los reporteros escribían semblanzas de los manifestantes, hablaban de por qué éstos caminaban 480 kilómetros y analizaban sobre qué trataba la huelga. Obispos católicos y episcopales urgían a sus feligreses a unirse a la peregrinación, y la Junta de Rabinos del Norte de California acudió para compartir la matzá en la Pascua judía. La marcha fue una poderosa expresión no sólo del reclamo de justicia de los campesinos, sino también de los reclamos de la comunidad mexicoestadounidense que exigía una voz en la vida pública. Tal como la describió más tarde César Chávez, líder de la NFWA, la marcha fue también, en lo individual, una manera de "entrenarnos para soportar la larga, larga lucha que, a estas alturas, era evidente que [...] sería necesaria. Queríamos estar en forma, no sólo física sino también espiritualmente" Levy (1975).

La tarde del 3 de abril, al llegar los manifestantes a Stockton, todavía a una semana al sur de Sacramento, el abogado de Schenley llamó por teléfono a Chávez. La empresa no tenía interés en seguir siendo objeto de un boicot, sobre todo porque la llegada de la marcha a Sacramento prometía convertirse en una campaña nacional contra Schenley. El abogado quería llegar a un acuerdo. Siguieron tres días de apresuradas negociaciones. El resultado fue el primer contrato sindical verdadero en la historia del campesinado en California: un acuerdo que duraría varios años y otorgaba mejoras inmediatas en salarios, horas y condiciones laborales, y —quizá lo más importante— reconocimiento formal a la NFWA. Chávez anunció este logro el jueves. Para el sábado por la tarde, unos dos mil manifestantes se habían reunido en los terrenos de la Escuela de Nuestra Señora de la Gracia, en West Sacramento, en la cima de una colina que miraba sobre el río Sacramento hacia la ciudad capital a la que entrarían la mañana siguiente. Esa tarde, durante las plegarias, más de un orador comparó a los presentes con los antiguos israelitas acampados a orillas del río Jordán, frente a la Tierra Prometida. Esa noche, Roberto Román forró su cruz de blanco y la decoró con flores primaverales. La mañana siguiente, descalzo y triunfante, la cargó hacia la ciudad.

¿Cómo lograron los campesinos californianos este admirable avance? ¿Y por qué lo consiguió una incipiente organización de campesinos y no la AFL-CIO [Federación Estadounidense del Trabajo y Congreso de Organizaciones Industriales] o los Teamsters [de la Hermandad Internacional de Camioneros], sus mucho más poderosos rivales?

Desde 1900, repetidos intentos de organizar un sindicato de campesinos en California habían fracasado porque los propietarios de las granjas, o "productores", se habían resistido vigorosamente, y a menudo con violencia, a que los campesinos se organizaran. Sus grandes empresas agrícolas, especializadas e integradas, requerían grandes cantidades de trabajadores por temporada que estuvieran disponibles donde y cuando se les necesitara (Morin, 1952; Fisher, 1953). En tiempos de cosecha, dichos trabajadores tenían el bienestar de estas empresas, de manera literal, en sus manos. Así pues, los productores se protegieron —y mantuvieron bajos los costos de mano de obra— reclutando una fuerza laboral particularmente indefensa, compuesta por inmigrantes recientes y empobrecidos que no tenían los derechos políticos de otros estadounidenses y que, como gente de color, enfrentaban barreras raciales en todos los ámbitos de la vida. Para los campesinos, el resultado fueron salarios bajos, pobres condiciones laborales y de vida, así como una falta de seguridad para ellos y sus familias.

No obstante, en tres momentos críticos, entre 1901 y 1951, un mercado laboral estrecho creó una breve oportunidad para que los trabajadores convirtieran sus recursos laborales en poder económico. En cada uno de estos momentos críticos, asociaciones laborales étnicas, redes de organizadores radicales[†] y la Federación Estadounidense del Trabajo (AFL) intentaron aprovechar la oportunidad y crear un sindicato. Sus huelgas, en efecto, a menudo obtuvieron victorias a corto plazo para grupos específicos de campesinos, así como cierto grado de apoyo externo. Sin embargo, todos los esfuerzos fracasaron antes de que pudiera establecerse un sindicato de campesinos. En cada momento crítico, una movilización bélica les dio a los productores el apoyo político que necesitaban para suprimir las organizaciones y, una vez más, inundar los mercados agrícolas locales con nuevos inmigrantes.

Parecía poco probable que una cuarta gran oleada de actividad organizadora, que comenzó a finales de la década de 1950, tuviera un desenlace distinto. Esta oleada fue motivada por la erosión del apoyo político al programa de braceros, que suministraba trabajadores mexicanos a los productores de California. Sin embargo, mientras el movimiento por los derechos civiles se ponía en marcha, los activistas campesinos se dieron cuenta de que podían llamar la atención del público por la lucha de los trabajadores migrantes de color. Además, las rivalidades políticas dentro de las organizaciones laborales reavivaron el interés por sindicalizar a los 250 mil campesinos empleados en la industria agrícola californiana, que tenía un valor de 3 500 millones de dólares. Una vez más, la AFL (para entonces fusionada con el CIO) lanzó una campaña de organización. Dos años después, la Hermandad Internacional de Teamsters —a la sazón, el sindicato más grande de Estados Unidos, que ya representaba a 50 mil trabajadores de fábricas de enlatados, empacadoras y procesadoras de alimentos en California— lanzó su propia iniciativa. En 1962, la FWA, una pequeña asociación comunitaria étnica independiente y de fondos inciertos, entró al escenario.[‡] Así pues, cuando el programa de brace-

---

[†] Con "radical" me refiero a los sindicatos que tenían una orientación socialista y revolucionaria.

[‡] En enero de 1964 la Farm Workers Association [Asociación de Trabajadores Campesinos] (FWA) cambió su nombre a National Farm Workers Association [Asociación Nacional de Trabajadores Campesinos] (NFWA).

ros llegó a su fin en 1965, cada grupo estaba listo para una nueva ronda de organización en el campo.

Los líderes de los campesinos vitícolas filipinos convencieron al comité organizador campesino de la AFL-CIO para que autorizara una huelga de 800 trabajadores que exigían que se aumentara su salario a 1.40 dólares la hora. Fue una huelga muy parecida a las del pasado. Sin embargo, una semana después, la NFWA sacó a 2 mil mexicanos de los campos para que se unieran, y el juego comenzó a cambiar. La NFWA empezó a convertir la huelga en una especie de lucha por los derechos civiles, que involucró desobediencia civil, movilizó el apoyo de escuelas y estudiantes, boicoteó a productores que reclutaban esquiroles y se transformó en La Causa, un "movimiento" de campesinos. La mañana del domingo de Pascua de 1966 no fue la AFL-CIO, sino la NFWA, la que marchó a Sacramento para celebrar el logro de un contrato sindical con Schenley Industries, compañía propietaria de 1 618 hectáreas de uvas y patrona de 300 campesinos.[†]

Sin embargo, la lucha apenas comenzaba. Cuando la NFWA, a partir de su éxito con Schenley, trató de boicotear a otro gran productor de Delano, se encontró con un mundo mucho más complejo y amenazante. La poderosa DiGiorgio Fruit Corporation, que había derrotado tres intentos de organización similares en las décadas de 1930 y 1940, lanzó un gran contraataque en concierto con el sindicato de los Teamsters. No obstante, al cabo de un año, la NFWA retomó la iniciativa al ganar la primera elección de representación sindical en la historia de la agricultura californiana. Se reorganizó como United Farm Workers Organizing Committee [Comité Organizador de Campesinos Unidos], absorbió al grupo de AFL-CIO y sacó a los Teamsters de los campos. Estos éxitos abrieron el camino a un boicot internacional a las uvas, lo que forzó a una industria vitícola entera a firmar contratos sindicales en julio de 1970.

Después de eso continuaron los altibajos, incluida otra batalla

---

[†] Los acuerdos estacionales firmados durante los intentos precedentes de organización no reordenaron las relaciones de poder porque reflejaron las condiciones del mercado laboral durante una temporada concreta, pero no crearon nuevos acuerdos institucionales que pudieran influir en esas condiciones en temporadas posteriores.

de siete años con los Teamsters. Sin embargo, para 1977, la United Farm Workers [Unión de Campesinos] (UFW) —como ahora se llamaba el sindicato— había negociado más de 100 contratos sindicales, reclutado a más de 50 mil miembros que pagaban cuotas y conseguido que entrara en vigor la Ley de Relaciones de Trabajo Agrícola de California, la única garantía legislativa de los derechos colectivos de negociación de los campesinos en los Estados Unidos continentales. La UFW también tuvo un papel importante en el surgimiento de un movimiento chicano en el suroeste del país, donde reclutó y entrenó a cientos de activistas comunitarios, y se volvió una figura importante en la política californiana. Y aunque la UFW sufriría un deterioro en las décadas de 1980 y 1990, ya había logrado marcar una diferencia mucho mayor en las vidas de los campesinos que cualquier esfuerzo de organización anterior.

¿Por qué la UFW tuvo éxito en una labor tan colosal, una tarea en la que otras organizaciones, mucho más poderosas, habían fracasado? Para algunos, la respuesta parece obvia: el favorable ambiente político de la década de 1960 debilitó a los productores y les dio a los organizadores acceso a nuevos recursos. Se había formado una coalición liberal nacional para poner fin al programa de braceros, mientras que el movimiento por los derechos civiles logró movilizar el apoyo urbano a los reclamos basados en la justicia racial (Majka y Majka, 1982; Jenkins y Perrow, 1977; Jenkins, 1985). No obstante, esa explicación no responde la pregunta de por qué fue la UFW, y no la AFL-CIO o los Teamsters, ambos con más recursos, la que tradujo estas oportunidades en éxitos.

Algunos observadores señalan el marco distintivo del "mensaje" de la UFW. Los campesinos —afirman— estuvieron más dispuestos a responder a un llamado que apelaba a su cultura religiosa, étnica y política que a un enfoque de "sindicato directo". Y el público en general tuvo una respuesta más positiva a la caracterización de la huelga vitícola como una extensión del movimiento por los derechos civiles que como un conflicto rutinario por mejores salarios, horas y condiciones laborales. Aunque es verdad, esta observación tampoco ofrece una explicación de por qué sólo la UFW articuló su mensaje de ese modo (Snow *et al.*, 1986; Davis, 2002; Ganz, 2001).

Los estudiosos de estrategias señalan que la UFW empleó una innovadora redefinición de la arena del conflicto, que vinculaba a los campesinos con sus partidarios por medio de boicots de consumo (Brown, 1972; Majka y Majka, 1982). Pero ¿por qué sólo la UFW utilizó esta estrategia? La AFL-CIO y los Teamsters podrían haber hecho lo mismo. Estaban bien establecidos en zonas urbanas en las que se vendían productos agrícolas, y sus miembros servían como eslabones clave en la cadena de distribución. Más aún, aunque la Ley Taft-Hartley prohibía que estos sindicatos realizaran boicots secundarios, ninguna restricción legal les impedía organizar boicots de consumo, como lo hizo la UFW.

La mayoría de las explicaciones populares atribuye el éxito de la UFW al liderazgo carismático de César Chávez (Nelson, 1966; Dunne, 1967; Mathiessen, 1969). Es verdad que, en tiempos de crisis, los líderes especialmente talentosos pueden convertirse en símbolos de esperanza, fuentes de inspiración para sus bases, pero eso no es lo mismo que lograr resultados exitosos.† Y, aunque los efectos que se atribuyen a los líderes carismáticos —atraer bases, aumentar su autoestima e inspirarlos a esforzarse más— pueden ser recursos organizacionales invaluables, tampoco son lo mismo que dar resultados.‡ Como han descubierto los estudiosos de la reli-

---

† Aunque a menudo se considera un atributo de la personalidad, el carisma se entiende mejor como la interacción entre un líder y sus bases. Max Weber (1978 [1914]) atribuye la autoridad "carismática" de los líderes religiosos a la experiencia de sus bases con las fuentes "divinas" de su autoridad; véanse en *Economy and Society* las secciones "The Types of Legitimate Domination", vol. 1, pp. 215-216, pp. 241-245, y "Charisma and Its Transformation", vol. 2, pp. 1111-1157. Émile Durkheim (1964 [1915]) describe el papel de los líderes míticos, o "héroes civilizadores", como símbolos comunitarios. Randall Collins (1981) sostiene que los líderes carismáticos son "el punto focal de un ritual productor de emociones que une a una gran coalición; su carisma crece y decrece según el grado en que se cumplan las condiciones agregadas para el predominio dramático de esa coalición". Y Rajandini Pillai (1996) vincula su aparición a la experiencia de crisis de un grupo. Jay A. Conger y Rabindra N. Kanungo (1998) ofrecen un análisis completo de la investigación en contextos organizativos.

‡ Sobre los efectos del liderazgo carismático, véanse Hollander y Offermann (1990) y House, Spangler y Woycke (1991).

gión, muchos grupos tienen líderes carismáticos, pero pocos logran estabilidad, no se diga convertirse en organizaciones exitosas de movimientos sociales.[†]

Entonces, ¿por qué la UFW sí tuvo éxito? En este texto argumentaré que la UFW tuvo éxito, mientras que sus rivales (la AFL-CIO y los Teamsters) fracasaron, porque los líderes de la UFW trazaron estrategias más eficaces; de hecho, toda una corriente de estrategias eficaces. La UFW pudo hacer esto porque la motivación de sus líderes era mayor que la de sus rivales, tenían mejor acceso a conocimientos importantes y sus deliberaciones se tornaron en medios para el aprendizaje. Éstos son los tres elementos de lo que llamo *capacidad estratégica:* la capacidad de trazar buenas estrategias. Aunque no digo que la capacidad estratégica garantice el éxito, sí afirmo que lo hace más probable. Mientras mayor capacidad estratégica tenga una organización, más fundamentadas, creativas y responsivas serán sus decisiones estratégicas, y más capaz será la organización de aprovechar oportunidades únicas para reconfigurarse y actuar de manera eficaz (Tushman y Murmann, 1997). La capacidad estratégica de una organización, argumento, es en función de quiénes son sus líderes —sus identidades, redes y experiencias tácticas— y de cómo estructuran sus interacciones, entre sí y con su entorno, respecto al flujo de recursos, la responsabilidad y la deliberación.

COMPRENDER LA ESTRATEGIA

La estrategia es la manera en que convertimos lo que tenemos en lo que necesitamos para obtener lo que queremos. La estrategia es intencional: un camino que abrimos tomando una serie de decisiones sobre cómo utilizar recursos en el presente para alcanzar metas en el futuro. Así pues, la estrategia requiere el coraje de aventurarse a lo desconocido, arriesgarse a fracasar, decir no a las

---

[†] Rodney Stark y William Bainbridge (1985) informan que en 1978 California albergaba 167 de los 450 cultos religiosos del país, la mayoría con líderes carismáticos. Steven Carlton-Ford (1992) agrega que 22 de las 44 comunas urbanas que estudiaron tenían líderes carismáticos.

exigencias actuales y comprometerse con un rumbo que sólo podemos conjeturar que nos dará el resultado deseado.

¿Por qué tenemos que trazar estrategias? En nuestro mundo de competencia y cooperación, alcanzar nuestras metas suele requerir poder.[†] Para procurar nuestros intereses con éxito debemos movilizar y desplegar nuestros recursos políticos, económicos o culturales a fin de influir en los intereses de quienes poseen los recursos que necesitamos. Por ejemplo, en 1955, en Montgomery, Alabama, la cuna del boicot a los autobuses que dio inicio al moderno movimiento por los derechos civiles, los miembros de la comunidad negra poseían pocos recursos. Sin embargo, todas las personas que viajaban en autobús a su trabajo, la mayoría de las cuales eran negras, tenían el recurso del dinero del pasaje. Cuando cada persona utilizaba este recurso de manera individual, conseguía un viaje en autobús, pero nada de poder. Al movilizar —y retener— el recurso de manera colectiva, los líderes comunitarios descubrieron que podían lograr que la compañía de autobuses dependiera de la comunidad y así transformaron sus recursos en el poder para exigir a la compañía que pusiera fin a la segregación en el transporte.

[†] Este concepto de *poder* deriva de la visión de Max Weber (1946 [1920]: 180-195) de la estratificación como relaciones de poder que surgen de la competencia y la colaboración entre los actores dentro de los mercados económicos, de estatus y políticos. Ralf Dahrendorf (1958) articula otra versión. Aunque los recursos se interpretan a menudo en términos económicos estrictos, la visión multidimensional de Weber tiene su eco en el relato de Michael Mann (1986) sobre las fuentes ideológicas, económicas, militares y políticas del poder; en el análisis de Pierre Bourdieu (1984) sobre el "capital cultural"; así como Rodney Bruce Hall (1997). La función de la movilización de recursos en los alcances de un movimiento social fue introducida por Anthony Oberschall (1973), así como por Charles Tilly (1978). Las relaciones de poder institucionalizadas a las que se enfrentan los movimientos sociales son explicadas por Stephen Lukes (1974). A escala micro, Richard Emerson (1962) sostiene que el poder surge de las relaciones de intercambio entre individuos en términos de intereses y recursos. Para conceptualizar las relaciones de poder dentro de las organizaciones me baso en una tradición que se remonta a Roberto Michels (1962 [1911]); más recientemente, Gary Salancik y Jeffrey Pfeffer (1977) vinculan el poder organizativo a quienes tienen el control de los recursos críticos.

Tres elementos cruciales en la estrategia son la focalización, las tácticas y el tiempo. La *focalización* requiere una decisión enfocada en dedicar recursos a resultados específicos que, se ha juzgado, pueden acercarnos a nuestra meta. Al enfocarse en acabar con la segregación en los autobuses, los líderes evitaron dispersar demasiado sus recursos y eligieron un objetivo que podía involucrar los recursos de toda la comunidad. Debemos elegir *tácticas* que aprovechen al máximo nuestros recursos y, al mismo tiempo, limiten el valor de los recursos de nuestro oponente. Por ejemplo, Heródoto cuenta que, cuando los atenienses atrajeron a los persas a los estrechos de Salamina, pudieron aprovechar sus habilidades navales superiores y limitar el valor de la ventaja persa en cuanto a número de hombres y naves (Heródoto, 1972). El *tiempo* importa porque algunos momentos, que muchas veces son fugaces, prometen mejores oportunidades que otros (Cohen, March y Olsen, 1976). Las oportunidades ocurren cuando un cambio en el entorno aumenta el valor del voto de un votante crucial. Las oportunidades surgen no porque adquiramos más recursos, sino porque los recursos que ya tenemos adquieren más valor. Por ejemplo, un granero lleno adquiere más valor durante una hambruna, lo que crea una oportunidad para su propietario. A menudo, las oportunidades ocurren en momentos de inusual fluidez estructural, como al principio de un proyecto, o en momentos de "transición de roles" en las vidas de individuos o comunidades.[†] En tales momentos, que combinan incertidumbre con importancia, tenemos mucho poder de decisión y nuestras decisiones tienen grandes consecuencias. Un suceso crucial, como el contrato de Schenley, crea una de estas oportunidades. Aunque parece ser un punto final, una simple victoria puede alterar el entorno de tal manera que las expectativas previas quedan en el aire, con lo que se crea una oportunidad para reconfigurar toda la lucha. Así pues, las oportunidades son críticas, pero

---

[†] Véanse Skocpol (1984: 356-391), Lofland (1996: 190-191), Sewell (1996: 245-280), Weick (1979) y Gersick (1994). Sobre la comunidad, la identidad y la liminalidad, véase Turner (1966). Sobre la formación de la identidad en los movimientos sociales, véase Jasper (1997: 69-99). Para distinguir entre momentos de continuidad y cambio cultural, véanse Smelser (1962: 109-120), Turner y Killian (1987 [1972]), Swidler (1986), Morris (1993).

no generan resultados por sí mismas. Debemos trazar estrategias para convertir oportunidades en resultados. Entonces, el tiempo —reconocer una oportunidad y actuar de forma rápida— suele ser fundamental para una buena estrategia.

La estrategia es algo que se hace, no algo que se posee. Es un proceso interactivo y continuo de experimentación, aprendizaje y adaptación: desarrollamos estrategias conforme actuamos. Dado que lo desconocido es, casi por definición, un factor de gran importancia en los movimientos sociales, a menudo no podemos obtener la información necesaria para tomar buenas decisiones estratégicas sino hasta que comenzamos a actuar. Como lo dijo el organizador comunitario Saul Alinsky, muchas veces "la acción está en la reacción" (Alinsky, 1971). Así, cualquier táctica singular tiene una influencia limitada. Entonces, cuando hablo de estrategia, no me refiero a una sola táctica, sino a toda una serie de tácticas por medio de las cuales los estrategas pueden convertir una oportunidad a corto plazo en una ganancia a largo plazo. Y la ganancia a largo plazo se obtiene de manera más segura cuando no sólo adquirimos más recursos (salarios más altos, por ejemplo), sino que también establecemos nuevas reglas institucionales que rijan futuros conflictos en formas que privilegien nuestros intereses (Gamson, 1975: 1-13 y 28-37; Skocpol, 1985). Por ejemplo, una estrategia laboral efectiva puede convertir ventajas a corto plazo en el mercado laboral en ganancias a largo plazo si las institucionaliza como organizaciones formales, acuerdos colectivos o legislación.

CAPACIDAD ESTRATÉGICA

Aunque la estrategia es el trabajo de los líderes, no es aleatoria ni un simple reflejo del entorno. Los líderes toman decisiones estratégicas, pero estas decisiones están situadas en un contexto biográfico y organizacional.[†] El contexto biográfico incluye quiénes son los miembros de un grupo de liderazgo, a quién conocen y qué saben: sus identidades, redes sociales y repertorios tácticos. El contexto

---

[†] El psicólogo Albert Bandura (1989) contrasta esta "agencia interactiva emergente" con la "agencia autónoma pura" y la "agencia mecanicista".

organizacional incluye el proceso deliberativo de la organización, las fuentes de sus recursos y su estructura de rendición de cuentas. Más aún, aunque tendemos a pensar en el liderazgo como algo individual, con mucha mayor frecuencia de lo que reconocen los mitos organizacionales, la estrategia es el resultado de un equipo de liderazgo (Van de Ven *et al.*, 1999: 95-124). La persona que encabeza el equipo tiene un papel de suma importancia, sobre todo para formar, capacitar y sostener al grupo (Hackman y Walton, 1986; Bartunek, 1993). Sin embargo, la estrategia, como la innovación, suele ser resultado de interacciones entre los individuos autorizados a hacer planes en nombre de la organización (Porter, 1996). En efecto, en entornos complejos y cambiantes, trazar estrategias requiere que los miembros de un equipo sinteticen sus habilidades e información más allá de las capacidades de cualquier individuo, como una buena banda de jazz (Hutchins, 1991). Y la buena estrategia, como el buen jazz, es un proceso creativo continuo de aprendizaje para alcanzar un objetivo deseado interactuando con otros para adaptarnos a circunstancias en constante cambio.

Entonces, ¿por qué un equipo estratégico supera a otro, en especial cuando el último disfruta de una ventaja en recursos? Dado que los estrategas —y sobre todo los estrategas de movimientos sociales— operan en condiciones de alta incertidumbre, respondo esta pregunta enfocándome en factores que, como lo han demostrado los psicólogos sociales, fomentan la creatividad: motivación, conocimientos sobresalientes y prácticas de aprendizaje, o heurísticas.[†] Sin embargo, el comentario de un amigo me recordó que mi pregunta ya había sido abordada mucho antes de los comienzos de las ciencias sociales modernas. Cuando mencioné que los campesinos de California no eran el único grupo que había obtenido una gran victoria contra todo pronóstico, y que la historia de los movi-

---

[†] Estoy en deuda con el detallado trabajo de Teresa Amabile (1996) sobre la creatividad. Su trabajo vincula los microcomportamientos con los macroresultados que explico. Al adaptar su trabajo, sustituyo "conocimiento destacado" por "habilidades relevantes para el dominio" para captar la importancia crítica de la información del entorno para el pensamiento estratégico y considero una gama más amplia de fuentes de motivación.

mientos sociales ofrecía muchos ejemplos similares, mi amigo respondió: "Oh, claro, como David y Goliat". Entonces, me pregunté, ¿qué decía la Biblia sobre cómo David, un simple pastorcillo, pudo derrotar a tan poderoso guerrero? El relato es extraordinario:

> Salió entonces del campamento de los filisteos un paladín, el cual se llamaba Goliat [...] y tenía de altura seis codos y un palmo. Y traía un casco de bronce en su cabeza, y llevaba una cota de malla [...]. Sobre sus piernas traía grebas de bronce [...]. El asta de su lanza era como un rodillo de telar, y tenía el hierro de su lanza seiscientos siclos de hierro [...]. Y se paró y dio voces a los escuadrones de Israel, diciéndoles: [...] Escoged de entre vosotros un hombre que venga contra mí. Si él pudiere pelear conmigo, y me venciere, nosotros seremos vuestros siervos; y si yo pudiere más que él, y lo venciere, vosotros seréis nuestros siervos [...]; dadme un hombre que pelee conmigo. Oyendo Saúl y todo Israel estas palabras del filisteo, se turbaron y tuvieron gran miedo.
>
> Y dijo David a Saúl: [...] tu siervo irá y peleará contra este filisteo. Dijo Saúl a David: No podrás tú ir contra aquel filisteo, para pelear con él; porque tú eres un muchacho, y él un hombre de guerra desde su juventud. David respondió a Saúl: [...] Jehová, que me ha librado de las garras del león y de las garras del oso, él también me librará de la mano de este filisteo. Y dijo Saúl a David: Ve, y Jehová esté contigo. Saúl vistió a David con sus ropas, y puso sobre su cabeza un casco de bronce, y le armó de coraza. Y ciñó David su espada sobre sus vestidos, y probó a andar [...]. Y dijo David a Saúl: Yo no puedo andar con esto, porque nunca lo practiqué. Y David echó de sí aquellas cosas. Y tomó su cayado en su mano, y escogió cinco piedras lisas del arroyo, y las puso en el saco pastoril, en el zurrón que traía, y tomó su honda en su mano, y se fue hacia el filisteo.
>
> Y cuando el filisteo miró y vio a David, le tuvo en poco; porque era muchacho, y rubio, y de hermoso parecer. [...] Entonces dijo David al filisteo: Tú vienes a mí con espada y lanza y jabalina; mas yo vengo a ti en el nombre de Jehová de los ejércitos [...]. Y metiendo David su mano en la bolsa, tomó de allí una piedra, y la tiró con la honda, e hirió al filisteo en la frente [...], y cayó sobre su rostro en tierra (Samuel 17:4-49, versión de la Biblia Reina-Valera).

Está claro que David es valiente, pero se necesita más que coraje para derrotar a Goliat. David gana la batalla porque piensa diferente. Al principio, acepta el escudo, la espada y el casco que, convencionalmente, se consideran necesarios. Sin embargo, luego se da cuenta de que no puede usar esas armas contra alguien que las domina. En vez de eso, concibe un plan de batalla, una estrategia basada en cinco piedras que encuentra en el lecho de un arroyo, su habilidad con la honda y el hecho de que el gigante lo subestima.

¿Por qué él, a diferencia de todos los demás en el campo de batalla, es tan ingenioso para la estrategia? En primer lugar, porque está más motivado. Furioso porque nadie responde a los insultos de Goliat a las "filas del Dios vivo", se siente "llamado" a actuar y se compromete con un resultado antes de saber cómo lo conseguirá. A diferencia de los soldados temerosos, su compromiso de actuar no depende de su conocimiento de una estrategia viable. Más bien, concibe una estrategia viable con base en su compromiso de actuar. Su decisión de pelear lo mueve a resolver la manera de alcanzar el éxito.

Los investigadores han descubierto eso mismo: la motivación aumenta la creatividad al inspirar concentración, entusiasmo, toma de riesgos, persistencia y aprendizaje. Pensamos de manera más crítica cuando tenemos un interés intenso en un problema, estamos insatisfechos con el *statu quo* o experimentamos una ruptura en nuestras expectativas.[†] Y, cuando tenemos pequeños éxitos, éstos pueden mejorar nuestra creatividad, en parte porque conllevan una motivación mayor (Deci y Ryan, 1980).

Las investigaciones también demuestran que las recompensas intrínsecas asociadas con hacer un trabajo que amamos, un trabajo que nos parece inherentemente significativo, son mucho más motivadoras que las recompensas extrínsecas.[‡] Para los líderes de movimientos sociales, cuyo trabajo está arraigado en lo que el filósofo moral Charles Taylor (1989) llama sus "fuentes morales",

---

[†] La investigación sobre esta cuestión en el entrecruce de la psicología y la sociología ha sido resumida en DiMaggio (1997).

[‡] Teresa Amabile resume esta investigación, incluida la suya, en Amabile (1996: 131-152).

dicho trabajo no es un empleo, sino una "vocación" o "llamado" Weber (1958 [1905]: 75-94). Como tal, sus recompensas son intrínsecas y muy motivadoras. Las diferencias en cuanto a motivación pueden explicar buena parte de las diferencias en ingenio entre equipos de liderazgo. Como mostraré en este libro, una diferencia clave entre los líderes de la UFW y los de los Teamsters y la AFL-CIO radicaba en la profundidad del compromiso colectivo de cada equipo con "la causa".

En la historia de David y Goliat, una segunda clave del ingenio estratégico del pastor es su acceso a un conocimiento importante, tanto en términos de habilidades como de información. Cuando David ve las cinco piedras lisas, las reconoce como algo que sabe utilizar —y muy bien—, y esta competencia lo hace libre de considerar nuevas aplicaciones para dicha habilidad.

De manera similar, los estudiosos han descubierto que la creatividad en un oficio se relaciona con el dominio de sus herramientas (Conti, Amabile y Pokkak, 1995), es decir, con el conocimiento y las aptitudes relevantes del ejecutante. Los elementos organizacionales equivalentes son las aptitudes tácticas de los miembros del equipo de liderazgo y su conocimiento de los ámbitos en los cuales actúa la organización. En las volátiles circunstancias de un movimiento social, en las que el entorno cambia como resultado de iniciativas estratégicas, el rápido acceso a ambos tipos de conocimiento puede ser crucial (Zaltman, Duncan y Holbeck, 1973). En este sentido, los vínculos de los líderes de la AFW con los mundos de campesinos, iglesias, estudiantes, sindicatos y otros les daban mucho más acceso —y mucho más rápido— a conocimientos importantes, en comparación con sus rivales, que estaban limitados a su mundo sindical.

Un tercer elemento de la creatividad es aprender a resolver problemas nuevos reflexionando sobre los resultados de la experiencia propia: lo que los investigadores llaman un "proceso heurístico". El conocimiento sobresaliente de David, su habilidad con la honda y las piedras, resulta útil porque él puede reimaginar el campo de batalla. Pero sólo llega a esta solución tras haber probado el escudo y la espada convencionales y descubrir que no puede usarlos. Como persona ajena al combate, ve recursos que otros no ven y oportunidades que otros no comprenden. En contraste, Goliat, como experimentado militar, no logra reconocer siquiera que se ha presentado un nuevo problema. No puede imaginar que un pastorcillo pueda representar una amenaza.

Los estudiosos de la creatividad dan mucha importancia a esta diferencia. Para resolver un nuevo problema es fundamental reconocer que el problema es nuevo, al menos para nosotros, y por lo tanto requiere una nueva solución. Los pensadores creativos encuentran maneras de darle la vuelta al problema y reconsiderarlo desde diferentes ángulos, o "recontextualizarlo".[†] Utilizan su capacidad de hacer analogías para concebir nuevas interpretaciones y nuevos caminos, a menudo mediante una especie de bricolaje para combinar elementos familiares en nuevas formas.[‡]

Más aún, los encuentros con perspectivas diversas —ya sea dentro de la experiencia de vida propia (la perspectiva de David como pastor entre soldados) o dentro de la experiencia combinada de los miembros de un grupo (la capacidad del equipo de la UFW para ver las cosas con los ojos de campesinos, líderes religiosos, activistas políticos y demás)— facilitan el pensamiento innovador.[§] Tales encuentros aportan una conciencia de que múltiples soluciones son posibles (Langer, 1989: 61-80; Weick, 1979: 1-23). La va-

---

[†] Teresa Amabile (1996) describe estos procesos como la ruptura de conjuntos durante la resolución de problemas, la comprensión de la complejidad, el mantenimiento de opciones de respuesta abiertas, la suspensión del juicio, el uso de categorías amplias, la ruptura de "guiones" y el juego con las ideas. Basil Bernstein (1975) relaciona el desarrollo de categorías cognitivas más amplias con el pensamiento creativo. James March y Johan Olsen (1976) destacan el carácter lúdico, o una "tecnología de las tonterías".

[‡] El papel del pensamiento analógico en la resolución creativa de problemas se analiza en Lakoff y Johnson (1980), Gentner (1989), Langer (1989) y Strang y Meyer (1994). El "bricolaje", la combinación de elementos antiguos en formas nuevas, fue descrito por primera vez como un medio de resolución de problemas por Claude Lévi-Strauss (1962).

[§] La relación entre el pensamiento innovador a nivel individual y los encuentros con diversos puntos de vista se analiza en Kasperson (1978), Langer (1989: 115-171), Rosaldo (1989: 196-217) y Piore (1995: 140-167). La relación entre el pensamiento innovador y la diversidad a nivel de grupo es analizada en Nemeth (1986), Weick (1979: 1-23), Senge (1990), Rogers (1995: 371-404), DiMaggio (1997) y Van de Ven *et al.* (1999: 67-94).

riedad de soluciones que se ofrecen en tales circunstancias puede tener su propio valor: mientras más ideas genere un individuo o equipo creativo, mayores serán las posibilidades de que entre éstas haya buenas ideas (Campbell, 1960; Simonton, 1988).

La eficaz estrategia de los líderes de la UFW puede atribuirse a su comprensión, no compartida por sus rivales, de que tenían que idear una nueva manera de organizar a los campesinos. Al mismo tiempo, los diversos pero muy relevantes antecedentes de los miembros del equipo facilitaron la recontextualización, el bricolaje y un enfoque de aprendizaje inusualmente libre de restricciones, en parte porque estaban muy acostumbrados a aprender de la experiencia.

En suma, afirmo que las probabilidades de que un equipo de liderazgo conciba estrategias eficaces dependen de la profundidad de su motivación, la amplitud de sus conocimientos sobresalientes y la robustez de sus prácticas de reflexión, es decir, la extensión de su capacidad estratégica. Las diferencias en cuanto a capacidad estratégica pueden explicar no sólo por qué una táctica es más eficaz que otra, sino por qué una organización tiene más probabilidades que otra de desarrollar toda una serie de tácticas eficaces (Lipsky, 1968; Gamson, 1975; McAdam, 1983).

FUENTES DE CAPACIDAD ESTRATÉGICA

La capacidad estratégica de un equipo de liderazgo se deriva de dos tipos de fuentes: biográficas y organizacionales. Como muestra la tabla 2.1, las fuentes biográficas radican en las identidades, las redes sociales y los repertorios tácticos de los miembros del equipo. Las fuentes organizacionales son procesos deliberativos, flujos de recursos y mecanismos de rendición de cuentas (Weick, 1979: 1-23; Rogers, 1995: 371-403; Van de Ven *et al.*, 1999: 3-20, 125-148 y 149-180).

Fuentes biográficas

La motivación, el conocimiento y las prácticas de aprendizaje de un equipo de liderazgo surgen, en parte, de las identidades com-

TABLA 2.1 Fuentes de la capacidad estratégica

Fuentes de la capacidad estratégica	Elementos de la capacidad estratégica		
	Motivación	Información silenciosa	Prácticas de aprendizaje
Identidades			
Personas de dentro y fuera	Recompensas intrínsecas	Conocimiento local diverso	Contextualización amplia
Compromiso personal y profesional	Compromiso personal y profesional		
Redes sociales			
Vínculos fuertes y débiles	Compromiso personal Reputación	Conocimiento local diverso Retroalimentación	Contextualización amplia
Repertorios tácticos			
Repertorios diversos	Competencia	Conocimiento local diverso	Fuentes de bricolaje o analogía
	Retroalimentación		
Deliberación organizacional			
Regular, abierta y autorizada	Compromiso	Conocimientos locales diversos	Perspectivas heterogéneas
	Autonomía		Evaluación periódica

Fuentes de la capacidad estratégica	Elementos de la capacidad estratégica		
	Motivación	Información silenciosa	Prácticas de aprendizaje
Flujo de recursos			
Múltiples circunscripciones	Autonomía		
Tareas generadas	Retroalimentación	Retroalimentación	Alternativas heterogéneas
Dependencia en las personas	Compromiso		
Rendición de cuentas			
Basada en la circunscripción	Compromiso		
Electiva o empresarial	Recompensas intrínsecas Retroalimentación	Conocimiento local diverso Retroalimentación	

NOTA: esta tabla ilustra las fuentes de liderazgo y organización (columna de la izquierda) de la capacidad estratégica (las tres columnas de la derecha). La influencia pretende ser simultánea, no secuencial.

binadas de sus miembros individuales. Con *identidad* me refiero a la manera en que cada persona ha aprendido a reflexionar sobre el pasado, abordar el presente y anticipar el futuro: su "historia" (Bruner, 1990: 106-116). Las categorías demográficas, como etnia, género, religión, ocupación, edad, estado civil, etcétera, son indicadores útiles de las experiencias de vida que conforman el modo de pensar de un integrante del equipo. A su vez, los modos de pensar de los miembros influyen en cada aspecto de la capacidad estratégica del equipo. Por ejemplo, mientras más personas del equipo se consideren "llamadas" a participar en su proyecto conjunto, mayor será su compromiso colectivo y, por consiguiente, aumentará la motivación del equipo. Mientras más diversas las experiencias de vida de los miembros del equipo, mayor será el espectro de conocimientos relevantes al que el equipo pueda recurrir. Y, mientras mayor sea la diversidad de identidades, más innovador podrá ser el enfoque del equipo para resolver problemas. En particular, los equipos compuestos por individuos que pertenecen a ciertos grupos y son ajenos a otros pueden abordar sus actividades con la motivación de un enterado, el conocimiento profundo de las circunstancias locales, y la capacidad de un fuereño para recontextualizar dichas circunstancias en marcos de referencia más amplios (Bernstein, 1975: 170-189).

De manera similar, las redes sociales de los líderes pueden alimentar la capacidad estratégica del equipo. Unos lazos fuertes con las personas cuyas vidas afectamos y cuyo aprecio deseamos ganarnos pueden ser una poderosa motivación (Chong, 1991: 31-72).[†] Y, mientras más diversas sean las redes sociales con las que interactúan los miembros del equipo de liderazgo, más amplio será el espectro de información y retroalimentación útil al que el grupo tenga acceso. Esto también incrementa el conocimiento sobresaliente del equipo y mejora su enfoque para la resolución de problemas.[‡]

[†] Dennis Chong (1991) identifica importantes razones de reputación por las que la gente se une a los movimientos.

[‡] William Gamson (1975: 145-180) vincula los vínculos fuertes y débiles en un contexto de movimiento social. Everett Rogers (1995: 371-401) los relaciona con un contexto empresarial.

Los mismos beneficios se acumulan cuando los miembros del equipo tienen acceso a una diversidad de *repertorios tácticos* (Moore, 1995; Hamel, 1996; Alinsky, 1971: 127). Cuando distintos integrantes saben cómo hacer las cosas en diferentes circunstancias y con diferentes métodos, contribuyen al conjunto de las habilidades del equipo, su flexibilidad y su capacidad para el bricolaje. Un resultado de esto, como lo vio hace muchos años el organizador comunitario Saul Alinsky, es que un equipo puede trasladar a otro ámbito las tácticas que son familiares en su propio contexto; por ejemplo, una vigilia al estilo de la iglesia a un tribunal. Un equipo así tiene ventaja sobre su oposición. Al mismo tiempo, cuando los líderes usan tácticas que les son familiares a sus bases, es más probable que reciban retroalimentación, lo cual aumenta su motivación. En todas estas formas, la capacidad estratégica de un equipo de liderazgo surge de la identidad de sus miembros.

Fuentes organizacionales

Las fuentes organizacionales de capacidad estratégica son, quizá, menos obvias, pero existen en las estructuras de legitimidad, poder y deliberación establecidas por los fundadores. Estas estructuras dan forma a las interacciones de los líderes entre sí y con sus bases, electores, seguidores, oponentes y el público.[†] Sean cuales fueren las intenciones de los fundadores, estas estructuras, una vez establecidas, tienen una profunda influencia en el futuro comportamiento de la organización.[‡]

[†] Weick (1979: 10-37). Max Weber (1978 [1914]: vol. 1, pp. 12-15, 48-52 y 212-301) considera las estructuras organizativas como mecanismos para el ejercicio legítimo de la autoridad. Las organizaciones como estructuras de poder son destacadas por Emerson (1962: 31-44), Salancik y Pfeffer (1977: 2-21) y Perrow (1986). March y Olsen (1976) se centran en las organizaciones como lugares de deliberación y toma de decisiones.

[‡] Para la relación de las formas de organización con las elecciones de los fundadores, véanse Child (1972), Oliver (1988), Eisenhardt y Schoonhoven (1990), Weick (1993: 10-37) y Clemens (1996). Sobre la influencia de la estructura organizativa en la innovación, véanse Zaltman, Duncan y Holbeck (1973) y Damanpour (1991). Para la relación de la estructura con la estrategia, véase Alfred D. Chandler (1962: 1-18 y 283-323).

En términos de capacidad estratégica, los equipos de liderazgo que practican deliberaciones periódicas, abiertas y acreditadas para trazar estrategias se benefician, por sinergia, del conocimiento y la motivación de los miembros del equipo, en formas que no son posibles para aquellas organizaciones en las que un "llanero solitario" decide la estrategia. La participación de una variedad de integrantes vinculados con una diversidad de grupos de simpatizantes aporta una retroalimentación que permite al equipo cambiar de circunstancias con rapidez y le facilita reconocer y resolver nuevos problemas (Zaltman, Duncan y Holbeck, 1973). Más aún, la motivación del equipo mejora cuando sus miembros pueden contribuir a la toma de decisiones estratégicas sobre las cuales pueden actuar posteriormente (Duncan, 1973; Hackman y Walton, 1986; Ruscio, Whitney y Amabile, 1995).

Sin embargo, sostener un proceso deliberativo creativo es un desafío que requiere líderes con alta tolerancia a la ambigüedad.[†] Sabemos que una deliberación abierta a perspectivas "anormales" —es decir, contrarias— mejora el aprendizaje, la innovación y la realización de tareas cognitivas en general (Nemeth y Staw, 1989; McCleod y Lobel, 1992; Hutchins, 1991; Hackman y Walton, 1986). No obstante, dado que las minorías tienden a ceder ante las mayorías, y las personas con menos autoridad tienden a ceder ante aquellas con más autoridad, la tendencia de un grupo a lo largo del tiempo es a perder su diversidad. Así, se requiere que ciertas prácticas organizacionales en particular mantengan una perspectiva diversa. Para que una lluvia de ideas dé lugar a la toma de decisiones, las prácticas deliberativas que fomentan el pensamiento divergente también deben permitir el pensamiento convergente. La resolución de conflictos por negociación, acompañada de una votación, es preferible a la toma de decisiones por decreto o consenso, pues la negociación y la votación hacen posible la acción colectiva, a la vez que preservan las diferencias que tan útiles resultan en la deliberación (Bartunek, 1993). Más aún, si un equi-

---

[†] Sobre los procedimientos formales, véase Osborn (1953). Sobre la influencia de múltiples fuentes de recursos y autoridad, véase Levinthal (1997). Sobre la toma de decisiones mediante negociaciones, véanse Nemeth y Staw (1989) y Bartunek (1993: 337-343).

po de liderazgo traza estrategias y actúa al mismo tiempo, como ocurre en un movimiento social que se desarrolla con rapidez, administrar estas dos modalidades de deliberación —divergente y convergente— supone un desafío especial (Van de Ven *et al.*, 1999: 95-124).

Una segunda influencia estructural importante en la capacidad estratégica deriva del tipo de recursos de los cuales depende la organización (Oliver y Marwell, 1992). Por ejemplo, las organizaciones que dependen de recursos basados en sus miembros y generados por tareas (por ejemplo, cuotas de membresía) deben idear estrategias a las que sus bases respondan. En contraste, las organizaciones que dependen de recursos externos (por ejemplo, subvenciones) pueden estar menos atentas a los grupos y bases, que son cruciales para su éxito estratégico. Por ejemplo, ocurre a menudo que depender de recursos externos dificulta el aprendizaje; de hecho, mientras sigan pagándose las cuentas, los líderes de ese tipo de organizaciones pueden seguir cometiendo los mismos errores (Pfeffer y Salancik, 1978; Knocke y Wood, 1981). Sin embargo, una organización alcanza la mayor capacidad estratégica posible cuando obtiene recursos de múltiples grupos y bases prominentes. Este arreglo les permite a los líderes más espacio para maniobrar, al mismo tiempo que les da el beneficio de la retroalimentación de diversas fuentes (Powell, 1988).

Por último, las estructuras de rendición de cuentas pueden afectar la capacidad estratégica. Los equipos de liderazgo que se eligen a sí mismos y los que son elegidos por los miembros de su organización tienen más probabilidades de estar motivados, disfrutar un mayor acceso a información importante y poseer mejores habilidades políticas que aquellos elegidos de manera burocrática (Chambers, 1973; MacKinnon, 1965). De manera similar, es más probable que los líderes elegidos de manera burocrática —como aquellos nombrados por la AFL-CIO— posean habilidades y motivaciones más compatibles con el éxito burocrático que con la innovación estratégica. La rendición de cuentas burocrática, en particular ante autoridades que sólo tienen una relación remota con el grupo en cuestión, aísla a los líderes de una fuente particularmente importante de motivación y nuevas ideas (Von Hippel, 1988).

Cambio

Prestar atención a las fuentes de capacidad estratégica nos hace ver cómo una organización puede cultivar dicha capacidad y también cómo ésta puede erosionarse. Las organizaciones pueden mejorar su capacidad estratégica si reconfiguran la participación en su equipo de liderazgo de una manera que refleje los cambios en el entorno. Por ejemplo, si las iglesias se vuelven relevantes para el proyecto, una organización puede añadir a su equipo de liderazgo a personas vinculadas con el mundo eclesiástico. Multiplicar los recintos de deliberación estratégica conforme aumenta la escala y el alcance de una organización puede llevar a una mayor capacidad estratégica. Una rendición de cuentas continua ante grupos clave, conforme la organización sigue obteniendo recursos de ellos, también puede incrementar la capacidad. Más aún, una organización que depende más de la gente que del dinero como fuente de poder —y que, por consiguiente, debe desarrollar a más líderes conforme crece y enseñarles a trazar estrategias— incrementará su capacidad estratégica al expandirse su círculo de líderes (Weick, 1979: 1-23). Al final, cuando los equipos de estrategia continúan trabajando juntos a lo largo del tiempo, pueden volverse más efectivos para resolver problemas conforme aprenden más uno sobre el otro, determinan la mejor manera de colaborar y se vuelven más sensibles a los puntos en común y las diferencias en el patrón de los problemas que intentan resolver (Lewis, Lange y Gillis, 2005).

Por otro lado, como lo mostraré más adelante, los cambios organizacionales que incrementan la homogeneidad, reducen la rendición de cuentas ante los miembros, reprimen el disentimiento deliberativo y perturban los ciclos de aprendizaje pueden disminuir la capacidad estratégica, aun cuando los recursos de la organización aumenten. Sin embargo, dado que las organizaciones tienden a institucionalizar los recursos de los cuales depende su poder, la pérdida de recursos puede hacerse evidente sólo cuando enfrentan nuevos retos. Esto ayuda a explicar no sólo por qué David a veces gana, sino también por qué Goliat a veces pierde.

Al enfrentar la crisis ocasionada por una huelga vitícola convocada por iniciativa de la organización rival AFL-CIO, los líderes de la NFWA transformaron su asociación en un movimiento so-

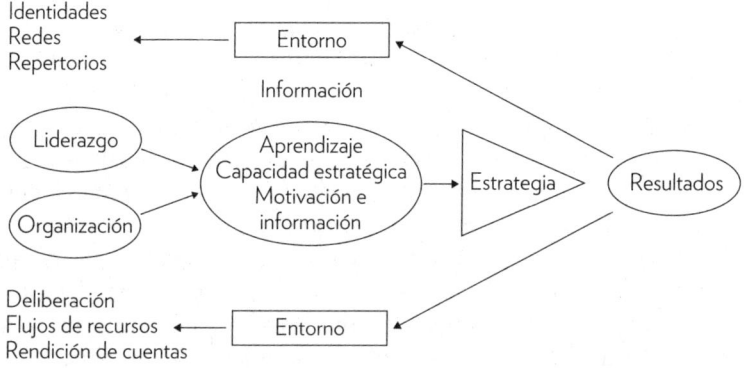

FIGURA 2.1. Modelo del proceso estratégico.

cial. Esto hizo más profunda su motivación y la de los campesinos y partidarios, amplió su acceso a una gran diversidad de información relevante y sus oportunidades de aprender a partir de la experiencia. Los líderes del comité organizador campesino de la AFL-CIO, por otro lado, resultaron incapaces de cambiar y, en consecuencia, su organización terminó absorbida por la UFW. Por su parte, los Teamsters estaban bien financiados, bien situados respecto a la industria y eran persistentes. Con el tiempo, trataron de copiar la estrategia de la UFW, pero nunca la entendieron y no pudieron replicar la capacidad estratégica subyacente que produjo esa estrategia, la adaptó y mantuvo su eficacia.

Marco conceptual

Para explicar por qué, de las tres organizaciones que trataban de organizar a los campesinos al mismo tiempo, la que tenía menos recursos logró convertir sus esfuerzos en un éxito histórico, comparé una secuencia de decisiones concurrentes tomadas por la UFW, la AFL-CIO y los Teamsters en los mismos momentos críticos entre 1959 y 1967. Este diseño de investigación me permitió controlar el factor entorno al comparar resultados, las estrategias que produjeron esos resultados y las contribuciones de los líderes y la organización al desarrollo de esas estrategias. Más aún, al observar a las organizaciones a lo largo del tiempo aprendí sobre los mecanismos que producen una estrategia, y no sólo el efecto de unas decisiones estratégicas específicas sobre los resultados específicos.

No puse a prueba la influencia de ninguna variable singular o conjunto de variables sobre la buena estrategia. En vez de eso ofrecí un marco analítico teóricamente bien fundamentado para explicar las diferencias observadas en los resultados, un marco que puede ponerse a prueba en otros escenarios. Como se muestra en la figura 2.1, el resultado es la teoría que aquí presento: que capacidad estratégica, estrategia y resultados son eslabones de una cadena causal probabilística. Mi argumento es que, a la larga, una mayor capacidad estratégica tiene más probabilidades de producir una mejor estrategia, y una mejor estrategia tiene más probabilidades de producir mejores resultados.[†] Aunque son importantes los estudios más tradicionales sobre la manera en que el entorno influye en los actores, estudiar cómo los actores influyen en el entorno nos ayuda a entender no sólo cómo funciona el mundo, sino cómo cambiarlo.

A lo largo de este libro nombraré a muchos individuos que desempeñaron diversos roles en una variedad de maneras. Pido la in-

---

[†] Thomas C. Schelling (1960) aclara la relación de la estrategia con los resultados distinguiendo entre juegos de azar, de habilidad y de estrategia. En los juegos de azar, ganar depende de la suerte en el lanzamiento. En los juegos de habilidad, depende de lo fácil que sea golpear una pelota de acuerdo con su movimiento. En los juegos de estrategia, depende del discernimiento cognitivo —en interacción con otros jugadores— del mejor curso de acción, como en el go. En la mayoría de los juegos, los tres elementos entran en escena. En el póquer intervienen el azar (reparto de cartas), la habilidad (estimación de probabilidades) y la estrategia (decisiones de apuesta). Aunque el azar puede ser determinante en una mano, o incluso en una partida, a la larga la habilidad y la estrategia distinguen a los jugadores excelentes —y sus ganancias— del resto. Del mismo modo, los cambios en el entorno pueden considerarse una "casualidad" en lo que respecta a un actor concreto. Pero, a largo plazo, algunos actores tienen más probabilidades de alcanzar sus objetivos que otros porque son más capaces de aprovechar estas oportunidades. El cambio en el entorno puede crear oportunidades para que surjan movimientos sociales, pero sus resultados y su legado tienen más que ver con las estrategias que los actores diseñan para convertir estas oportunidades en sus propósitos, para remodelar así su entorno.

dulgencia del lector, pues uno de los puntos cruciales que espero demostrar es que los individuos particulares, sus historias de vida, sus relaciones y las decisiones que toman al interactuar con su contexto social marcan una gran diferencia. También le proporcionaré al lector los detalles que considero necesarios para ofrecer una sensibilidad fina frente a la textura de la contingencia en el surgimiento de resultados particulares; es decir, lo que resultó de cierto modo podría, sin duda, haber resultado de otro modo. La narración en las distintas capas de las historias de personas, tiempos, decisiones y acontecimientos es un esfuerzo por retratar las complejidades de un movimiento social conforme se desarrollaba, con sus muchas partes móviles que creaban oportunidades, retos y resultados con los cuales interactuaban algunos actores con un propósito.

La lección por aprender es una que ni los analistas ni los organizadores de movimientos sociales pueden permitirse ignorar. Comprender las fuentes de la capacidad estratégica puede contribuir a explicar por qué los poderosos no siempre conservan su poder y, por consiguiente, por qué David a veces gana. Sin embargo, mantenerse como David puede ser un reto incluso mayor que convertirse en David.

3. Organización

La promesa democrática de equidad, inclusión y responsabilidad requiere una ciudadanía organizada que tenga el poder de articular y reivindicar sus intereses de manera efectiva. En Estados Unidos, las preocupaciones de muchos habitantes permanecen mudas debido a la desigual y menguante participación ciudadana. En otras partes del mundo, muchas democracias incipientes luchan por crear instituciones para hacer posible una participación ciudadana efectiva. La organización enfrenta estos desafíos revitalizando viejas instituciones democráticas y creando otras nuevas; esto involucra aprender a movilizar a las personas para una acción colectiva eficaz.

Para convertir valores compartidos en acciones, las personas deben aprender a identificar, reclutar y desarrollar liderazgos; deben aprender a construir comunidad en torno a esos líderes, y deben aprender a obtener poder de la comunidad. Los organizadores desafían a las personas a actuar en nombre de valores e intereses compartidos. Unen a las personas en nuevas relaciones que les permiten comprender mejor sus intereses y las ayudan a desarrollar nuevos recursos y una nueva capacidad para usar esos recursos para un beneficio colectivo. Estas acciones para relacionarse conducen a nuevas redes de relaciones que son lo bastante amplias y profundas como para servir de fundamento a una nueva comunidad en acción. Un segundo resultado es una nueva historia sobre quiénes forman esta comunidad, dónde ha estado, a dónde se dirige y cómo llegará allá. Un tercer resultado es la acción, al movilizarse la comunidad y desplegar sus recursos en nombre de sus intereses.

LA LABOR DE LOS ORGANIZADORES

Los organizadores son desarrolladores de personas en todos los sentidos posibles. Las ayudan a entender por qué deben actuar para cambiar su mundo —es decir, a encontrar motivación para el cambio— y también a descubrir cómo pueden cambiarlo —es decir, a formular sus estrategias—. Para llegar a la motivación, los organizadores ayudan a las personas a tener una comprensión más profunda de quiénes son, qué quieren y por qué; movilizan los sentimientos de ira, esperanza, autoestima, solidaridad y urgencia, al tiempo que cuestionan los sentimientos de miedo, apatía, duda de sí, aislamiento e inercia. La motivación de las personas, una vez desarrollada, se articula como una historia compartida sobre los desafíos que enfrentan, por qué deben encararlos y por qué otras personas deberían ayudarles.

Cuando se trata de entender cómo pueden actuar las personas, los organizadores ayudan creando oportunidades para que deliberen sobre sus circunstancias, las reinterpreten en formas que abran nuevas oportunidades y generen estrategias para utilizar sus recursos de manera creativa. Desafían a las personas a asumir la responsabilidad de actuar. Para un individuo, el empoderamiento comienza con la toma de responsabilidad; para una organización, el empoderamiento comienza con el compromiso de sus miembros, es decir, con la responsabilidad que asumen sus integrantes. La responsabilidad, a su vez, comienza por elegir cómo actuar. Los organizadores desafían a las personas no sólo a entender, sino también a comprometerse y actuar.

El principal vehículo para la acción es la campaña, una corriente de actividad muy enérgica e intensamente concentrada, con objetivos y plazos específicos. Por medio de las campañas se recluta gente, se lanzan programas, se libran batallas y se construyen organizaciones. Un dilema intrínseco de las campañas es cómo despolarizarlas cuando se asoman conflictos inevitables. Otro dilema es cómo equilibrar las campañas con la labor continua del crecimiento y desarrollo de una organización.

Luego está la conexión entre la organización y el liderazgo. Los organizadores hacen comunidad desarrollando liderazgo. Ayudan a los líderes a mejorar sus aptitudes, articular sus valores y formular sus compromisos, y luego trabajan para desarrollar una relación de responsabilidad y rendición de cuentas mutua entre un grupo de simpatizantes y sus líderes.

APRENDER A ORGANIZAR

Parte de la labor de organizar es una práctica y, por lo tanto, sólo puede aprenderse con la experiencia de actuar. Actuar significa aceptar riesgos: ya sea fracasar, cometer errores, quedar mal, ser rechazado, etcétera. Dado que la organización es relacional (se hace interactuando con otros), mientras más podamos distinguir entre nuestros objetivos y los de otras personas, y comprender la interacción de ambos, más fácil será asumir los riesgos que requiere el aprendizaje. Mientras más profundo sea nuestro compromiso con nuestra causa, más aprenderemos, porque la motivación para asumir los riesgos que derivan en el aprendizaje será fuerte.

La labor de organizar también tiene un lado teórico, pero, a diferencia de algunas disciplinas académicas, no se aprende primero la teoría para luego aplicarla. La teoría no es más que una forma de simplificar la realidad para propósitos específicos, como predecir un resultado probable.

Aprender a organizar implica aprender sobre las dos concepciones del tiempo que el biólogo evolutivo Stephen Jay Gould describió como "el tiempo como ciclo" y "el tiempo como flecha". Pensar en el tiempo como un ciclo nos ayuda a mantener nuestras rutinas, nuestros procedimientos normales, nuestro presupuesto anual, etcétera; mientras que pensar en el tiempo como una flecha nos enfoca en los cambios, en lograr resultados específicos, concentrar nuestros esfuerzos. Cuando hacemos una campaña, experimentamos el tiempo como una flecha. Hay un intenso flujo de actividad que comienza con un periodo fundacional, que deriva en un arranque seguido de picos periódicos y culmina en un pico final, seguido de una resolución. Conforme la campaña toma impulso, reúne cada vez más recursos, así como una bola de nieve acumula cada vez más nieve conforme se mueve. La motivación de los integrantes de la campaña aumenta de la misma manera y los primeros éxitos hacen que la consecución de éxitos posteriores sea más fácil.

Cuando se trata de organizar, la interacción con otros no es un extra, sino que está en el centro del proceso de aprendizaje. Aprender a desafiar, apoyar y motivar a aquellos con quienes trabajamos —y aprender a dejar que ellos nos desafíen, apoyen y motiven— puede ser una de las lecciones más útiles de la labor organizativa.

EL LIDERAZGO EN LA LABOR ORGANIZATIVA

Aunque asociamos a los líderes con ciertos atributos (como el poder), también se puede ver el liderazgo como una relación. El historiador James MacGregor Burns afirma que cierto tipo de liderazgo puede entenderse como una relación que surge de intercambios o transacciones repetidas entre los líderes y sus bases o electores. Los primeros proporcionan recursos que los segundos necesitan para atender sus intereses, mientras que las bases proporcionan recursos que los líderes necesitan para atender los suyos. Las bases pueden recibir ayuda para resolver un problema, un sentido de empoderamiento, acceso a recursos, etcétera. Los líderes pueden recibir las mismas cosas, pero también algo que los disponga a aceptar las responsabilidades que conlleva el liderazgo. El factor clave para entender el liderazgo como una relación es la idea de que no se puede ser un líder sin simpatizantes. Por buenos que sean nuestros discursos, por numerosos que sean nuestros premios, sin bases o grupos de electores, no hay un líder.

Puesto que construir relaciones es fundamental para la labor organizativa, es indispensable también para el ejercicio del liderazgo en dicha labor. Si la interacción entre el líder y sus bases da como resultado una comprensión profunda de los valores y cómo traducirlos en acción, se vuelve lo que Burns llama "liderazgo moral". Y, aunque identificar, reclutar y generar líderes se vuelve crucial para desarrollar la capacidad de la mayoría de las organizaciones, es de particular importancia para los organizadores, cuyo trabajo es liderar a los líderes. La responsabilidad principal de un organizador es desarrollar las capacidades de liderazgo de otros y, por consiguiente, de las organizaciones por medio de las cuales sus bases actúan respecto a sus intereses compartidos.

¿Cómo funciona el liderazgo?

Las asociaciones voluntarias que se desarrollan durante la labor organizativa sólo funcionan cuando las personas están dispuestas a aceptar roles tanto de líderes como de participantes. Los actos de liderar y seguir no son expresiones de la identidad de los miembros, sino de lo que hacen en una reunión, comité, proyecto, organización o institución específica. Una persona puede ser lideresa en un proyecto y formar parte de las bases en otro.

¿Cuáles son las diferencias entre estos roles? Los líderes aceptan la responsabilidad por tareas muy específicas que un grupo debe realizar para trabajar en conjunto. Como afirma la académica feminista Jo Freeman, la organización (o cualquier tipo de colaboración) simplemente no funciona si las personas no tienen cómo asignar responsabilidades claras y garantizar que los miembros de la organización las cumplan. Una de las responsabilidades más importantes es la de procurar las necesidades del grupo en su conjunto: ésta es la responsabilidad del líder. Aunque el liderazgo puede ejercerse por individuos que trabajan en equipo (y, sin duda, un equipo de liderazgo puede emplear fortalezas complementarias para resolver un problema), la responsabilidad de procurar al equipo en sí tiene que recaer en alguien.

También debemos distinguir entre autoridad y liderazgo. La primera es una legitimidad de mando que suele asociarse con posiciones sociales, puestos o roles específicos: una legitimidad sustentada en creencias culturales, así como en recursos de coerción. Una organización es una forma de normalizar relaciones de autoridad entre los participantes. Las burocracias estructuran la autoridad como un conjunto de reglas según las cuales los gerentes dirigen a sus subalternos. Los mercados estructuran la autoridad como un conjunto de reglas según las cuales los empresarios pueden diseñar incentivos para que las personas tomen decisiones ejecutables basadas en sus recursos económicos individuales. Las asociaciones civiles —el tipo de estructura que los organizadores desarrollan— suelen establecer la autoridad de manera democrática: los líderes rinden cuentas ante las bases a las que sirven. Ejercer el liderazgo en un contexto cívico puede requerir más aptitud que en otros escenarios, porque depende más de la persuasión que del mando.

Las creencias culturales institucionalizadas sobre quién está autorizado para liderar y quién no pueden negar a ciertas personas la oportunidad de ganarse el título de líderes. Los liderazgos que se desarrollan en estas condiciones suponen un desafío a las ideas convencionales de autoridad. La autoridad también puede ser un recurso que una persona emplea para ganarse el liderazgo y, en sentido inverso, a veces los líderes encuentran que la autoridad les ha sido conferida porque se han ganado el liderazgo. Pero liderazgo y autoridad no son lo mismo.

Por último, debemos distinguir a los líderes de los activistas. Los activistas dedicados se presentan a diario para atender los teléfonos, distribuir folletos y colgar carteles; hacen contribuciones cruciales a la labor de cualquier organización voluntaria. Pero esto no es lo mismo que involucrar a otros en la labor de la organización. El liderazgo se ejerce por medio de una labor relacional.

¿Qué hacen los líderes?

Una manera de entender lo que hacen los líderes en el contexto de la labor organizativa es comparar las asociaciones civiles exitosas con las que no lo son. Las que no tienen éxito bien podrían llamarse "desorganizaciones". Se caracterizan por ser o estar:

- *Divididas.* La organización está fragmentada en facciones y divisiones que sangran sus recursos.
- *Confusas.* Cada miembro entiende de manera diferente lo que está ocurriendo. Hay muchos rumores, pero no mucha información.
- *Pasivas.* La mayoría de los "miembros" hace muy poco; una o dos personas hacen la mayor parte del trabajo.
- *Reactivas.* Siempre están tratando de responder a algún acontecimiento inesperado.
- *Inactivas.* Nadie asiste a las reuniones. Nadie se presenta para las actividades.
- *Propensas a estar a la deriva.* Las reuniones, acciones y decisiones carecen de propósito, y todo va a la deriva de una reunión a la siguiente.

Por otro lado, las organizaciones exitosas son las que funcionan de verdad. En las organizaciones exitosas, los miembros:

- *Están unidos.* Han aprendido a lidiar con sus diferencias lo bastante bien como para ser capaces de unirse y cumplir los propósitos por los que se formó la organización. Las diferencias se debaten, discuten y resuelven abiertamente.

- *Comparten un entendimiento.* Hay un entendimiento generalizado de lo que sucede, cuáles son los desafíos, cuál es el programa y por qué se adoptó determinado rumbo.
- *Participan.* Muchas personas están activas en la organización; no sólo asisten a reuniones, sino que también hacen el trabajo de la organización.
- *Toman la iniciativa.* En vez de reaccionar a lo que ocurra en su entorno, son proactivos y actúan sobre su entorno.
- *Actúan.* Hacen el trabajo necesario para que las cosas sucedan.
- *Comparten un sentido de propósito.* Las reuniones, acciones y decisiones tienen propósito, y hay una sensación de avance cuando se hace el trabajo.

Lo que hace que un grupo funcione es la calidad del trabajo que realizan sus líderes. Un buen líder aleja al grupo de las malas características de la "desorganización" y lo encamina hacia las características de una buena organización. Los líderes convierten la división en solidaridad al construir, mantener y desarrollar relaciones entre los miembros que conforman la organización. Los líderes transforman la confusión en comprensión, por lo que facilitan la interpretación de lo que sucede con el trabajo de la organización. Convierten la pasividad en participación, inspiran a las personas a comprometerse con la acción necesaria para lograr las metas del grupo, y cambian la reacción en iniciativa al trazar estrategias, pensando cómo la organización puede utilizar sus recursos para alcanzar sus metas. La inacción se vuelve acción cuando los líderes movilizan a las personas para convertir sus recursos en las acciones específicas que los llevarán al cumplimiento de sus metas, y la deriva se transforma en un propósito compartido cuando los líderes aceptan la responsabilidad de supervisar al grupo y desafían a otros a aceptar también sus responsabilidades.

LOS ORGANIZADORES Y EL ARTE
DE LA INTERPRETACIÓN

En el contexto de la labor organizativa, el arte de la interpretación implica descubrir qué debe hacer el grupo y por qué debe hacerlo. Reinterpretamos nuestro mundo, y nuestro papel en él, al mismo tiempo que lo cambiamos. Nuestro entendimiento de nosotros mismos y del mundo que nos rodea no se basa en datos duros, sino en la interpretación de ellos. Al examinar los datos nos preguntamos: ¿esto es bueno para nosotros?, ¿es malo para nosotros?, ¿es relevante para nosotros? Interpretamos los datos contextualizándolos en esquemas, o marcos, que hemos aprendido. Los marcos son patrones de entendimiento que influyen en lo que recordamos, a lo que prestamos atención y lo que esperamos, y que dan sentido a las piezas de información que encontramos. Los marcos tienen un anclaje emocional, derivan de nuestra experiencia directa y nos permiten sujetarnos al mundo.

Dos formas de saber: por qué y cómo

Podemos distinguir entre dos maneras de interpretar el mundo: de manera narrativa o analítica. Construimos un entendimiento narrativo de quiénes somos, a dónde nos dirigimos y cómo esperamos llegar ahí, entendimiento que se basa más en lo que sentimos respecto a las cosas (afecto) que en lo que pensamos sobre ellas (cognición). Un entendimiento narrativo es inductivo: es "verdadero" en tanto que nos mueve, y domina los ámbitos de la religión, la literatura, la poesía y la política. El psicólogo Jerome Bruner afirma que el poder del entendimiento narrativo para cautivarnos surge de la sabiduría que promete revelarnos cómo lidiar con la incertidumbre. Su poder para movernos deriva del grado en que podemos identificarnos con los protagonistas.

El entendimiento analítico se basa en nuestra aplicación de la razón crítica a los datos sobre el mundo. Se basa más en lo que pensamos sobre las cosas que en lo que sentimos respecto a ellas. Es deductivo, gobernado por las leyes de la lógica, y a menudo se construye en forma de silogismo. Es dominante en los ámbitos de la economía, el análisis político y gran parte de la investigación científica. Aunque su poder de persuasión radica, en última instancia, en la evidencia (experiencia) que sustenta o no sus hipótesis, se basa en nuestra aceptación de los supuestos sobre los que se basa la lógica, o la autoridad de quienes invocan dicha lógica.

Movilizar la motivación: la narración de historias

Como se ha dicho, los líderes motivan a sus bases a transformar una "desorganización" pasiva en una "organización" activa. La estrategia convierte la reacción en iniciativa al movilizar el pensamiento, pero la motivación convierte la pasividad en participación al movilizar los sentimientos.

Los organizadores movilizan los sentimientos de las personas en formas que las ayudan a superar sus inhibiciones sobre la toma de acción. Muchas personas tienen sentimientos encontrados respecto a diversos temas; movilizar un conjunto de sentimientos contra otro produce una disonancia emocional, una tensión que sólo puede resolverse por medio de la acción. Este proceso a veces se denomina "agitación". La ira puede movilizarse contra el miedo, la esperanza puede oponerse a la apatía, la creencia en nuestra propia capacidad de marcar una diferencia puede oponerse a la duda, la solidaridad puede oponerse al aislamiento y la urgencia puede oponerse a la inercia.

Una herramienta útil es la conversación motivacional, una forma de narración de historias. Enrique V (1387-1422) motivó a las tropas inglesas en Francia antes de la batalla de Agincourt tras contarles una historia: no una sobre lo que alguna vez fue, sino sobre lo que podría ser. Las historias de lo que puede ser, historias de esperanza, son una de las principales formas en que los organizadores traducen valores en acción.

Al escuchar una historia, o al contarla, experimentamos los acontecimientos de la historia como acontecimientos de nuestras propias vidas. Nos convertimos en parte de la historia; respondemos, evocamos nuestras propias historias, y contamos una en respuesta. Las historias nos cautivan porque nos enseñan a lidiar con lo inesperado. Aunque a menudo contamos historias que comienzan con "érase una vez", lo que nos mueve a contar historias no es la preocupación por el pasado, sino por el futuro. Por medio de las historias podemos recurrir al pasado para enfrentar un desafío actual, para dar forma a un futuro deseado. Eso es lo que hizo Enrique V: recurrió al entendimiento de sus hombres sobre su pasado, sus identidades, para enfrentar un desafío del momento, de forma que un nuevo y mejor futuro fuera posible para ellos.

Cuando establecemos una nueva organización, no sólo construimos nuevas relaciones y movilizamos nuevos recursos, sino que comenzamos una nueva historia: una historia que, si tiene éxito, entretejerá muchos otros relatos individuales en una historia general de la comunidad en la que vivimos. Los organizadores aprenden a contar una historia de esperanza que responde las preguntas ¿por qué ahora?, ¿por qué nosotros? y, para aquellos a quienes esperamos movilizar, ¿por qué ustedes?

Si la labor deliberativa se da en reuniones, la narración de historias se da en celebraciones. Las reuniones giran en torno al pensamiento; las celebraciones, al sentimiento. Pero una celebración no es una fiesta; es una forma en la que los miembros de una comunidad se reúnen para honrar lo que son, lo que han hecho y a dónde se dirigen, a menudo de manera simbólica. Las celebraciones pueden ser formales o informales; incluyen mítines, fiestas, celebraciones de victoria, comidas compartidas, reuniones masivas y servicios religiosos. Pueden introducirse pequeños actos de celebración en muchos aspectos de la vida de una organización. Amnistía Internacional, por ejemplo, termina sus reuniones con una breve sesión de escritura de cartas en nombre de uno de los prisioneros por los que aboga. La afirmación del objetivo de la organización es más importante que el número de cartas que se escribe.

ESTRATEGIA Y PODER

La estrategia es la manera en que convertimos lo que tenemos en lo que necesitamos para obtener lo que deseamos; es decir, la estrategia es la manera en que convertimos recursos en poder. Si pensamos en el poder como la influencia que un actor puede tener sobre otro debido a un desequilibrio de intereses y recursos, una manera de corregir este desequilibrio es encontrar más recursos. Pero no siempre hay más recursos disponibles. Así pues, otra manera de corregir el desequilibrio es mover el punto de apoyo en el que ocurre el equilibrio, para aprovechar mejor esos mismos recursos. Esto es lo que los buenos estrategas aprenden a hacer; aprenden a aprovechar mejor los recursos disponibles. El poder, entonces, no es sólo un asunto de recursos materiales, sino también de imaginación.

¿Qué es el poder?

El poder funciona, al menos, de dos maneras distintas. Tradicionalmente pensamos en "poder sobre", o dependencia y dominación. Tengo poder sobre otros haciendo que dependan de mí para obtener los recursos que necesitan. Entonces, ese poder me da acceso a sus recursos en términos que favorecen mi interés a expensas de ellos. Por ejemplo, un patrón que controla la mayor parte de las oportunidades de ingresos en una población donde se localiza una sola compañía puede ejercer poder sobre los trabajadores individuales que necesitan esos ingresos, con lo que tienen acceso a su trabajo a cambio de salarios bajos. El patrón puede explotar al trabajador porque el trabajador depende de él. Los intereses del patrón son atendidos, pero a expensas de los intereses de los trabajadores, que se pasan por alto.

Pero hay una segunda forma de ver el poder: como "poder para", o interdependencia. Cuando poseo recursos que tú necesitas, y tú posees recursos que yo necesito, se da la oportunidad de un intercambio que puede aumentar nuestro poder en conjunto. En este contexto, la movilización del poder no es un juego de suma cero. Por ejemplo, los inmigrantes recién llegados pueden reunir sus ahorros en una cooperativa de crédito para conseguir préstamos a bajo interés para sus miembros, y así incrementan su poder financiero. El "poder para" es resultado de la cooperación social y nuestra capacidad de lograr juntos lo que no podemos lograr por separado.

La organización basada en la colaboración requiere encontrar formas de generar poder para satisfacer los intereses en común. Por otro lado, la organización basada en reclamos requiere encontrar formas de obtener suficiente poder para alterar relaciones de dependencia e interés. Si los trabajadores combinan sus recursos en un sindicato, pueden ser capaces de equilibrar su dependencia individual respecto a su patrón con la dependencia del patrón respecto al trabajo de ellos. De este modo, una relación dependiente, de "poder sobre", puede convertirse en una relación interdependiente, de "poder para".

Una clave para una labor organizativa exitosa es comprender que obtener el poder para desafiar las relaciones de dependencia y dominación ("poder sobre") puede requerir, primero, la creación de mucha interdependencia ("poder para"). Por ejemplo, muchos sindicatos comenzaron con sociedades de indemnización por defunción, fondos de incapacidad, cooperativas de crédito; en otras palabras, crearon "poder para" basado en la interdependencia de los miembros de la organización.

Asimismo, podemos distinguir tres caras del poder. La primera es la cara visible, que puede detectarse observando quién gana entre quienes toman decisiones y las elecciones que hacen sobre cómo asignar recursos. Pero ¿quién decide qué cosas entran en una agenda en primer lugar? ¿Y quién decide quién se sienta a la mesa para tomar decisiones? Decidir qué entra en la agenda y quién se sienta a la mesa es la segunda cara del poder: la cara del portero. En los años de aparente "armonía racial", antes del movimiento por los derechos civiles, los afroestadounidenses se toparon con esa cara del poder cuando vieron cómo sus problemas quedaban excluidos de la agenda nacional en repetidas ocasiones.

La tercera cara del poder es más difícil de detectar. Algunas relaciones de poder que dan forma a nuestro mundo están tan profundamente arraigadas que las damos por hecho. Antes del movimiento de liberación feminista, por ejemplo, muchas personas afirmaban que la discriminación laboral contra las mujeres no era un problema. Los intereses de las mujeres no se votaban en el Congreso (casi no había mujeres en el Congreso) y no había grupos de mujeres protestando en las calles, por lo que eran incapaces de poner sus asuntos en la agenda. Sin embargo, las mujeres ocupaban puestos subalternos en la mayoría de las esferas de la vida pública. ¿Era porque estaban contentas con su suerte? Quizá. Sin embargo, a veces, a la gente le gustaría que las cosas fueran distintas, pero simplemente no puede imaginar cómo lograrlo o, al menos, no con suficiente claridad para correr los riesgos de hacerlo. Para detectar las relaciones de poder que operan en una situación como ésta, tenemos que ver más allá de la cuestión de quién decide o quién pone los asuntos en la agenda, y enfocarnos en identificar quién se beneficia y quién pierde en la asignación de recursos valiosos. Entonces, si preguntamos por qué los perdedores suelen perder y los ganadores suelen ganar, tal vez descubramos una disparidad de poder. (Esto puede ser engañoso, porque los ganadores siempre aseguran que merecen ganar y que los perdedores merecen perder, y a veces convencen a estos últimos.)

Estrategia y tácticas

La acción estratégica es una forma de actuar, no una alternativa a la acción. Es actuar con intencionalidad, con conciencia de nuestras metas, en vez de actuar por hábito o reacción emocional. Así pues, idear estrategias es una actividad continua y no sólo un asunto de trazar un plan estratégico al principio de una campaña y aferrarse a él. La planeación ayuda a los organizadores a llegar a una visión común de a dónde quieren ir y cómo esperan llegar, pero la verdadera acción en la estrategia está, como dijo el organizador Saul Alinsky, en la reacción de otros actores, de la oposición, y de los acontecimientos fortuitos.

Aunque la acción estratégica se emprende con referencia al futuro, ocurre en el presente. Cuando trazamos estrategias, damos voz al futuro en el presente. Cuando no trazamos estrategias, a menudo no es porque no sepamos cómo hacerlo, sino porque puede ser muy difícil. Cuando tenemos que tomar decisiones sobre cómo invertir los recursos escasos, las voces de los grupos de simpatizantes presentes son las que más suenan; la voz de grupos futuros calla. La estrategia es una tarea de liderazgo, en parte porque requiere un verdadero coraje: los líderes deben estar dispuestos a comprometerse con un futuro incierto. Nuestras decisiones podrían provocar el resultado que esperamos, pero también podría no ser así. Tratar de moldear el futuro podría requerir decisiones que involucran riesgos considerables en el presente.

Podemos comprender la estrategia desglosándola en tres elementos: focalización, tiempo y tácticas. La focalización es decidir cómo concentrar los recursos limitados para hacer aquello que tiene mayores probabilidades de dar el mejor resultado, sobre todo en términos del grupo de participantes, los asuntos por tratar y la oposición.

El tiempo se refiere a secuenciar actividades para tomar y mantener la iniciativa, acumular impulso y aprovechar las oportunidades conforme surgen. Es prudente utilizar tácticas iniciales para obtener resultados que puedan aumentar tu capacidad de lograr el éxito en tus siguientes pasos. Otra cuestión relativa al tiempo es cuándo enfrentar a la oposición o, si la campaña es colaborativa, cuándo enfrentar el reto más difícil. Alinsky escribió que es importante nunca buscar un enfrentamiento que no puedas ganar.

Las tácticas son actividades específicas con las que se implementa la estrategia. Son congruentes con tus recursos, pero exhiben la falta de recursos de tu oposición. Aprovechan tu fuerza y las debilidades de la oposición. Entran en la experiencia de tu grupo de simpatizantes, pero quedan fuera de la experiencia de tu oposición. Unifican a tus bases, pero dividen a la oposición. Son congruentes con tus metas. Las tácticas violentas en pos de objetivos pacíficos son disonantes, como los son los objetivos de empoderar a la gente y que dependen de movilizar dinero.

La buena estrategia es un proceso creativo que implica aprender a lograr nuestros objetivos con un comportamiento adaptativo frente a circunstancias en constante cambio. Depende de la contribución de individuos con diversas experiencias, personas que conocen los detalles de la situación, pero que también han aprendido que existe más de una manera de ver las cosas. Los buenos estrategas han aprendido lo que hay que saber sobre los árboles, pero también pueden visualizar todo el bosque. En las asociaciones civiles, un elemento clave para desarrollar buenas estrategias es el proceso de deliberación por medio del cual se traza la estrategia. Mientras más personas estén involucradas en la creación de la estrategia, más comprometidas estarán con garantizar su funcionamiento. Aunque una buena estrategia puede ser fruto de un genio estratégico, a menudo es resultado de un buen equipo estratégico.

Acción, planeación y estrategia

Una explicación de cómo se logran las cosas está en que analizamos nuestro entorno, hacemos un plan, actuamos, evaluamos nuestra acción, modificamos nuestro plan, y así sucesivamente. En realidad, el proceso es mucho menos metódico que eso. A veces, actuar es la única manera de obtener el entendimiento que necesitamos para desarrollar un plan significativo. Los estudiantes que lideraron las primeras protestas contra la segregación en Greensboro, Carolina del Norte, en 1960, no tenían un plan estratégico intrincado para que su acción diera lugar a todo un movimiento estudiantil. Al actuar se concentraron en el problema, inspiraron a otros a actuar y encendieron la chispa de un movimiento que hizo posible todo tipo de planes que habrían sido inconcebibles si ellos no hubieran tomado acción. La reformista social decimonónica Jane Addams advirtió que no debíamos quedar atrapados en la "trampa de la planificación", un trastorno académico común en el que se llega a creer que, con sólo un estudio más, con sólo un conjunto de datos más o una regresión más, el rumbo de la acción quedará claro. A veces, únicamente actuando podemos llegar a saber qué es posible, sobre todo en la labor de efectuar un cambio.

Una estrategia organizativa completa responde tres preguntas: ¿cómo construimos relaciones?, ¿cómo interpretamos lo que estamos haciendo? y ¿cómo lo hacemos? El relato de una de las primeras reuniones caseras del organizador laboral César Chávez ofrece un atisbo de un programa de acción en ciernes. Evidentemente, Chávez trajo consigo una visión de a dónde podía ir la organización. No obstante, la conversación se desarrolló en términos de los intereses de los asistentes a la reunión: inhumación y crédito. Chávez los condujo a reflexionar sobre cómo los beneficiaría establecer una indemnización por fallecimiento y una cooperativa de crédito. Y, ¿cómo podían alcanzarse estas metas? Cada persona podía comenzar esa misma tarde llenando un formulario o accediendo a celebrar una reunión con sus amistades. De este modo, las metas de un programa de acción evolucionan a partir de los intereses de un grupo de participantes y los pasos por tomar se basan en los recursos disponibles. Lo que ocurrió en esa reunión también muestra cómo unos intereses individuales pueden traducirse en la base de una acción comunitaria más amplia.

Ya sea que una organización emplee una estrategia colaborativa o basada en reclamos, su programa de acción suele comenzar con tácticas colaborativas, que pueden ayudar a construir una base amplia de apoyo para desarrollar la mayor capacidad organizativa, o "poder para", posible. Estas tácticas pueden usarse para alcanzar metas colaborativas, como una cooperativa de crédito, una indemnización por fallecimiento o una cooperativa de guardería. Por otro lado, si la organización pretende emplear una estrategia de reclamos, una base construida de este modo puede ser el primer paso para desafiar el "poder sobre" la comunidad ejercido por alguien más. Por ejemplo, puede llevar a que la ciudad asigne fondos, a que un patrón aumente los salarios o a que el Congreso apruebe una ley, aunque tal vez esas metas también requieran acción directa, acción política o movilización económica. En cualquier caso, la labor colaborativa establece una base al crear suficiente "poder para" con la idea de comenzar a desafiar al "poder sobre". Los programas de servicio social suelen ser colaborativos, mientras que los programas de acción social suelen involucrar reclamos. Movilizar recursos comunitarios para un programa de asesorías después de clases es un ejemplo de acción colaborativa o "poder para". Movilizarse para exigir que una universidad establezca un programa de estudios étnicos es un ejemplo de acción basada en reclamos que desafía al "poder sobre".

MOVILIZACIÓN DE RECURSOS Y ACCIÓN EFECTIVA

Si obtienes todos tus recursos de tu grupo de electores, entonces sólo eres responsable de rendir cuentas ante dicho grupo sobre cómo utilizas esos recursos. Los recursos obtenidos fuera del grupo, por otra parte, a menudo implican que debes rendir cuentas ante quienes los aportan, lo cual limita las maneras en que pueden utilizarse.

De manera similar, idear tácticas que requieran grandes cantidades de dinero, cuando lo que tienes es mucha gente, puede imponer severas restricciones a lo que hagas. Por otro lado, basar tu programa de acción en tácticas que requieran movilizar personas puede empoderar de manera directa a tus bases, pero puede restringirte para buscar tácticas en las cuales tu gente esté dispuesta a participar.

Por último, los programas de acción que generan recursos deben distinguirse de los programas de acción que consumen recursos. Por ejemplo, en la organización sindical, mientras más exitoso sea el sindicato, más miembros adquiere, mayor es su base de cuotas, más liderazgo ha desarrollado y mayores son sus recursos humanos y financieros. Del mismo modo, cuando algunas organizaciones comunitarias hacen labor de renovación parroquial entre las iglesias que las conforman, su capacidad humana y financiera crece. En contraste, es frecuente que los programas de acción basados en subvenciones no consigan nuevos recursos a partir del trabajo que hacen y se mantengan en un estado de dependencia perpetua.

La belleza de una táctica como el boicot vitícola de las décadas de 1960 y 1970 radica en que fue una acción en la que todos podían participar, ya fuera simplemente boicoteando las uvas en el supermercado o, como en el caso de un estudiante, abandonando la escuela para trabajar de tiempo completo con la United Farm Workers [Unión de Campesinos] (UFW). En cierto momento de 1975, el encuestador Lou Harris encontró que 12% del público estadounidense —unos 17 millones de personas en esa época— apoyaba el boicot a las uvas. Mientras más amplia sea la oportunidad de actuar, más amplia será la participación y la responsabilidad.

La acción implica costos en forma de tiempo, esfuerzo, riesgo y trabajo. El sacrificio también puede compartirse. Mientras más se comparta, más personas estarán interesadas en el resultado. El boicot también es un buen ejemplo de esto. Cuando una o dos personas hacen todos los sacrificios, no tardan en extenuarse, mientras que todos las culpan por cualquier cosa que salga mal.

La otra cara de la moneda del sacrificio compartido es el éxito compartido. Cuando muchas personas tienen una oportunidad de contribuir al esfuerzo, también comparten su éxito. Es su victoria, no de alguien más. Esto, a su vez, crea motivación y un sentido de merecimiento que facilita la rendición de cuentas.

No hay respuesta correcta o errónea a cómo debe ser una relación apropiada entre recursos y acción. Sin embargo, comprender esta relación es esencial si queremos tomar decisiones conscientes sobre cómo disponer una organización para que tenga posibilidades de lograr sus propósitos.

DESARROLLO DEL LIDERAZGO

Dado que los líderes son tan importantes para la labor organizativa, resulta útil desarrollar una organización "rica en liderazgo", lo cual significa que los organizadores necesitan aprender a delegar. Permitir que otros asuman responsabilidades es más fácil si lo pensamos en términos de los siguientes siete factores:

1] *Riesgo*: arriesgarnos a pequeños fracasos en los comienzos de un proyecto a fin de evitar grandes fracasos más adelante.
2] *Selección*: desarrollamos un buen juicio respecto a las personas al asumir riesgos, tomar decisiones, experimentar éxitos y fracasos, y aprender de estas experiencias. Mientras más experiencia tengamos seleccionando personas, mejores se vuelven nuestros juicios.
3] *Motivación*: cuando busques a alguien que asuma una responsabilidad, no hagas que esa responsabilidad sea fácil y más fácil..., hasta que no quede nada. El reto es aprender a motivar a las personas a aceptar el grado de responsabilidad necesario para la tarea.
4] *Responsabilidad*: delegar no es cuestión de asignar tareas, sino de ofrecer responsabilidad.
5] *Apoyo*: una vez que una persona acepta la responsabilidad, conviene al organizador ofrecerle tanto apoyo como necesite para garantizar su éxito. El reto es aprender a ofrecer apoyo sin retirar la responsabilidad.
6] *Rendición de cuentas*: la delegación de responsabilidades sólo es real si la persona rinde cuentas claras por la responsabilidad que ha aceptado. La rendición de cuentas debe ser periódica, específica y puntual. El objetivo de la rendición de cuentas no es sorprender a la gente para castigarla, sino aprender qué tipo de resultados están logrando para que todos puedan aprender.
7] *Autoridad*: no puedes esperar que una persona asuma una responsabilidad sin autoridad.

Desarrollar una organización rica en liderazgo también requiere una estrategia consciente para identificar a los líderes (oportunidades para que surjan), reclutarlos (oportunidades para que se ganen el liderazgo) y desarrollarlos (oportunidades para que crezcan).

Identificar a los líderes requiere buscarlos. ¿Quiénes tienen simpatizantes? ¿Quién trae a otras personas a las reuniones? ¿Quién alienta a otros a participar? ¿Quién atrae a otros para que trabajen con él o ella? ¿De quién te han dicho que "estés atento"? Alinsky escribe sobre las redes comunitarias unidas por líderes "natos": personas que asumen la responsabilidad de ayudar a una comunidad a hacer su trabajo desde sus casas, pequeños negocios, lugares de ocio, etcétera. Podemos encontrarlos entrenando equipos atléticos, sirviendo en sus iglesias y en otras escuelas informales de liderazgo.

Reclutar líderes requiere dar a las personas una oportunidad de ganarse el liderazgo. Dado que los simpatizantes crean líderes, no pueden designarse a sí mismos como tales, ni ser designados. Pero es posible crear oportunidades para que acepten las responsabilidades del liderazgo y apoyarlos mientras aprenden a cumplir dichas responsabilidades.

Desarrollar líderes requiere estructurar el trabajo de la organización de manera que dé a la mayor cantidad de gente posible la oportunidad de aprender a liderar.

EQUIPO DE LIDERAZGO O LLANERO SOLITARIO

Los organizadores más exitosos son aquellos que forman un equipo de liderazgo con el cual trabajar desde los comienzos de su campaña. Aunque puede ser un error reclutar a personas demasiado pronto para que actúen como comité organizador —sobre todo si no procuras reclutar a personas a las que la comunidad vea como líderes, o al menos como líderes en potencia—, los organizadores suelen errar por tardar demasiado. Mientras más pronto dispongas de un equipo de personas con las cuales trabajar, más pronto el "yo" del organizador se convertirá en el "nosotros" de la nueva organización. Una vez que has formado un equipo de liderazgo, es más fácil establecer un ritmo de reuniones periódicas, decisiones claras y rendición de cuentas transparente, que ayudará a lograr que las cosas realmente sucedan.

4. Dirigir el cambio: liderazgo, organización y movimientos sociales

INTRODUCCIÓN

Los movimientos sociales surgen como resultado de los esfuerzos de actores (individuos, organizaciones) con el propósito de reivindicar nuevos valores públicos, construir nuevas relaciones ancladas en esos valores y movilizar el poder político, económico y cultural para traducir esos valores en acción (Rochon, 1998). Difieren de tendencias, estilos y modas pasajeras (virales o de otros tipos) porque son colectivos, estratégicos y organizados (Max y McAdam, 1993). Se distinguen de los grupos de interés porque se enfocan menos en asignar bienes que en redefinirlos: no sólo buscan ganar el juego, sino también cambiar las reglas (Diani, 2000). Los movimientos sociales comienzan como una respuesta esperanzadora frente a las condiciones que sus integrantes consideran intolerables y los participantes hacen reclamos morales basados en identidades personales y colectivas renovadas, así como en acción pública. En Estados Unidos han sido los principales motores de reforma social y política desde la guerra de Independencia (Foner, 1998; Skocpol, Ganz y Munson, 2000; Ganz, 2006).

El liderazgo es la aceptación de la responsabilidad de crear condiciones que permitan a otros lograr un propósito compartido, de cara a la incertidumbre. Los líderes aceptan la responsabilidad no sólo por su "parte" individual de la labor, sino también por el "todo" colectivo. Así, pueden crear condiciones de manera interpersonal, estructural o procedimental. La necesidad de liderazgo (que a menudo no se satisface) es evidente cuando los encuentros con lo incierto exigen respuestas adaptativas, heurísticas o innovadoras: se infringen prácticas pasadas, surgen nuevas amenazas, aparece una oportunidad repentina, cambian las condiciones sociales, nuevas tecnologías modifican las reglas del juego, etcétera (Heifetz, 1998).

El papel de los líderes en los movimientos sociales va mucho más allá de la estereotípica figura pública y carismática con la que a menudo los relacionamos. Los movimientos sociales se organizan identificando, reclutando y desarrollando a líderes en todos los niveles. Éstos forjan una comunidad de movimiento social y movilizan sus recursos, una fuente primaria de poder para los movimientos (Ganz, 2002; Skocpol, 2003). A veces, las personas que hacen esta labor de liderazgo, sobre todo cuando lo hacen de tiempo completo, se llaman *organizadores* o, usando términos más coloridos, *conferenciantes, agentes, viajeros, itinerantes, representantes* o *secretarios de campo*. En ocasiones, simplemente, se les llama *líderes*. Por ejemplo, The Grange, una organización rural que fue crucial para el movimiento agrario de finales del siglo XIX, tenía 450 mil miembros organizados en 450 secciones, una estructura que requería reclutar a hombres y mujeres para 77 775 puestos de liderazgo voluntario, de los cuales 77 248 (99.3 por ciento) eran locales, 510 estatales y sólo 17 nacionales. En cualquier momento dado, uno de cada cinco miembros ocupaba un puesto de liderazgo formal. En tiempos más recientes, un pilar del movimiento conservador, la Asociación Nacional del Rifle (NRA), con 4 millones de miembros, realizaba sus actividades en 14 mil clubes locales gobernados por unos 140 mil líderes locales, o uno de cada 25 miembros (Ganz, 2003). Sierra Club, una organización ambientalista de 750 mil miembros, con unos 380 grupos locales organizados en 62 secciones, debe reclutar, entrenar y dar apoyo a voluntarios para unos 12 500 puestos de liderazgo, de los cuales 10 mil son locales: uno de cada 57 miembros (Andrews, Ganz, Baggetta, Han y Lim, 2007).

Puesto que los movimientos sociales son dinámicos, participativos y se organizan primordialmente para celebrar la identidad colectiva y reivindicar la voz pública, sus estructuras de participación, toma de decisiones y rendición de cuentas se parecen más a las de otras asociaciones civiles que celebran la identidad colectiva (iglesias, por ejemplo) o reivindican la voz pública (grupos de activismo) que a las de aquellas que producen bienes o servicios (Rothschild-Whitt, 1979; Schiflett y Zey, 1990). Interactúan con bases, no con consumidores o clientes (Gecan, 2004).

La autoridad descansa en la persuasión moral más que en la coerción económica o política. Los resultados dependen de la participación motivada, comprometida y voluntaria de miembros y partidarios (Knoke y Prensky, 1984; Smith, 2000). A menudo son incubadoras de movimientos sociales, del mismo modo que las iglesias de las comunidades negras, los grupos estudiantiles y las secciones de la National Association for the Advancement of Colored People [Asociación Nacional para el Progreso de las Personas Racializadas] (NAACP) incubaron el movimiento por los derechos civiles (McAdam, 1982; Morris, 1986).

A pesar de que los estudios del liderazgo tienen profundas raíces en la sociología (Michels, 1959; Weber, 1946), sobre todo en regímenes de autoridad radicalmente distintos, los estudiosos de los movimientos sociales, con pocas excepciones, le han rehuido al proyecto (Ganz, 2000; Morris y Staggenborg, 2004; Barker, Johnson y Lavalette, 2001). Un sesgo estructural en los estudios sobre los movimientos sociales parece haber causado que sea más productivo para los expertos identificar las condiciones restrictivas que hacen que ciertos resultados sean más probables que enfocarse en permitir condiciones que hagan que muchos resultados sean posibles. No obstante, la agencia tiene más que ver con asirse a posibilidades que con ajustarse a las probabilidades.

Uno de los pocos estudiosos que han abordado los desafíos del liderazgo en asociaciones de voluntarios, y no sólo en movimientos sociales, es James Q. Wilson (1973):

> En la mayoría de las asociaciones de voluntarios, la autoridad es incierta y el liderazgo es precario. Dado que la asociación es voluntaria, el líder no tiene ni el poder efectivo ni el derecho reconocido para ejercer coerción sobre los miembros; después de todo, son miembros, no empleados. En una empresa, el director puede, dentro de ciertos límites, contratar y despedir, ascender o degradar a sus subalternos [...]. En la mayoría de las asociaciones, el poder, o la capacidad de hacer que un subalterno haga lo que su superior desea, es limitado, y la autoridad, o el derecho a ejercer el poder existente, es restringida y contingente.
>
> Aunque la autoridad de muchos líderes de asociaciones es débil, las exigencias del puesto son muchas. Por lo general, la perso-

na que ejerce el liderazgo debe combinar la tarea ejecutiva de mantener a la organización de voluntarios a partir de la tarea de definir y fomentar sus objetivos [...]. Las necesidades de mantenimiento se atienden mejor con metas vagas o amplias, mientras que las tareas se realizan con mayor facilidad teniendo metas explícitas y concretas.

En el presente artículo, me concentro en el liderazgo de los movimientos sociales: un contexto volátil en el que las aptitudes motivacionales, relacionales, estratégicas y de acción —y la capacidad de desarrollar estas aptitudes en otros— tienen un papel fundamental. Utilizo ejemplos del primer movimiento social sobre el que aprendí, el Éxodo; el movimiento por los derechos civiles en Estados Unidos; el movimiento campesino; el movimiento feminista, y la política estadounidense en general.

LIDERAZGO EN MOVIMIENTOS SOCIALES:
¿QUIÉN LO EJERCE, DE DÓNDE VIENE Y POR QUÉ?

Al menos desde Moisés, el liderazgo en los movimientos sociales —ejercido por individuos o por equipos— ha surgido de contextos de conflicto. Moisés, un judío oprimido, se crio en la casa del faraón, el opresor. Moisés lucha por vincular un deseo de cambio (liberar a su pueblo) con la capacidad de efectuar el cambio (como príncipe egipcio). Su reacción, matar a un capataz egipcio, no funciona, lo cual le vale la censura de otros judíos. Huye al desierto (donde, como siempre en la Biblia, uno se va a recuperar la compostura) y asume una tercera identidad, sumamente liminal, no como judío ni como egipcio, sino como yerno de un sacerdote madianita, un pastor.

Moisés conserva la curiosidad y un día sale de un sendero para investigar una luz extraña, un arbusto ardiente, donde resulta que Dios está esperándolo para retarlo a aceptar el llamado de volver a Egipto, enfrentar al faraón con quien creció y liberar a su pueblo. Acepta esta encomienda sólo cuando Dios le promete la ayuda de un hermano, Aarón, y una hermana, Miriam. Aprende cómo puede combinar su deseo de cambio con una capacidad de efectuar el cambio, pero sólo cuando se involucra con Dios, su familia y su pueblo. No obstante, un punto importante es que, en Éxodo 18, una vez que ha sacado a su pueblo de Egipto, lo visita su suegro, Jetró, quien le enseña dos cosas: le recuerda que tiene una familia que requiere su atención y señala que Moisés está extenuándose —y extenuando al pueblo— al tratar de hacer todo el trabajo por sí mismo. Jetró propone una estructura en la que, de cada diez hombres, se reclute a uno para un puesto de liderazgo, y entre cada diez de éstos, a uno, y así sucesivamente. De este modo llama la atención de Moisés hacia el papel crucial del desarrollo del liderazgo que requerirá su movimiento para fortalecerse (Anónimo, 2004).

Ser líder de movimientos sociales requiere aprender a gestionar las tensiones centrales de lo que el teólogo Walter Brueggemann llama "imaginación profética": una combinación de crítica (experiencia del dolor del mundo) con esperanza (experiencia de la posibilidad del mundo), evitando que nos ofusque la desesperanza o nos engañe el optimismo (Brueggemann, 2001). Un profundo deseo de cambio debe ir a la par con la capacidad de efectuar un cambio. Deben crearse estructuras para el espacio en el cual puedan prosperar el crecimiento, la creatividad y la acción, sin caer en el caos de la falta de estructura, y deben reclutarse, capacitarse y desarrollarse líderes en la escala necesaria para construir las relaciones, mantener la motivación, planear la estrategia y efectuar la acción requerida para alcanzar el éxito.

La necesidad de un liderazgo comprometido y esperanzado a gran escala es una de las razones por las que los líderes de movimientos sociales a menudo se encuentran entre los jóvenes (con excepción de Moisés). El doctor King tenía 25 años cuando fue elegido para liderar el boicot a los autobuses. César Chávez también tenía 25 cuando fue reclutado como organizador profesional, y 35 cuando se inició el movimiento campesino. Algunos atribuyen la afinidad de los jóvenes por los movimientos sociales a una "disponibilidad biográfica" —tener tiempo y no tener familia— (Nepstad y Smith, 1999). Aunque esto pueda mantener bajos los "costos" del activismo, dice muy poco sobre los beneficios. Tiene mucho más que ver con lo que dice Brueggemann. Muchas veces, los jóvenes alcanzan la madurez con una visión crítica, una evaluación de la generación de sus padres y un corazón esperanzado, casi como una necesidad biológica. Como pudimos ver en la campaña presidencial de Barack Obama que se desarrolló ante nuestros ojos, la combinación puede ser transformadora.

PRÁCTICAS DE LIDERAZGO:
RELACIÓN, HISTORIA, ESTRATEGIA, ACCIÓN

Construir relaciones

Puesto que los movimientos sociales son nuevos, los líderes que los inician aprenden a formar relaciones interpersonales que vinculan individuos, redes y organizaciones. En ausencia de estructuras formales, los compromisos voluntarios que unas personas asumen con otras crean el tejido con el que pueden formarse las estructuras formales. En este contexto, las relaciones pueden verse como intercambios de intereses y recursos entre partes (figura 4.1) (Blau, 1964). No obstante, un intercambio sólo se convierte en relación cuando se hace un compromiso mutuo de recursos con vistas a un futuro en común.

El compromiso con un futuro compartido y con las consecuencias de un pasado compartido transforma un intercambio en una relación.

Dado que las relaciones son comienzos, no finales, crean oportunidades para que los intereses crezcan, cambien y se desarrollen. De manera similar, los recursos de los participantes, que son irrelevantes en el intercambio inicial, pueden volverse relevantes —y ser la base para nuevas formas de intercambio— con el tiempo. Los participantes también pueden descubrir intereses comunes que no conocían. Y, lo más importante, los participantes pueden desarrollar un interés en la relación misma; se crea lo que Robert Putnam y otros describen como "capital social": una capacidad "relacional" que puede facilitar todo tipo de acción colaborativa (Putnam, 1994).

En las organizaciones de movimientos sociales, las relaciones entre pares son tan significativas como las relaciones entre líderes, o entre líderes y miembros. Uno no sólo se une a un movimiento entrando en una relación con un líder u organizador, sino tam-

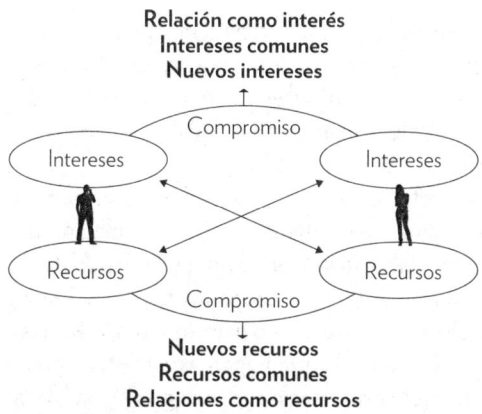

Figura 4.1. La naturaleza de las relaciones en los movimientos sociales.

bién entrando en un conjunto de relaciones entre pares con otros miembros. Así, las relaciones interpersonales son cruciales para forjar los entendimientos compartidos, los compromisos y la acción colaborativa que constituyen un movimiento. Y, como nos lo enseñó Mark Granovetter, los tipos de relaciones —o redes— con los que nos comprometemos marcan una gran diferencia. Unos vínculos fuertes facilitan la confianza, la motivación y el compromiso, y unos vínculos débiles amplían el acceso a información, aptitudes y aprendizajes (Granovetter, 1973). Los movimientos exitosos aprenden a combinar ambos.

Las dificultades para forjar organizaciones de movimientos sociales más allá de las barreras raciales, culturales, generacionales, étnicas y de clase son considerables, y rara vez se enfrentan con éxito en abstracto o por principio. Por ejemplo, los organizadores de la Greater Boston Interfaith Organization [Organización Interreligiosa del Gran Boston] (GBIO) —una organización comunitaria de más de un centenar de iglesias, sinagogas, mezquitas, corporaciones de desarrollo comunitario, sindicatos y otros grupos— dedicaron sus primeros dos años de trabajo casi por completo a celebrar "reuniones uno a uno", una práctica relacional que ha adquirido una cualidad ritual en una organización que opera librando tantas barreras religiosas. El 27 de mayo de 2009, la GBIO, que comparte la responsabilidad por la reforma de atención médica en Massachusetts, celebró su décimo aniversario con una asamblea de unas 1700 personas provenientes de todas las comunidades integrantes, entre las cuales asistieron el alcalde, el orador de la asamblea y el gobernador (Walker (2009).

Dado que los recursos relacionales son tan importantes para los movimientos sociales, y dado que entrar en nuevas relaciones y mantener las viejas es tan laborioso, sólo es posible aumentar el tamaño del movimiento si se recluta en todos los niveles a líderes que acepten la responsabilidad. El reto es lanzar una red lo bastante amplia como para reclutar a otros que hagan este trabajo, poder capacitarlos y ofrecer la mentoría necesaria para apoyar su desarrollo.

Así pues, la mayoría de los movimientos sociales activos capacitan a sus participantes con algún tipo de encuentros cara a cara, así como "reuniones caseras", como una forma de cultivar un movimiento utilizando redes relacionales preexistentes (Simmons, 1998). En el encuentro uno a uno, los organizadores reclutan a un anfitrión que se comprometerá a invitar a su casa a los miembros de su red para conocer al organizador, compartir experiencias y hablar del movimiento. Luego se recluta a los asistentes para que organicen su propia reunión, y así sucesivamente. La ventaja que ofrece este método, desde la perspectiva del movimiento, es que identifica a los líderes comunitarios en potencia —aquellos que tienen éxito al organizar una reunión— y evita que se dependa de organizaciones e instituciones que quizá sean resistentes al cambio. Por ejemplo, en la campaña de Obama en Carolina del Sur, de manera semejante a un movimiento, para octubre de 2007 los organizadores habían celebrado unas 400 reuniones caseras a las que asistieron unas 4 mil personas, la base de una movilización que desplegó a 15 mil voluntarios el día de las elecciones, la mayoría de los cuales se involucró por primera vez en actividades políticas (Candaele y Dreier, 2008).

Dado que el trabajo relacional es tan fundamental para un movimiento social y sólo puede realizarse a gran escala con muchos líderes aptos para esta práctica, la capacidad de capacitarlos —y no sólo en los niveles más altos— es una aptitud esencial para los movimientos sociales.

Contar la historia

Un movimiento social cuenta una nueva "historia". Aprender cómo contar esa historia —el oficio que llamo *narrativa pública*— es una segunda práctica de liderazgo importante. Y, al igual que la construcción de relaciones, su contribución a un movimiento depende de que la práctica se comparta ampliamente.

Valores, emoción y acción. Un problema que enfrentaban los estudiosos de los movimientos sociales en el pasado era la cuestión de por qué la indignación producía protestas en algunos casos, pero en otros no. Los estudiosos de la economía moral demostraron que los "agravios" susceptibles de acción se experimentan como una injusticia: no como un simple inconveniente, sino como un perjuicio que exige solución (Scott, 1977). Los psicólogos demostraron que la indignación por un agravio sólo conduce a la acción si se combina con eficacia o esperanza (Freeman, 1972-1973). Así, es más probable que se actúe respecto a un agravio cuando se le experimenta como una injusticia, en combinación con la presencia de una conciencia de la eficacia, solidaridad y esperanza necesarias para hacer el sacrificio, los compromisos, y asumir los riesgos, que supone actuar para crear un cambio. Entonces, el desafío discursivo no implica sólo articular agravios, sino también reunir la energía moral, y sobre todo la esperanza, para impulsar todo el proyecto. Y aunque tendemos a atribuir este trabajo a un solo líder, visible y carismático, es una práctica de liderazgo que se requiere en todos los niveles para que un movimiento prospere.

El psicólogo Jerome Bruner afirma que la narrativa es la forma en que aprendemos a ejercer agencia: el poder de elección frente a la incertidumbre. Interpretamos el mundo en modalidades analíticas y narrativas (Bruner, 1986). Al mapear cognitivamente el mundo, podemos distinguir patrones, poner a prueba relaciones y hacer hipótesis sobre afirmaciones empíricas: el dominio del análisis. Pero también mapeamos el mundo de manera afectiva, codificamos las experiencias, objetos y símbolos como buenos o malos para nosotros, inquietantes o seguros, esperanzadores o deprimentes, etcétera. Cuando consideramos responder a un reto mediante acciones con propósito, nos hacemos dos preguntas:

por qué y cómo. El análisis nos ayuda a responder la "cuestión del cómo": cómo dar un uso eficiente a los recursos, detectar oportunidades, comparar costos, etcétera. No obstante, para responder la pregunta del "por qué" —por qué esto importa, por qué nos importa a nosotros, por qué valoramos un objetivo más que otro—, recurrimos a la narrativa. La pregunta del por qué no es por qué pensamos que *debemos* actuar, sino por qué *actuamos*, qué nos mueve a actuar, nuestras motivaciones, nuestros valores. O, como escribió san Agustín, es la diferencia entre "conocer el bien", una obligación, y "amar el bien", una fuente de motivación.

La filósofa moral Martha Nussbaum afirma que, puesto que tomamos decisiones con base en valores que experimentamos por medio de la emoción, tomar decisiones morales sin información emocional es inútil (Nussbaum, 2001). Sustenta su argumento con investigaciones sobre personas afectadas por lesiones en la amígdala, una parte del cerebro que es crucial para nuestras emociones. Cuando estas personas tienen que tomar decisiones, pueden pensar una opción tras otra, pero no pueden decidir porque las decisiones dependen de juicios de valor. Si no podemos experimentar emoción, no podemos experimentar valores que nos orienten hacia las decisiones que debemos tomar.

Facilitar la acción con propósito. Algunas emociones inhiben la agencia que se expresa como acción con propósito, mientras que otras la facilitan (figura 4.2). Al explorar la relación entre emoción y acción con propósito, el politólogo George Marcus señala dos de nuestros sistemas neurofisiológicos: vigilancia y disposición (Marcus, 2002).

Nuestro *sistema de vigilancia* compara lo que esperamos ver con lo que vemos; rastrea las anomalías que, al ser observadas, se traducen en ansiedad. Sin esta señal emocional, argumenta Marcus, operamos por hábito. Cuando sentimos ansiedad, nos decimos: "¡Oye! ¡Pon atención! ¡Hay un oso en la puerta!". Por otro lado, nuestro *sistema disposicional* opera en un espectro que va de la depresión al entusiasmo o, como también podríamos describirlo, de la desesperanza a la esperanza. Si vinculamos una experiencia de ansiedad con la desesperanza, se activa nuestro miedo o nuestra furia, o bien nos paralizamos, y nada de eso facilita la

FIGURA 4.2. Emociones que inhiben y facilitan la acción con propósito.

agencia adaptativa. Por otro lado, si tenemos esperanza, nuestra curiosidad se ve provocada a explorar la novedad en formas que pueden facilitar el aprendizaje, la resolución creativa de problemas y la acción intencional. Así, nuestra capacidad de considerar la acción, considerarla bien y actuar con base en nuestra consideración depende de lo que sentimos.

Los líderes en los movimientos sociales movilizan las emociones que hacen posible la agencia. Cuando experimentamos el "mundo tal como es" en profunda disonancia con valores que definen el "mundo como debe ser", experimentamos disonancia experimental, una tensión que sólo puede resolverse por medio de la acción. Los organizadores llaman a esto agitación. Por ejemplo, como dependo de mi trabajo, temo irritar al jefe (maestro, padre, patrón); sin embargo, esto puede entrar en conflicto con mi respeto por mí mismo si el jefe viola mi dignidad. Una persona puede enfadarse y retar a su jefe, otra tal vez se "trague su orgullo" y una más podría resistirse al organizador que señala el conflicto. Cualquiera de estas opciones tiene un costo, pero una puede servir mejor que otra según los intereses de la persona.

Como muestra la figura 4.2, la inercia —la seguridad de la rutina habitual— puede cegarnos frente a la necesidad de acción, pero la urgencia y la ira llaman nuestra atención. El miedo puede paralizarnos y conducirnos a justificar la inacción; el miedo, amplificado por la inseguridad y el aislamiento, puede convertirnos en víctimas de la desesperanza. Por otro lado, la esperanza nos inspira y, en concierto con la autoeficacia (el sentimiento de que puedes marcar una diferencia) y la solidaridad (amor, empatía), puede movernos a actuar.

La urgencia que capta nuestra atención crea el espacio para nueva acción y tiene más que ver con la prioridad que con el tiempo. Una urgente necesidad de resolver un problema para mañana suplanta la importante necesidad de decidir qué hacer con el resto de la vida. La urgente necesidad de cuidar a un familiar enfermo de gravedad suplanta (¿o debería suplantar por obligación?) la importante necesidad de asistir a una reunión de negocios largamente postergada. La urgente necesidad de dedicar un día entero a llevar a grupos de votantes a una elección decisiva suplanta la importante necesidad de revisar el presupuesto familiar. Dado que se requiere compromiso y energía concentrada para lanzar cualquier cosa nueva, crear un sentido de urgencia es, a menudo, la única manera de empezar un proceso.

¿Qué hay de la prima hermana de la inercia, la apatía? Como se dijo antes, podemos contrarrestar la apatía con enojo; no ira, sino indignación. El enojo constructivo surge de experimentar la diferencia entre "lo que debería ser" y "lo que es": lo que sentimos cuando se ha violado nuestro orden moral.[†] El sociólogo Bill Gamson describe esto como utilizar un "marco de injusticia" para contrarrestar un "marco de legitimidad" (Gamson, 1992). Como nos han enseñado los estudiosos de la "economía moral", las personas raras veces se movilizan para protestar contra la desigualdad como tal, pero sí se movilizan para protestar contra la desigualdad "injusta" (Scott, 1977). En otras palabras, los valores, las tradiciones morales y un sentido de dignidad personal pueden funcionar como fuentes de motivación para actuar.

¿Dónde podemos encontrar el coraje para actuar a pesar de nuestro miedo? Tratar de reducir nuestro miedo eliminando la provocación externa suele ser una insensatez, pues ubica la fuente de coraje en el exterior, en vez de en nuestro corazón. Tratar de vol-

---

[†] Enfado por el contraste de lo que es con lo que debería ser.

vernos "temerarios" es contraproducente cuando actuamos más "con los nervios que con el cerebro". Los líderes pueden inocular a otros contra esta tendencia cuando les advierten que la oposición los amenazará con esto o tratará de seducirlos con aquello. El hecho de que estas conductas se esperen revela que la oposición es predecible y, por consiguiente, menos temible. Pero, en realidad, es la decisión de actuar pese al miedo lo que constituye el coraje. Y, entre las fuentes de coraje, quizá la más importante sea la esperanza.

¿A dónde acudimos para obtener esperanza? Una fuente de esperanza es la experiencia con "soluciones creíbles": no sólo tener noticia de éxitos en otros lados, sino también experiencia directa de pequeños éxitos y pequeñas victorias. Otra fuente de esperanza radica, para muchos, en tradiciones de fe, creencias espirituales, prácticas culturales y entendimientos morales. Muchos de los grandes movimientos sociales —Gandhi, el movimiento por los derechos civiles, Solidaridad— sacaban fuerza de tradiciones religiosas, mientras que gran parte de la labor organizativa actual se da en comunidades de fe. Las relaciones ofrecen otra fuente de esperanza. Conocemos a personas capaces de inspirar esperanza con su sola presencia. El "carisma" puede entenderse como la capacidad de una persona para inspirar confianza en otros, o para creer en sí misma. Los psicólogos que estudian el papel de la "emoción positiva" prestan particular atención a la "psicología de la esperanza" (Seligman y Csikszentmihaly, 2000). De manera más filosófica, Moisés Maimónides, erudito judío del siglo XII, afirmaba que la esperanza es la creencia en la "plausibilidad de lo posible", en vez de la "necesidad de lo probable".

Los líderes contrarrestan la inseguridad al fomentar el sentido de "autoeficacia" de los demás, la idea de que *puedes hacer una diferencia*. Se puede inspirar este sentimiento enmarcando la acción en términos de lo que *podemos* hacer, no en lo que *no podemos*. Un líder que diseña un plan que requiere que cada nuevo voluntario reclute a cien personas, pero que no proporciona indicios, capacitación ni mentoría, sólo logrará exacerbar los sentimientos de inseguridad. El reconocimiento basado en logros reales, y no en la adulación, puede ser útil. En otras palabras, no puede haber reconocimiento *real* sin rendición de cuentas. La rendición de cuentas no demuestra falta de confianza, sino que es evidencia de que lo que hacemos realmente importa.

Finalmente, los líderes de movimientos sociales contrarrestan los sentimientos de aislamiento con la experiencia de amor o solidaridad. Ésta es la función de las reuniones masivas, las celebraciones, el canto, la vestimenta común y el lenguaje compartido.

El poder de las historias

La forma discursiva con la que todos traducimos nuestros valores en acción es la historia. Una historia se compone de sólo tres elementos: *trama, personaje* y *moraleja* (figura 4.3). El efecto depende del *contexto:* quién cuenta la historia, quién escucha, dónde están, por qué están ahí y cuándo.

Trama. Una trama nos cautiva, capta nuestro interés, nos hace prestar atención. "Esta mañana me levanté, desayuné y vine a la escuela." ¿Eso es una trama? ¿Por qué? ¿Por qué no? ¿Qué tal si fuera así?: "Estaba desayunando esta mañana cuando oí un fuerte chirrido que venía del techo. En ese momento miré afuera, a donde mi auto estaba estacionado, ¡pero no estaba! ¡Sólo encontré una mancha de grasa!". ¿Ahora qué sucede? ¿Cuál es la diferencia?

Una historia comienza. El protagonista avanza hacia una meta deseada, pero lo inesperado interviene, un desafío se cierne sobre el protagonista. El plan está en el aire. El protagonista debe decidir qué hacer. Aquí es cuando nos interesamos. Queremos saber qué sucede.

¿Por qué nos importa?

Lidiar con lo inesperado define la textura de nuestras vidas. Ya no hay boletos en el cine. Pierdes tu trabajo. Nuestro matrimonio está al borde de la ruptura. Siempre estamos aprendiendo cómo lidiar con la incertidumbre, cuya mayor fuente son otras personas. Por lo tanto, el tema de la mayoría de las historias es cómo interactuar con otras personas.

Como seres humanos, tenemos la capacidad de agencia: tomar decisiones en el presente con base en nuestro recuerdo del pasado y nuestra imaginación del futuro. Cuando actuamos por hábito, no elegimos, sólo seguimos una rutina. Sólo cuando las rutinas se de-

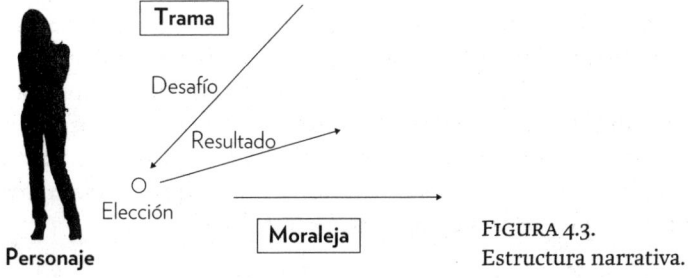

FIGURA 4.3.
Estructura narrativa.

rrumban, cuando los lineamientos no están claros, cuando nadie puede decirnos qué hacer, tomamos decisiones reales y nos convertimos en creadores de nuestras propias vidas, comunidades y futuros. Es en estos momentos, tan aterradores como estimulantes, que nos convertimos en agentes de nuestro destino.

Una trama consta de sólo tres elementos: un *desafío*, una *decisión* y un *resultado*. Atender la trama es la manera en que aprendemos a lidiar con lo impredecible. Los investigadores reportan que la mayor parte del tiempo que los padres pasan con sus hijos pequeños, éste transcurre contando historias: historias de la familia, historias del niño, historias de los vecinos. Bruner describe esto como una forma de capacitación de la agencia: la manera en que aprendemos a procesar elecciones frente a la incertidumbre (Bruner, 1986). Como nuestra necesidad de aprender a lidiar con lo inesperado es infinita, invertimos miles de millones de dólares e incontables horas en películas, literatura y eventos deportivos, sin mencionar prácticas religiosas, actividades culturales y celebraciones nacionales.

Personajes. Aunque una historia requiere una trama, sólo funciona si experimentamos su contenido emocional identificándonos de manera empática con el personaje. Así aprendemos lo que la historia puede enseñar a nuestros corazones, y no sólo a nuestras cabezas. Como escribió Aristóteles, la experiencia trágica del protagonista nos toca y, quizá, nos abre los ojos (Aristóteles, 1941). Los argumentos persuaden con evidencia, lógica y datos. Las historias persuaden con identificación empática. ¿Has visto una película en la que no puedes identificarte con un solo personaje? Es aburrida.

Podemos identificarnos con protagonistas que sólo son de manera vaga "como nosotros", como el Correcaminos (si no es que el Coyote) de las caricaturas. En otras ocasiones nos identificamos con protagonistas que se nos parecen mucho, en historias sobre amigos, familiares y vecinos. A veces, los protagonistas de una historia somos nosotros, como cuando nos vemos envueltos en una trama en curso en la que somos autores del desenlace.

Moraleja. Las historias enseñan. Todo hemos oído el final "y ésa es la moraleja de la historia". ¿Has estado en una fiesta en la que alguien empieza a contar una historia y sigue y sigue y sigue? Tal vez alguien diga (o tenga ganas de decir) "¡Ve al grano!". Usamos historias para argumentar algo y para provocar una respuesta.

La moraleja de una historia exitosa es una comprensión que se experimenta en lo emocional, y no sólo algo conceptual: una lección del corazón, y no sólo de la cabeza. Cuando sólo se declaran conceptualmente, muchas moralejas se vuelven banales. Decir "las prisas no son buenas" no comunica la experiencia emocional de perderlo todo por haber actuado con demasiada rapidez, pero puede recordarnos ese sentimiento, aprendido de una historia. Tampoco podemos esperar que las moralejas nos den información técnica. No contamos la historia de David y Goliat para aprender a usar una honda. La historia nos enseña que un "hombrecillo" con coraje, ingenio e imaginación puede vencer a un "grandulón", sobre todo a uno con la arrogancia de Goliat. Sentimos la ira de David, su coraje y satisfacción, y sentimos esperanza por nuestras propias vidas gracias a su victoria. Así, las historias nos enseñan a manejar nuestras emociones, a no reprimirlas, de modo que podamos actuar con agencia para enfrentar nuestros propios desafíos.

Las historias no son simples ejemplos e ilustraciones. Cuando están bien contadas, experimentamos la moraleja y sentimos esperanza. Es esa experiencia, y no las palabras, lo que nos mueve a la acción. Porque a veces ése es el punto: tenemos que actuar.

Contexto. Las historias se cuentan. No son un hilo suelto de palabras, imágenes y frases. No son eslóganes, sonidos o marcas comerciales, aunque estos fragmentos retóricos pueden hacer referencia a una historia. La narración de historias es fundamen-

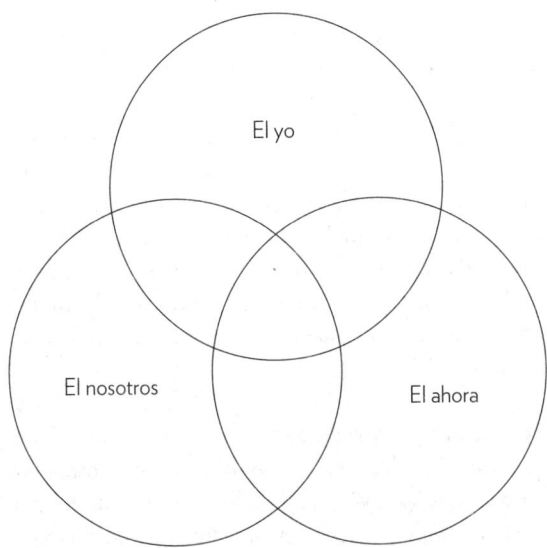

FIGURA 4.4. El relato de una historia pública.

talmente relacional. Conforme escuchamos, vamos evaluando la historia y la encontramos más o menos accesible, dependiendo del narrador. ¿Es su historia? La escuchamos de cierta manera. ¿Es la historia de un amigo, colega o familiar? La escuchamos de otra manera. ¿Es una historia sin tiempo, lugar o especificidad? Damos un paso atrás. ¿Es una historia que compartimos, quizá una historia bíblica? Tal vez nos acercamos más unos a otros. Y, mientras cuenta su historia, el narrador está atento a nuestras reacciones, modifica cosas si es necesario para comunicar el mensaje deseado. La narración de historias es la manera en que interactuamos respecto a nuestros valores, la manera en que compartimos experiencias unos con otros, nos aconsejamos, nos consolamos y nos inspiramos mutuamente para la acción.

Narrativa pública: el yo, el nosotros y el ahora

Los líderes de movimientos sociales cuentan nuevas historias de relevancia pública: una historia del yo o personal, una historia del nosotros y una historia del ahora (figura 4.4). Una historia personal comunica los valores que llaman a alguien a la acción. Una historia del nosotros comunica los valores compartidos por las personas en acción. Una historia del ahora comunica un desafío urgente a esos valores, que exige acción inmediata. Participar en un movimiento social no sólo implica, con frecuencia, una rearticulación de nuestra historia personal, del nosotros y del ahora, sino que marca una entrada a un mundo de incertidumbre tan abrumadora que el acceso a fuentes de esperanza es esencial. En esta sección tomaré ejemplos de los siete minutos del discurso del senador Barack Obama en la Convención Nacional Demócrata, en julio de 2004 (véase el apéndice).

Historia del yo. Contar una historia personal es una manera de comunicar nuestra identidad, las decisiones que hemos tomado y que nos hacen ser quienes somos, así como los valores que formaron esas decisiones, no como principio abstracto, sino como experiencia vivida. Construimos historias del yo en torno a *puntos de decisión:* momentos en los que hemos enfrentado un desafío, decidido, experimentado un resultado y aprendido algo. Podemos tener acceso a los valores que nos mueven —y comunicarlos— reflexionando sobre estos puntos de decisión y describiéndole a otra persona lo que ocurrió. Y, dado que la narración de historias es una transacción social, que involucra los recuerdos de nuestro escucha tanto como los nuestros, a menudo adaptamos nuestra historia personal en respuesta a la retroalimentación, para que la comunicación funcione. En otras palabras, construimos nuestra identidad como nuestra historia. Lo que es completamente único en cada uno de nosotros no es una combinación de las categorías que nos incluyen (raza, género, clase, profesión, estado civil), sino nuestro viaje, nuestra trayectoria en la vida, nuestro texto personal con el que cada uno de nosotros puede enseñar (Hammack, 2008).

Una historia es como un poema. Un poema no nos mueve por su extensión ni por ser elocuente o complejo. Una historia o un poema nos mueven al evocar una experiencia o un momento por medio del cual asimos el sentimiento o la reflexión que nos comunican. Como tenemos el don de una memoria episódica, basada en nuestra capacidad de visualizar experiencias pasadas, podemos imaginarnos a nosotros mismos en la escena que se describe

(Tulving, 2002). Mientras más específicos sean los detalles que elegimos relatar, más podremos mover a nuestros escuchas y con más potencia podremos expresar nuestros valores, lo que el filósofo moral Charles Taylor llama nuestras "fuentes morales" (Taylor, 1989).

Hay quien cree que sus historias personales no importan, que no les importarán a otros o que no debemos hablar tanto sobre nosotros mismos. Pero, si hacemos trabajo público, tenemos la responsabilidad de dar una explicación pública de nosotros mismos: de dónde venimos, por qué hacemos lo que hacemos y a dónde creemos que vamos. Aristóteles afirmaba que la retórica tiene tres componentes: *logos*, *pathos* y *ethos*; éste es el *ethos* (Aristóteles, 1941). El *logos* es la lógica del argumento. El *pathos* es el sentimiento que el argumento evoca. El *ethos* es la credibilidad de la persona que argumenta.

Alguien que funge como un líder público no tiene, en realidad, más opción que contar su historia del yo. Si no somos autores de nuestra historia, otros lo serán, y tal vez la cuenten de formas que no nos agraden. No porque sean malévolos, sino porque otras personas tratan de encontrar el sentido de lo que somos recurriendo a su propia experiencia con personas a quienes consideran parecidas a nosotros.

Con frecuencia, los movimientos sociales sirven como crisoles en los que los participantes aprenden a contar nuevas historias del yo, en interacción con otros participantes. Las historias del yo pueden ser desafiantes porque la participación en los movimientos sociales a menudo es motivada por la combinación "profética" de crítica y esperanza. En términos personales, esto significa que la mayoría de los participantes tiene historias tanto de dolor como de esperanza. Si no hemos hablado mucho de nuestras historias de dolor, podemos tardar un poco en aprender a manejarlo. Pero, si otros necesitan entender quiénes somos, y omitimos el dolor, a nuestro relato le faltará autenticidad y eso levantará dudas sobre el resto de la historia.

En los primeros días del movimiento feminista, la gente participaba en conversaciones grupales de "toma de conciencia", que mediaban cambios en sus historias del yo, de quiénes eran cómo mujeres. Podían compartirse historias de dolor, pero también historias de esperanza (Polletta, 2006). En el movimiento por los derechos civiles, las personas negras que vivían en el Sur profundo, y que temían exigir el derecho al voto, tenían que alentarse entre sí a reunir el coraje para expresar su reclamo, el cual, una vez expresado, comenzaba a alterar cómo pensaban en sí mismas y cómo podían interactuar con sus hijos, así como con la gente blanca y entre ellos (Couto, 1993).

En su historia del yo, el senador Obama relata tres puntos clave: la decisión de su abuelo de enviar a su hijo a estudiar a Estados Unidos, la "improbable" decisión de sus padres de casarse y la decisión de nombrarlo Barack ("bendición"), una expresión de esperanza por un Estados Unidos tolerante y generoso. Cada una de estas decisiones comunica coraje, esperanza y cariño. No nos cuenta nada de su currículo y prefiere presentarse diciéndonos de dónde viene y quién lo hizo la persona que es, para que podamos tener una idea de a dónde se dirige. En su campaña presidencial, un elemento clave de la capacitación a los organizadores, equipos de liderazgo y voluntarios era aprender a contar sus historias del yo. Aunque muchos llegaban pensando que tendrían que aprenderse la biografía de Obama, convertirse en expertos en política pública, o ambas cosas, descubrieron que su propia experiencia podía darles todas las historias que necesitaban para comunicar sus motivaciones y para invitar a otros a unírseles (MacGillis, 2008). Una de estas historias personales, contada en una reunión casera en Carolina del Sur por la organizadora Ashley Baia, de 23 años, aportó la conclusión del histórico discurso de Obama sobre la raza, "Una unión más perfecta", pronunciado en Filadelfia el 18 de marzo de 2008.

Historia del nosotros. Nuestras historias del yo se traslapan con nuestras historias del nosotros. Todos participamos en diferentes *nosotros:* familia, comunidad, fe, organización, profesión, nación o movimiento. Una historia del nosotros expresa los valores, las experiencias compartidas por el *nosotros* que evocamos en ese momento. Pero una historia del nosotros no sólo expresa valores de nuestra comunidad, también puede distinguir nuestra comunidad de otras, reduciendo así la incertidumbre respecto a qué podemos esperar de aquellos con quienes interactuamos. Los científicos sociales a menudo describen una historia del nosotros como identidad colectiva (Macintyre, 2001; Somers, 1992, 1994).

Nuestras culturas son depósitos de historias sobre los desafíos que hemos enfrentado, cómo los hemos enfrentado y cómo sobrevivimos; están entretejidas en nuestra cultura política, tradiciones religiosas, etcétera. Contamos estas historias una y otra vez en forma de dichos populares, canciones, prácticas religiosas y celebraciones (por ejemplo, la Pascua cristiana o judía, el Día de la Independencia). Y, al igual que las historias individuales, las historias del nosotros pueden inspirar, instruir, ofrecer esperanza, aconsejar precaución, etcétera. También tejemos nuevas historias a partir de otras viejas. La historia del Éxodo, por ejemplo, les sirvió a los puritanos cuando colonizaron América del Norte, pero también a los negros sureños que exigían derechos civiles en el movimiento por la libertad.

Para que un conjunto de personas se convierta en un "nosotros" se requiere un narrador, un intérprete de su experiencia compartida. En un centro laboral, las personas que trabajan lado a lado, pero interactúan poco, no se quedan después de la salida, no llegan temprano ni comen juntas, nunca desarrollan una historia del nosotros. En un movimiento social, la interpretación de la nueva experiencia del movimiento es una función crucial del liderazgo. Y, al igual que la historia del yo, se construye a partir de decisiones puntuales: la fundación, las decisiones tomadas, los retos enfrentados, los resultados, las lecciones aprendidas.

En su discurso, el senador Obama nos introduce a su historia del nosotros cuando declara: "Mi historia es parte de la historia estadounidense" y procede a enumerar valores estadounidenses que comparte con sus escuchas: las personas presentes, las que lo ven por televisión, las que leerán sobre el discurso al día siguiente. Y comienza por remontarse al comienzo, a las decisiones que tomaron los fundadores de la nación, un comienzo que él ubica en la Declaración de Independencia, depósito, en particular, de un valor como la igualdad. A continuación, cita una serie de momentos que evocan los valores compartidos por su público. Y, en su discurso de victoria presidencial, pronunciado en Chicago la tarde del 4 de noviembre de 2008, declaró:

Si hay alguien allá afuera que todavía dude de que Estados Unidos es un lugar donde todas las cosas son posibles; que aún se pregunte si el sueño de nuestros fundadores está vivo en nuestro tiempo; que aún cuestione el poder de nuestra democracia, el día de hoy es su respuesta [...]. Es la respuesta pronunciada por jóvenes y viejos, ricos y pobres, demócratas y republicanos, negros, blancos, latinos, asiáticos, nativos americanos, gays, heterosexuales, discapacitados y no discapacitados: estadounidenses que enviaron al mundo el mensaje de que nunca hemos sido un conjunto de estados republicanos y estados demócratas: somos, y siempre seremos, Estados Unidos de América.

Historia del ahora. Una historia del ahora expresa el desafío urgente a los valores que compartimos, lo que exige una acción inmediata. ¿Qué decisión debemos tomar? ¿Qué está en riesgo? ¿Y dónde está la esperanza?

En una historia de del ahora, somos los protagonistas y nuestras decisiones construyen el desenlace. Tenemos que recurrir a nuestras "fuentes morales" para responder. Una poderosa expresión de una historia del ahora fue un discurso del doctor King, recordado a menudo como el discurso de "Tengo un sueño", pronunciado el 23 de agosto de 1963. La gente a menudo olvida que el doctor King precedió el sueño con un desafío: la añeja deuda de los estadounidenses blancos para con los afroestadounidenses. King afirmó que era una deuda que ya no podía postergarse: era un momento cargado de la "fiera urgencia del ahora" (King Jr., 1963). Si no actuábamos, la pesadilla empeoraría y jamás se convertiría en el sueño.

En la historia del ahora, historia y estrategia se traslapan porque un elemento clave en la esperanza es la estrategia: una visión creíble de cómo llegar de aquí a allá. La "decisión" que se ofrece no puede ser algo como "todos debemos elegir ser mejores personas" o "todos debemos decidir hacer algo de esta lista de 53 cosas" (lo cual banaliza cada uno de los puntos de la lista). Una elección significativa es más bien algo como "todos debemos elegir: ¿nos comprometemos a boicotear los autobuses hasta que dejen de estar segregados o no?". La esperanza es específica, no abstracta. ¿Cuál es la visión? Cuando Dios inspira a los israelitas en el Éxodo, no ofrece una vaga esperanza de "mejores días", sino que describe una tierra "rebosante de leche y miel" (Éxodo 3:8) y lo que debe hacerse para llegar allá. Una visión de esperanza puede desplegarse sección por sección. Puede comenzar con llevar a una reunión al número de personas que te comprometiste a llevar. Puedes ganar una pequeña victoria que muestre que el cambio es posible. Una pequeña victoria puede convertirse en fuente de esperanza si se *interpreta* como parte de una visión más amplia. En las iglesias, cuando las personas tienen una "nueva historia" que contar sobre sí mismas, es como un "testimonio": una persona comparte un relato en el que pasa de la desesperanza a la esperanza, y la historia se vuelve más significativa por contarla.

La esperanza no se encuentra en mentir sobre los hechos, sino en el *sentido* de los hechos. En la versión de Shakespeare del discurso en vísperas de la batalla de Agincourt, el rey Enrique V inspira la esperanza en los corazones de sus hombres ofreciéndoles una visión distinta de sí mismos. Ya no son unos cuantos soldados zarrapastrosos encabezados por un rey joven e inexperto en un rincón desconocido de Francia, a punto de ser exterminados por una fuerza abrumadora. Ahora son unos "felices pocos", unidos en solidaridad con su rey, y tienen en las manos una oportunidad de alcanzar la inmortalidad, de convertirse en leyendas en su tiempo, un legado para sus hijos y nietos (Shakespeare, *Henry V*). ¡Éste es su momento! La historia del ahora es ese momento en el que historia (por qué) y estrategia (cómo) se traslapan y en el que, como escribió el poeta Seamus Heaney, "la justicia puede alzarse y la esperanza rima con la historia" (Heaney, 1991).

El senador Obama entra a su historia del ahora con la frase "Queda más trabajo por hacer". Una vez que hemos experimentado los valores que identificamos con lo mejor de Estados Unidos, nos enfrenta con el hecho de que éstos no se llevan a la práctica. Entonces nos cuenta historias de personas específicas, en lugares específicos, con problemas específicos. Y, al identificarnos con cada una de ellas, nuestra empatía nos recuerda el dolor que hemos sentido en nuestras propias vidas. Pero él nos recuerda que todo esto puede cambiar. Y sabemos que puede cambiar. Puede cambiar porque tenemos una forma de efectuar el cambio, si decidimos tomarla. Y esa forma es apoyar la elección del senador John Kerry. Aunque esta última parte no dio resultado, el punto es que Obama concluyó su historia del ahora con una decisión muy específica que nos exhortaba a tomar. Y, en su campaña presidencial, Obama se apropió de la "fiera urgencia del ahora" del doctor King para movilizar a los votantes en nombre de su causa.

Por medio de la narrativa pública, los líderes —y participantes— de movimientos sociales pueden inspirar una acción movilizando fuentes de motivación, construyendo nuevas identidades individuales y colectivas compartidas, y encontrando el coraje para actuar.

Trazar la estrategia

Una tercera función del liderazgo en los movimientos sociales es la estrategia creativa. Así como la narración de historias es clave para enfrentar el desafío motivacional, la estrategia es crucial para lidiar con el desafío de los recursos: el hecho de que aquellos que desafían el *statu quo* raras veces tienen acceso a los recursos convencionales de los que disponen sus defensores. Por lo tanto, quienes enfrentan el desafío deben encontrar formas de compensar la falta de recursos con ingenio. Y, debido a la estructura participativa, descentralizada y voluntaria de la mayoría de las organizaciones de movimientos sociales, los dones de un "genio" emprendedor no bastan: la práctica debe aprenderse durante todo el movimiento para que su potencial se haga realidad.

Como he argumentado en otras ocasiones, para el estratega de movimientos sociales, la historia de David y Goliat es de lo más instructiva (Ganz, 2004).

> Salió entonces del campamento de los filisteos un paladín, el cual se llamaba Goliat [...] y tenía de altura seis codos y un palmo. Y traía un casco de bronce en su cabeza, y llevaba una cota de malla [...]. Sobre sus piernas traía grebas de bronce [...]. El asta de su lanza era como un rodillo de telar, y tenía el hierro de su lanza seiscientos siclos de hierro [...]. Y se paró y dio voces a los escuadrones de Israel, diciéndoles: [...] Escoged de entre vosotros un hombre que venga contra mí. Si él pudiere pelear conmigo, y me venciere, nosotros seremos vuestros siervos; y si yo pudiere más que él, y lo venciere, vosotros seréis nuestros siervos [...]; dadme un hombre que

pelee conmigo. Oyendo Saúl y todo Israel estas palabras del filisteo, se turbaron y tuvieron gran miedo.

Y dijo David a Saúl: [...] tu siervo irá y peleará contra este filisteo. Dijo Saúl a David: No podrás tú ir contra aquel filisteo, para pelear con él; porque tú eres un muchacho, y él un hombre de guerra desde su juventud. David respondió a Saúl: [...] Jehová, que me ha librado de las garras del león y de las garras del oso, él también me librará de la mano de este filisteo. Y dijo Saúl a David: Ve, y Jehová esté contigo. Saúl vistió a David con sus ropas, y puso sobre su cabeza un casco de bronce, y le armó de coraza. Y ciñó David su espada sobre sus vestidos, y probó a andar [...]. Y dijo David a Saúl: Yo no puedo andar con esto, porque nunca lo practiqué. Y David echó de sí aquellas cosas. Y tomó su cayado en su mano, y escogió cinco piedras lisas del arroyo, y las puso en el saco pastoril, en el zurrón que traía, y tomó su honda en su mano, y se fue hacia el filisteo.

Y cuando el filisteo miró y vio a David, le tuvo en poco; porque era muchacho, y rubio, y de hermoso parecer. [...] Entonces dijo David al filisteo: Tú vienes a mí con espada y lanza y jabalina; mas yo vengo a ti en el nombre de Jehová de los ejércitos [...]. Y metiendo David su mano en la bolsa, tomó de allí una piedra, y la tiró con la honda, e hirió al filisteo en la frente [...], y cayó sobre su rostro en tierra (Samuel 17:4-49).

Cuando Goliat, guerrero veterano, vencedor en muchas batallas, completamente ataviado para la batalla, reta a los israelitas, sus caudillos militares se encogen de miedo. Es a David, el joven pastor, que Dios concede el coraje para enfrentar al gigante. El éxito de David comienza con su coraje, su compromiso y su motivación. Pero se necesita algo más que coraje para conseguir el éxito de David, quien piensa en la batalla de manera diferente. Al encontrar cinco piedras en un arroyo, reflexiona sobre incidentes previos en los que protegió a su rebaño de osos y leones. Basándose en estos recuerdos, contextualiza esta nueva batalla de forma que ahora tiene una ventaja. Rechaza con vehemencia la oferta de un escudo, espada o lanza, porque no puede usarlos eficazmente contra un maestro de esas armas. David concibe un plan de batalla basado en sus cinco piedras lisas, su habilidad con la honda y el hecho de que el gigante lo subestima.

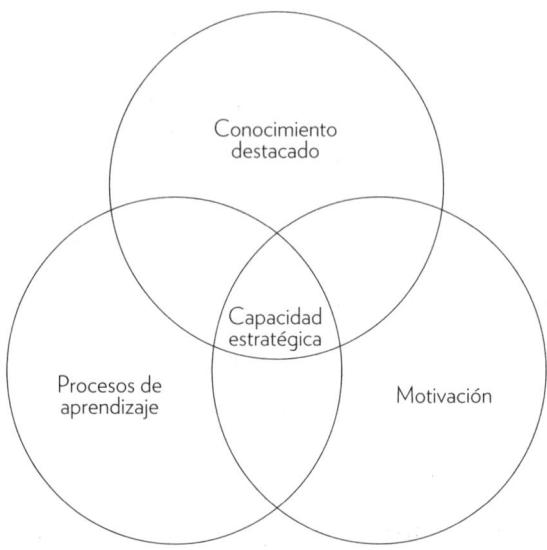

FIGURA 4.5. Capacidad estratégica.

El desafío estratégico que enfrentan los líderes de los movimientos sociales es cómo enfrentar con éxito a quienes tienen más poder. En un mundo interdependiente de competencia y cooperación, utilizar los recursos propios para lograr nuestros objetivos a menudo requiere que despleguemos dichos recursos para influir en los intereses de otros que disponen de un recurso que necesitamos: poder. Aunque nadie carece por completo de recursos, a las personas les falta poder cuando son incapaces de movilizar o desplegar sus recursos de forma que influyan en los intereses de otras personas cruciales. Por ejemplo, el recurso del trabajo de una persona puede convertirse en una fuente de poder para enfrentar a un patrón, si se moviliza de forma colectiva. La estrategia es la forma en que los actores traducen sus recursos en poder para "sacar más provecho a sus bienes".

Las oportunidades ocurren en momentos en que los recursos de los actores adquieren más valor porque el contexto del entorno cambia. Los actores no adquieren más recursos o idean una nueva estrategia de manera repentina, sino que descubren que los recursos que ya poseen les dan más influencia para alcanzar sus objetivos. Por ejemplo, un granero lleno adquiere más valor durante una hambruna, lo que significa una oportunidad para su propietario. De manera similar, una elección muy reñida crea una oportunidad para los líderes políticos que pueden influir en los votantes indecisos. Una escasez de mano de obra crea una oportunidad para que los trabajadores reciban más a cambio de su trabajo. Ésta es una de las razones por las que el tiempo es un elemento tan importante de la estrategia.

La estrategia es la forma en que convertimos lo que tenemos en lo que necesitamos para conseguir lo que queremos: una hipótesis de que, si hacemos x, y y z, el resultado será a. Con base en una teoría del cambio, orienta la acción presente hacia metas futuras, se adapta a un entorno en constante cambio y, sobre todo, a las acciones y reacciones de otros actores. En contextos fijos en los que reglas, recursos e intereses están dados, la estrategia puede evaluarse en los términos analíticos de la teoría de juegos. Pero en contextos en los que reglas, recursos e intereses son emergentes —como en los movimientos sociales—, la estrategia tiene más en común con el pensamiento creativo. Así, la acción estratégica es un proceso creativo continuo de entender y adaptar nuevas condiciones a nuestras metas.

De esta manera, es más probable que se desarrolle una estrategia eficaz en condiciones en que los estrategas están sumamente motivados, gozan de acceso a diversas fuentes de conocimientos relevantes y emplean prácticas deliberativas comprometidas con el aprendizaje: lo que llamo *capacidad estratégica* (figura 4.5).

- *David se comprometió a combatir con Goliat antes de saber cómo podía hacerlo. Sabía por qué tenía que hacerlo antes de saber cómo podía hacerlo.* La motivación influye en la producción creativa porque afecta el enfoque que ponemos en nuestro trabajo, la capacidad de concentrarnos por largos periodos, la persistencia, la disposición a correr riesgos y la capacidad de mantenernos energizados. Los individuos motivados son más propensos a hacer el trabajo que se requiere para adquirir el conocimiento y las aptitudes que necesitan. Los individuos piensan de manera más crítica y reflexiva, anulando modos de pensamiento programados, si sienten un intenso interés por un problema, insatisfacción con el *statu quo* o han experimentado un esquema de fracaso como resultado de rupturas en sus expectativas y resultados. En tanto que el éxito mejora la motivación, no sólo genera más recursos, sino que también puede fomentar una mayor creatividad.

- *David no sabía cómo usar las armas del rey Saúl, pero sí sabía usar las piedras como armas.* Un segundo elemento de la creatividad es la posesión de aptitudes, cuyo dominio es un requisito para desarrollar aplicaciones novedosas. Los pianistas de jazz creativos han aprendido a tocar el piano muy bien. En términos de estrategia, dominar aptitudes —o tácticas— específicas es relevante, pero también lo es el acceso al conocimiento local de los grupos con los que estamos interactuando. Esperamos que los estrategas militares eficaces tengan las aptitudes necesarias para vencer en el campo de batalla y comprender a los soldados, al enemigo, al campo de batalla, y así sucesivamente. Mientras mejor sea nuestra información sobre cómo trabajar en cierto ámbito —conocimiento local—, más probable será que sepamos cómo lidiar con los problemas que surjan en ese ámbito. Sin embargo, puesto que los entornos cambian en respuesta a iniciativas, una retroalimentación periódica es de especial importancia para evaluar las respuestas a esas iniciativas.
- *David podía usar su habilidad con las piedras porque había recontextualizado de manera imaginativa el campo de batalla transformándolo en un lugar donde, como pastor, sabía cómo proteger a su rebaño de lobos y osos.* Como novato en la batalla, veía recursos que otros no advertían y oportunidades que otros no comprendían. Por otro lado, Goliat, el experto, no vio a un pastorcillo como una amenaza. Cuando enfrentamos problemas nuevos, podemos utilizar procesos heurísticos para idear soluciones novedosas, recontextualizamos datos o los sintetizamos en formas nuevas. Pero, para pensar de manera creativa, debemos reconocer que nuestros problemas son nuevos, al menos para nosotros, y requieren soluciones nuevas. El pensamiento innovador se ve facilitado por encuentros con diversos puntos de vista, ya sean basados en la experiencia de vida de otros individuos o en la diversidad de experiencias dentro de un grupo. El acceso a una diversidad de conocimientos relevantes no sólo ofrece múl-

tiples rutinas entre las cuales elegir, sino que también contribuye a la "conciencia" de que múltiples soluciones son posibles.

Estructuralmente, la capacidad estratégica se desarrolla con más eficiencia entre un equipo de liderazgo y no en la cabeza de un solo individuo. El equipo será más productivo si incluye a individuos de dentro y fuera de los grupos relevantes, líderes con lazos fuertes y débiles con esos grupos, así como personas que tengan experiencia con diversos repertorios de acción colectiva. Los líderes de los movimientos sociales pueden aprovechar al máximo estos factores si llevan a cabo deliberaciones periódicas, abiertas y acreditadas, establecen la rendición de cuentas ante grupos clave y pueden extraer recursos cruciales de estas acciones.

Ofrezco un ejemplo de cómo funciona la capacidad estratégica, tomado de los comienzos del movimiento campesino de California encabezado por César Chávez. En febrero de 1966 en Delano, California, los cosechadores de uvas llevaban meses en huelga para obtener reconocimiento sindical. En noviembre, la temporada había terminado sin avances y un boicot convocado en diciembre contra Schenley Industries, una gran compañía licorera con miles de hectáreas de uvas, no dio resultados. Así, Chávez convocó a una reunión de líderes en la casa de un partidario cerca de Santa Bárbara, donde dedicaron tres días a decidir cómo actuar contra Schenley, prepararse para la primavera y mantener el compromiso de los huelguistas, organizadores y partidarios. Cito mis notas sobre esa reunión:

> Mientras las propuestas recorrían la sala, alguien sugirió que siguiéramos el ejemplo de los mineros de Nuevo México que habían viajado a Nueva York para poner un campamento frente a la sede de la compañía en Wall Street. Los campesinos podrían viajar a la sede de Schenley en Nueva York, poner un campamento frente al edificio y mantener una vigilia hasta que Schenley firmara. Entonces, alguien más sugirió que fueran en autobús para poder celebrar mítines a lo largo de todo el país, organizar comités de boicot locales y generar publicidad, a fin de impulsar su llegada a Nueva York. Entonces, alguien preguntó, ¿por qué no marchar como había hecho el doctor King el año anterior, en vez de viajar en autobús? Pero

Nueva York está muy lejos de Delano, respondió otra persona. Por otro lado, la sucursal de Schenley en San Francisco no estaba demasiado retirada: unos 450 kilómetros que, según los cálculos de un veterano del ejército, podían recorrerse a un ritmo de 24 kilómetros diarios, o sea en unos 20 días.

¿Pero qué tal si Schenley no respondía? —preguntó Chávez—. ¿Por qué no, mejor, marchar a Sacramento y presionar al gobernador Brown para que interviniera e iniciara las negociaciones? Quiere reelegirse, quiere los votos de nuestros partidarios, así que quizá podamos tener más fuerza si lo usamos como "palanca". Sí —dijo alguien más— y, de camino a Sacramento, la marcha podría pasar por la mayoría de los pueblos de campesinos. Podríamos seguir el ejemplo de la "Larga Marcha" de Mao y organizar comités locales y conseguir que firmen promesas de no romper la huelga. Sí, y también podríamos conseguir que nos den comida y hospedaje. Y así como Zapata escribió su Plan de Ayala —sugirió Luis Valdez—, podemos escribir un Plan de Delano, leerlo en cada pueblo, pedir a los campesinos locales que lo firmen y pasar al siguiente pueblo. Entonces —preguntó Chávez—, ¿por qué hacer una "marcha"? Pronto será Cuaresma, un tiempo de reflexión, de penitencia, de pedir perdón. Quizá lo nuestro debería ser una "peregrinación", que podría llegar a Sacramento el domingo de Pascua (Ganz, 2000).

El 17 de marzo, los campesinos comenzaron su peregrinación, cargando estandartes de la Virgen de Guadalupe, santa patrona de México, retratos del líder campesino Emiliano Zapata, pancartas que decían "Peregrinación, penitencia, revolución" y letreros que exhortaban a sus partidarios a boicotear a Schenley. Un huelguista, Roberto Román, cargó una cruz de madera de un metro ochenta de alto, hecha de polines y forrada de tela negra. La marcha, programada para coincidir con una visita del senador Robert Kennedy a Delano, con motivo de una audiencia del Subcomité de Mano de Obra Migratoria del Senado de Estados Unidos, atrajo la atención pública desde el principio. Las imágenes televisadas de una fila de policías con cascos obstruyendo temporalmente la salida de los manifestantes evocaban las formaciones de policía en Selma, Alabama, el año anterior. Una multitud de más de mil personas dio la bienvenida a los manifestantes en Fresno al final de la primera semana. Los reporteros escribían semblanzas de los manifestantes, hablaban de por qué éstos caminaban 480 kilómetros y analizaban sobre qué trataba la huelga. La marcha fue una expresión no sólo del reclamo de justicia de los campesinos, sino también de los reclamos de la comunidad mexicoestadounidense que exigía una voz en la vida pública. En lo individual, la marcha, tal como la describió César Chávez, fue también una manera de "entrenarnos para soportar la larga, larga lucha que, a estas alturas, era evidente que [...] sería necesaria. Queríamos estar en forma, no sólo física sino también espiritualmente".

La tarde del 3 de abril, al llegar los campesinos a Stockton, a una semana de distancia del sur de Sacramento, el abogado de Schenley llamó por teléfono a Chávez. Schenley no tenía interés en seguir siendo objeto de un boicot, sobre todo porque la llegada de la marcha a Sacramento prometía convertirse en una campaña nacional contra esta compañía vinícola. En consecuencia, Schenley firmó el primer y verdadero contrato sindical en la historia del campesinado en California. El sábado por la tarde, una multitud de 2 mil personas se reunió en los terrenos de la Escuela de Nuestra Señora de la Gracia, en West Sacramento, sobre una colina que miraba desde el río Sacramento hacia la ciudad capital a la que entrarían la mañana siguiente. Esa tarde, durante la vigilia de Pascua, más de un orador comparó a los presentes con los antiguos israelitas acampados a orillas del río Jordán, frente a la Tierra Prometida. Esa noche, Roberto Román forró su cruz de blanco y la decoró con flores primaverales. A la mañana siguiente, descalzo y triunfante, la cargó sobre el puente, atravesó el centro comercial Capitol y subió por la escalinata del Capitolio, donde lo recibió una multitud de 10 mil campesinos y partidarios que iniciaron el movimiento campesino.

Un reto importante que enfrentan los líderes de los movimientos sociales, y que se superó en el ejemplo anterior, es el de enfocar el uso de los recursos del movimiento, en función del compromiso de los participantes, en un solo resultado estratégico durante un periodo prolongado. A menudo, los participantes individuales se sienten identificados con un problema o postura en particular. Y, cuando está en juego la identidad, las decisiones estratégicas pueden volverse muy difíciles. Dada una estructura de gobierno frágil, los líderes a menudo tratan de evitar el conflicto diciendo "sí" a todo mundo. Sin embargo, este método de "mil flores" dispersa el esfuerzo, despilfarra recursos, confunde a los partidarios y banaliza el valor de la contribución individual. Por ejemplo, una de las fortalezas del boicot a los autobuses de Montgomery fue la claridad de su objetivo estratégico: eliminar la segregación en los autobuses de Montgomery, Alabama, un objetivo al que casi todos los miembros de la comunidad podían aportar recursos reteniendo el dinero del pasaje. Si los organizadores hubieran fragmentado sus recursos atendiendo los temas del derecho al voto, la vivienda y las cafeterías, la campaña podría haber fracasado con facilidad.

Una fortaleza de los líderes del movimiento por los derechos civiles fue la creación de un mecanismo, la Leadership Conference on Civil Rights [Conferencia de Liderazgo por los Derechos Civiles], misma que, aproximadamente de 1956 a 1967, proporcionó un recinto en el que se consideraba el enfoque estratégico. Este enfoque no se logró sin debate, conflicto y discusiones, algunas muy intensas. Su duración fue limitada y, en ocasiones, había múltiples campañas en curso. Sin embargo, una razón clara de su relativo éxito fue la creación de estructuras organizacionales dentro de las cuales podía hacerse este trabajo a escala local, regional y nacional. Uno de los desafíos más importantes que enfrenta hoy el movimiento contra el cambio climático es, precisamente, el de crear un enfoque estratégico en sus esfuerzos.

Catalizar la acción

La *acción* se refiere a la labor de movilizar y desplegar recursos para lograr resultados. Es la base del trabajo relacional, motivacional y estratégico. A fin de cuentas, los movimientos sociales tratan de cambiar el mundo, no de anhelarlo, imaginarlo o hacer exhortaciones. Los recursos que un movimiento social puede movilizar son los que sus participantes poseen —tiempo, aptitudes y esfuerzo— y son asunto del compromiso voluntario.

La forma en que los líderes movilizan recursos afecta la manera en que éstos pueden desplegarse; la forma en que se despliegan afecta la manera en que pueden movilizarse. Los recursos movilizados desde los participantes pueden desplegarse rindiendo cuentas sólo ante los participantes, de formas que los empoderen para lograr resultados (Oliver y Marwell, 1988). Los recursos externos conllevan la rendición de cuentas ante los donantes, que a menudo imponen límites a la forma en que pueden usarse los recursos, con lo que se crea, en vez de empoderamiento, una dependencia contraproducente. Por ejemplo, cuando las fundaciones comenzaron a dar prioridad al medioambiente, las organizaciones de barrios marginados que dependían del financiamiento de esas fundaciones se toparon con que ahora podían atender los intereses de sus miembros enfocándose en programas ambientales (Jenkins y Brulle, 2003). De manera similar, si nuestra ventaja de recursos es el número de personas, usar tácticas que requieran dinero no tiene mucho sentido. Por otro lado, la acción basada en los recursos que los participantes pueden comprometer podría limitarlos a las tácticas en las que están dispuestos a participar.

Una cuestión estratégica clave que enfrentan los líderes de los movimientos sociales es dónde hacer hincapié en la "colaboración" o en los "reclamos". La colaboración construye poder *con* otros, de manera interdependiente, al aprovechar al máximo los recursos de los participantes; por ejemplo, las cooperativas de crédito, las indemnizaciones por fallecimiento y las cooperativas de guarderías. La acción de reclamos impugna a los actores que utilizan su poder sobre los participantes de formas que ponen en riesgo los intereses de estos últimos. Esto incluiría lograr que la ciudad asigne fondos a nuevas necesidades comunitarias, que un patrón aumente los salarios o que el Congreso apruebe una ley. A menudo se requiere trabajo colaborativo para crear suficiente "poder con" para desafiar al "poder sobre".

Algunas acciones generan nuevos recursos, mientras que otras gastan recursos. Por ejemplo, el éxito de los sindicatos atrae más miembros, más cuotas y más líderes. Cuando las organizaciones comunitarias religiosas hacen labores de renovación parroquial entre feligreses, sus capacidades humanas y financieras aumentan. En contraste, con frecuencia los programas de acción basados en subvenciones no logran nuevos recursos por medio del trabajo y se mantienen en un estado de dependencia perpetua. No hay una respuesta "correcta" a la interacción apropiada entre recursos y acción. No obstante, comprender esta relación es esencial para que los líderes puedan tomar decisiones conscientes sobre cómo mejorar las probabilidades de que el movimiento alcance sus objetivos.

Tal vez, el mayor desafío de la acción de los movimientos sociales sea traducir sus intenciones en resultados de manera consistente: hacer que las cosas ocurran a tiempo, contarlas y evaluarlas para su mejora continua. Desarrollar esta "cultura del compromiso" es crucial para que un movimiento utilice bien su recurso más preciado: el tiempo de sus bases. Afrontar este desafío no es un asunto de exhortaciones, sino de establecer normas, procesos y estructuras para hacer que el compromiso sea real, fomentar un desempeño excelente y ofrecer beneficios motivacionales de recompensa intrínseca, alcanzados por un trabajo bien planeado.

La clave para la acción de los movimientos sociales es el oficio de obtener *compromisos*. Es una aptitud de liderazgo que a mucha gente le resulta muy difícil dominar. Un compromiso es una promesa específica de tiempo, dinero o acción. "¿Podemos contar con que estés en la reunión a las 7:00 p. m.? ¿Podemos contar con que llegues a tu turno para contestar teléfonos a las 4:00 p. m.?" Por una parte, una persona que pida un compromiso a otra puede "pedir poco" por miedo a recibir un "no" y tener que lidiar con el sentimiento de rechazo. Por otro lado, también pueden pedir poco por miedo a recibir un "sí" y el subsiguiente compromiso recíproco. Un juego de "presentación", como lo describe el sociólogo Erving Goffman, a menudo se desarrolla en torno al compromiso (Goffman, 1956). Yo finjo que no veo la sopa que derramaste en tu camisa, así que tú finges no ver que yo veo, y yo, a mi vez, finjo no ver que tú ves que veo, todo con tal de evitar la vergüenza. Quienes les piden compromiso a otros suelen ignorar las respuestas insuficientes ("lo intentaré") para evitar la tensión de la aclaración. El hecho de que evitamos compromisos que no pensamos cumplir es una muestra del poder de éstos para motivar conductas que son congruentes con el compromiso (Cialdini, 2001). Por consiguiente, garantizar el compromiso es el medio principal por el cual los movimientos sociales pueden obtener los recursos que necesitan para hacer su trabajo. Cualesquiera que sean las razones, se requiere coraje, capacitación y dedicación para desarrollar una cultura de pedir y obtener compromisos reales en los movimientos sociales.

Una segunda clave para una acción efectiva es convertir la estrategia en *resultados medibles y específicos con plazos reales*. Sin resultados claros, ni los líderes ni los participantes tienen forma de evaluar el éxito o el fracaso, de aprender o de recibir la retroalimentación esencial para la motivación. Una ventaja de las campañas electorales es que se requiere un número específico de votos para ganar una elección. No obstante, incluso en ese contexto, a menudo se evitan los resultados intermedios. Una de las principales razones por las que los movimientos evitan el compromiso con resultados específicos es el miedo a que el fracaso disminuya la motivación necesaria para sostener al movimiento. Sin embargo, el costo de evitar este riesgo no sólo es estratégico, sino también motivacional, pero al principio del proceso. Uno de los desafíos más importantes para los líderes de un movimiento social es aprender a lidiar con la pérdida. En parte, que un contratiempo se experimente como una "contaminación" del proyecto o como un costo necesario de la "redención" es cuestión de interpretación de la narrativa (McAdams y Bowman, 2001). No obstante, también es una función de incorporar la evaluación de resultados como una práctica de rutina, lo cual permite que los participantes lo experimenten como una fuente de aprendizaje, y no de juicios negativos. Una táctica posible es organizar el espacio físico para enfocarnos en los resultados; por ejemplo, plasmar el número de votos asegurados por medio de llamadas telefónicas y reuniones caseras en una gráfica que esté a la vista de cualquiera que entre a la oficina. "Al caminar por una oficina de organización debes recordarle a la gente lo que necesita hacerse, lo que es importante, lo que debe pasar a continuación. El lugar debe tener un efecto orientador" (Milne, 2005).

Un tercer factor clave es diseñar las tareas de los voluntarios de modo que se evite la experiencia del trabajo monótono, en favor de la más motivadora vivencia de la recompensa intrínseca. Esto no tiene por qué ser un sueño imposible, porque los principios de diseño del trabajo motivacional están bien establecidos en la obra de Richard Hackman (1977) y otros. En un proyecto con Sierra Club, que describo a detalle más adelante, mi colega Ruth Wageman y yo capacitamos a líderes voluntarios para rediseñar tareas, como atender teléfonos, de modo que fueran más gratificantes. Esto requería atención a la variedad de aptitudes, la identidad de las tareas (una tarea entera), su importancia (alcance significativo), autonomía (elección sobre cómo lograr el resultado por el cual cada quien es responsable) y retroalimentación (véanse los resultados del trabajo propio) (Ganz y Wageman, 2008). Este enfoque para el diseño del trabajo voluntario sigue siendo desaprovechado.

Garantizar resultados excelentes requiere una mentoría consistente, una práctica que abordo más adelante como desarrollo del liderazgo. En los movimientos sociales, dado que las personas "nuevas" suelen tratar de lograr que ocurran cosas "nuevas" en condiciones novedosas, se requiere enseñanza y aprendizaje continuos. Por una parte, la retroalimentación sobre el desempeño, y en especial sobre el fracaso a corto plazo, es crucial para adaptar tácticas y estrategias (Sitkin, 1992). Por otro lado, para desarrollar las aptitudes de liderazgo de personas con menos experiencia, los líderes deben aprender a dar mentorías que eviten tanto el exceso de control como la gestión indolente. Esto requiere que se tomen el tiempo de reunirse antes de una acción, durante la acción si es necesario y después, para evaluarla. Administrar un equipo eficiente implica programar el tiempo para hacer reuniones, aprender, intercambiar mentorías y recibir mentoría de expertos. Las reuniones de "aprendizaje" comunes pueden volverse el ojo del huracán, el orden en el centro de lo que puede parecer una empresa caótica. No obstante, para que esto funcione, debe volverse algo sagrado. Cuando trabajé coordinando y organizando la primera campaña de Nancy Pelosi para el Congreso, en 1987, busqué una oportunidad para establecer esta práctica. Acabábamos de comenzar nuestra reunión diaria de coordinadores cuando alguien entró corriendo a la sala y gritó: "¡Nancy está al teléfono! ¡Nancy está al teléfono! ¡Necesita hablar contigo de inmediato!". Todos los ojos se volvieron hacia mí. ¿Nuestro tiempo era realmente sagrado o no? "Por favor, dile a Nancy que estamos en nuestra reunión de coordinadores —dije—. La llamaré en cuanto terminemos." Hubo un gran suspiro de alivio. De ahí en adelante jamás tuvimos problemas para celebrar nuestras reuniones diarias.

Por último, el mundo de los movimientos sociales es uno de *contingencia:* casi todo lo que pueda salir mal probablemente saldrá mal. Alguien olvida abrir la puerta de la sala, al sistema de sonido le falta un cable, alguien olvidó rentar las sillas, pusieron el mapa al revés, la mitad de los folletos no se imprimió a tiempo, a alguien se le ponchó la llanta del auto, tradujeron mal la fecha en la versión en español, etcétera. En un contexto en el que los nuevos reclutas tratan de cumplir tareas abrumadoras, bajo presión por el tiempo y con menos recursos de los que necesitan —como es típico en la mayoría de los movimientos sociales—, el desastre acecha a la vuelta de cada esquina. No obstante, puesto que la mayor parte de las contingencias está fuera de nuestro control, los líderes eficientes se enfocan en aquello sobre lo que pueden ejercer cierto control. Por ejemplo, dar un recordatorio dos horas antes de una reunión podría persuadir a alguien que no se decidía a asistir o podría revelar que nadie asistirá, y así evitar que desperdiciemos nuestro valioso tiempo. Sin embargo, la mejor manera de lidiar con la contingencia es permanecer en modo de aprendizaje: resilientes, creativos y listos para adaptar nuestras prácticas en tiempo real.

ESTRUCTURAR MOVIMIENTOS SOCIALES

El paleontólogo Stephen Jay Gould escribió que el tiempo es a veces un "ciclo" y a veces una "flecha" (Gould, 1987). Pensar en el tiempo como un ciclo nos ayuda a mantener nuestras rutinas, nuestros procedimientos normales, nuestro presupuesto anual y demás. Por otro lado, pensar en el tiempo como una flecha nos enfoca en la realización de cambios: comenzamos en un momento específico, terminamos en un momento específico, y en medio está el cambio.

Por lo general, los movimientos sociales operan en el marco del tiempo como una flecha, descrito de manera más amplia como una campaña; es una forma de organizar el recurso más valioso y, sin embargo, el más disperso: el tiempo. Como lo demuestra el trabajo de Connie Gersick, las organizaciones tienen una vida temporal, así como una vida espacial (Gersick, 1994). El trabajo gobernado por el ritmo interno de una organización puede estar más o menos "sincronizado" con el ritmo de los acontecimientos en su entorno. Por ejemplo, los grupos de estudiantes necesitan empezar un nuevo proyecto en las primeras semanas del semestre o no lo harán en absoluto. Después de mediados del semestre, el ritmo

FIGURA 4.6. Campañas.

cambia conforme la gente se enfoca en terminar lo que ha empezado. Administrar el tiempo es de especial importancia para las organizaciones que necesitan ser sensibles a la aparición súbita de oportunidades; por un lado, aprovechar la oportunidad al máximo, pero, por otro, no operar en un modo tan reactivo que el impulso de avance se pierda.

Las campañas se desarrollan a lo largo del tiempo con un ritmo que, poco a poco, construye una base, reúne impulso gradualmente con picos preliminares, culmina en un clímax cuando se gana o se pierde la elección, y luego llega a la resolución (figura 4.6). Cuando se hacen bien, las campañas fortalecen a las organizaciones que las crearon.

Una campaña es una forma estratégica y motivacional de organizar la actividad de un cambio. Es estratégica porque es una forma de dirigir el esfuerzo. Es motivacional porque representa una historia en desarrollo con la esperanza de que podamos lograr nuestro objetivo. Conforme progresa, descubrimos que podemos marcar una diferencia. Nuestro trabajo adquiere la urgencia de unos plazos de vencimiento genuinos. La solidaridad de colaborar con otros en una causa común nos da energía.

Las campañas facilitan que nos *enfoquemos* en objetivos específicos, uno a la vez. Crear algo nuevo requiere una intensa energía y concentración, a diferencia de la inercia que mantiene las cosas en movimiento una vez que han comenzado. Podemos invertir energía por un número limitado de días, semanas o meses, en niveles que no podemos —ni debemos— sostener durante periodos más largos. Al terminar una campaña, consolidamos nuestras victorias o nuestras pérdidas, volvemos a nuestra vida normal, nos reagrupamos y, quizá, emprendemos otra campaña para el futuro. La cualidad "aventurera" de una campaña facilita el desarrollo de relaciones con mayor rapidez —e intensidad— que en un contexto ordinario. Es más fácil que lleguemos a compartir una historia en común si todos participamos en su creación.

El *tiempo* de una campaña se estructura como una narrativa en desarrollo. Comienza con un periodo de fundación (prólogo), tiene un claro arranque (se alza el telón), avanza de forma gradual hacia picos sucesivos (acto primero, acto segundo), culmina en un pico final que determina el resultado (desenlace) y se resuelve cuando celebramos el desenlace (epílogo). Nuestros esfuerzos establecen un impulso no de manera misteriosa, sino como una bola de nieve. Al cumplir cada objetivo, generamos nuevos recursos que pueden aplicarse para alcanzar el siguiente objetivo, uno más grande. Nuestra motivación crece conforme cada pequeño éxito nos convence de que el siguiente éxito es alcanzable, y nuestro compromiso crece. La historia en desarrollo de nuestra campaña hace que la historia, también en desarrollo, de nuestra organización sea más creíble y, por lo tanto, más alcanzable. El tiempo debe administrarse con cuidado, pues una campaña puede llegar a su clímax demasiado rápido, extenuando a todos, y luego decaer. Otro peligro es que una campaña se caliente más rápido en unas áreas que en otras y que algunas personas se agoten y otras nunca comiencen su labor.

Las campañas proporcionan una oportunidad de aprender al permitir pequeñas derrotas en las etapas iniciales. Como afirma Sam Sitkin, crear espacio para pequeños fracasos al principio de un proyecto permite a los participantes la oportunidad de probar cosas nuevas, lo cual es esencial para aprender cómo hacerlas (Sitkin, 1992). También le da a la organización en su conjunto una oportunidad de aprender a hacer las cosas bien. En la mayoría de las campañas sabemos que el primer borrador que escribamos cambiará una vez que nos pongamos en marcha y comencemos a usarlo. Por supuesto, es importante utilizar la primera fase de una campaña "con conciencia", para que no sea sólo un adelanto de lo que haremos mal a mayor escala.

Al igual que la estrategia, las campañas tienen capas. Cada objetivo de una campaña puede verse como una "minicampaña", con su propio prólogo, arranque, picos, clímax y epílogo. Además, la campaña se "desmenuza" en distintos territorios, distritos u otras responsabilidades que se asignan a individuos específicos. Una buena campaña puede verse como una sinfonía con múltiples movimientos, cada uno con su exposición, desarrollo y recapitulación, los cuales, juntos, avanzan hacia un gran final. Una sinfonía también se construye con el juego de muchas voces distintas que interactúan de múltiples formas, pero cuya coordinación general es crucial para el éxito del todo. Si esto parece una metáfora excesivamente estructurada, tal vez prefieras un conjunto de jazz.

DESARROLLO DEL LIDERAZGO

El liderazgo en los movimientos sociales requiere no sólo adaptarse al ritmo del cambio, sino también estructurar el espacio en el que puede crecer un liderazgo eficaz. Los líderes de los movimientos sociales enfrentan desafíos particulares dado el modo descentralizado, voluntario y de autogobierno con el que operan estos movimientos. Las estructuras de mando y control alienan la participación, inhiben la adaptación a condiciones locales que a menudo cambian con rapidez y frenan el aprendizaje organizacional (Walton, 1985). Por otra parte, como lo señaló la famosa socióloga Jo Freeman, la antipatía por las estructuras crea una "tiranía de la falta de estructura", en la que la autoridad se ejerce de formas opacas —fuera del reglamento, por así decirlo —, con poca o nula rendición de cuentas pública (Freeman, 1972-1973). Y, aunque la descentralización tiene sus ventajas, también puede inhibir el aprendizaje, restringir los recursos e inhibir la coordinación estratégica.

El desafío se ha vuelto particularmente difícil en años recientes, porque los mecanismos institucionales que dieron aptitudes cívicas básicas a mucha gente están en declive. Son las "grandes escuelas libres de la democracia" de Alexis de Tocqueville, aquellas extensas asociaciones civiles de tres niveles que, junto con las iglesias, estructuraron nuestra participación en la vida pública durante la mayor parte de nuestros primeros 180 años de historia, han caído en decadencia desde la década de 1960 (Skocpol, Ganz y Munson, 2000). Estas organizaciones crearon grandes oportunidades para el desarrollo del liderazgo, especialmente en el ámbito local. Los roles, las expectativas y las obligaciones del liderazgo tenían una claridad casi ritual; la deliberación y la toma colectiva de decisiones eran prácticas establecidas, y las oportunidades de aprendizaje, desarrollo y crecimiento se daban gracias a frecuentes convenciones y escalafones de liderazgo con muchos niveles. No obstante, se vinieron abajo al enfrentar los retos combinados de raza, género y cambio generacional (la mayoría de estas organizaciones estaba segregadas por raza y género); el desarrollo de nuevas comunicaciones y, sobre todo, de tecnologías para la recaudación de fondos que marginalizaban el papel de los grupos locales, y, por último, la profesionalización del activismo (Skocpol, 2003). Hasta ahora, el vacío creado por esta atrofia de las aptitudes de liderazgo de acción colectiva no se ha visto llenado por internet, una herramienta mucho más apta para crear nuevos mercados que para forjar compromisos organizacionales. No obstante, la campaña de Obama fue una excepción importante, puesto que combinó la capacitación a gran escala de aptitudes organizacionales con el desarrollo de técnicas mediáticas innovadoras para apoyar a los organizadores y sus equipos de liderazgo locales al hacer uso de esas aptitudes (Stirland, 2008).

Tres desafíos estructurales que enfrentan hoy los movimientos sociales son: la organización del liderazgo, los procesos para la deliberación y toma de decisiones efectiva, y los mecanismos de genuina rendición de cuentas. En una investigación reciente en Sierra Club, Ruth Wageman y yo utilizamos tres enfoques para abordar estos desafíos: el diseño de equipos, la práctica deliberativa y los mecanismos de rendición de cuentas (Ganz y Wageman, 2008).

Reestructuramos la práctica del liderazgo para alejarla del modelo dominante de un individuo heroico que se planta firme ante un desafío cósmico y, en cambio, acercarla a un enfoque de equipo. Los individuos adquirían aptitudes en el contexto en que las usarían (Argyris, 1980); las aptitudes que aprendían eran inherentemente colaborativas (Edmondson, Bohmer y Pisano, 2001; Kozlowski, Gully, Salas y Cannon-Bowers, 1996), y la rendición de cuentas y la motivación incrustadas en la membresía del equipo aumentaban las probabilidades de que las nuevas prácticas persistieran, creando así nuevas capacidades. Al adaptar a este contexto el trabajo de Hackman y Wageman con "equipos reales", descubrimos que reestructurar a los líderes voluntarios como equipos unidos, estables e interdependientes con un propósito común, roles específicos y normas claras fomentaba la consecución de sus objetivos y el aprendizaje (Wageman, 1995; Hackman y Wageman, 2005). La experiencia de la campaña de Obama, en la que también introdujimos este enfoque de equipos, nos mostró que los voluntarios afiliados a equipos hacían, en promedio, diez horas más de trabajo voluntario por semana que quienes no estaban afiliados (Bird, 2008).

Para abordar el desafío de una toma de decisiones que viraba de la autocracia al consenso, y de la excesiva dependencia en procesos al caos, introdujimos prácticas deliberativas que les permitían a los equipos abordar el conflicto sin suprimirlo y disentir sin personalizar las diferencias. Estas prácticas resultan mucho más fáciles de cultivar cuando el grupo ha hecho el trabajo de expresar sus valores compartidos e identificar su propósito en común. En este contexto, un proceso de definir el problema, establecer criterios para los resultados, generar alternativas, evaluarlas, tomar una decisión y aprender de la elección resultó sumamente positivo.

En términos de rendición de cuentas, notamos que los participantes se mostraban renuentes a ejercer autoridad, en especial cuando se trataba de hacer que otros rindieran cuentas por sus compromisos; un dicho frecuente era "no puedes despedir a los voluntarios". En ausencia de unas prácticas de rendición de cuentas disponibles para los movimientos sociales tradicionales, nos enfocamos en nombrar el problema, identificar las normas que pudieran ayudar a resolverlo e institucionalizar esas normas, algo que sólo era real en el contexto de un equipo entero. Al reconocer que el compromiso era fundamental para la labor voluntaria, nos enfocamos en facultar a los equipos para confrontar (es decir, ofrecer retroalimentación) a aquellos que no honraban sus compromisos, celebrar a quienes sí lo hacían y darse mentoría unos a otros. Descubrimos que los equipos con normas claras hacían más esfuerzo en sus tareas, desarrollaban mejores estrategias de trabajo y empleaban sus talentos de manera más eficiente. Además, eran mucho mejores para cumplir sus objetivos.

CONCLUSIÓN

Los movimientos sociales hacen una contribución vital a nuestra capacidad de adaptación y renovación económica, social, política y cultural. No obstante, su naturaleza misma como precursores del cambio crea desafíos inusuales para el liderazgo: son voluntarios, descentralizados y autogobernados; son volátiles, dinámicos e interactivos; los participantes están motivados por reclamos morales, pero los resultados dependen de la creatividad estratégica, y su capacidad de hacer que las cosas sucedan depende de su habilidad para movilizar altos niveles de compromiso. En consecuencia, quizá su capacidad más crucial sea el desarrollo consistente de liderazgo formal e informal.

APÉNDICE AL CAPÍTULO 4:
LA AUDACIA DE LA ESPERANZA

> Senador Barack Obama
> Convención Nacional Demócrata, Boston,
> Massachusetts, 27 de julio de 2004

Muchas gracias, Dick Durbin. Nos llenas de orgullo.

A nombre del gran estado de Illinois, encrucijada de una nación, tierra de Lincoln, permítanme expresar mi profunda gratitud por el privilegio de dirigirme a esta convención.

Esta noche es un honor especial para mí porque, admitámoslo, mi presencia en este escenario es bastante improbable. Mi padre era un estudiante extranjero, nacido y criado en una pequeña aldea en Kenia. Creció pastoreando cabras, su escuela fue una casucha con techo de lámina. Su padre, mi abuelo, fue cocinero, sirviente doméstico de los británicos.

Pero mi abuelo tenía grandes sueños para su hijo. Con arduo trabajo y perseverancia, mi padre obtuvo una beca para estudiar en un lugar mágico: Estados Unidos, que brillaba como un faro de libertad y oportunidad para muchos que habían llegado antes.

Mientras estudiaba aquí, mi padre conoció a mi madre. Ella nació en un pueblo al otro lado del mundo, en Kansas. Su padre trabajó en plataformas petroleras y granjas durante la mayor parte de la Gran Depresión. Un día después de Pearl Harbor, mi abuelo se enroló; se unió al ejército de Patton y marchó por toda Europa. En casa, mi abuela crio a su hija y fue a trabajar en una línea de ensamblaje de bombas. Después de la guerra, estudiaron gracias a la Ley de Veteranos, compraron una casa por medio de la Administración Federal de Vivienda y más tarde se mudaron al oeste, a Hawái, en busca de oportunidades.

Y ellos, también, tenían grandes sueños para su hija. Un sueño en común, nacido de dos continentes.

Mis padres no sólo compartían un amor improbable, sino también una persistente fe en las posibilidades de esta nación. Me dieron un nombre africano, Barack, o "bendito", pues creían que, en un Estados Unidos tolerante, un nombre no es un obstáculo para el éxito. Me imaginaron asistiendo a las mejores escuelas del país, aunque no eran ricos, porque en un Estados Unidos generoso no necesitas ser rico para cumplir tu potencial.

Ya ambos han fallecido. Y, sin embargo, sé que esta noche me miran con gran orgullo.

Ellos están aquí, y yo estoy aquí hoy, agradecido por la diversidad de mi herencia, consciente de que los sueños de mis padres viven en mis dos preciosas hijas. Estoy aquí sabiendo que mi historia es parte de la historia de Estados Unidos, que estoy en deuda con todos aquellos que me precedieron y que en ningún otro país del mundo mi historia es siquiera posible.

Esta noche estamos reunidos para reafirmar la grandeza de nuestra nación, no por la altura de nuestros rascacielos ni el poder de nuestras fuerzas armadas, tampoco por el tamaño de nuestra economía. Nuestro orgullo se basa en una premisa muy sencilla, resumida en una declaración hecha hace más de doscientos años: "Consideramos que estas verdades son evidentes por sí mismas, que todos los hombres son creados iguales, que su creador los ha dotado de ciertos derechos inalienables, que entre éstos están la vida, la libertad y la búsqueda de la felicidad."

Ése es el verdadero genio de Estados Unidos: una fe, una fe en los sueños simples, una insistencia en pequeños milagros; que podemos cobijar a nuestros hijos por la noche y saber que están alimentados y vestidos y a salvo; que podemos decir lo que pensamos, escribir lo que pensamos, sin oír un repentino golpe en la puerta; que podemos tener una idea y empezar nuestro propio negocio sin pagar un soborno; que podemos participar en el proceso político sin miedo a represalias, y que nuestros votos serán contados, al menos la mayor parte del tiempo.

Este año, en esta elección, estamos llamados a reafirmar nuestros valores y nuestros compromisos, a levantarlos en alto contra una dura realidad y ver si están a la altura del legado de nuestros predecesores y la promesa de futuras generaciones.

Y, compatriotas, demócratas, republicanos, independientes, esta noche les digo: nos queda más trabajo por hacer. Más trabajo que hacer por los obreros que conocí en Galesburg, Illinois, que están perdiendo sus empleos sindicalizados en la fábrica de Maytag, que ahora se muda a México, y ahora tienen que competir con sus propios hijos por empleos que pagan siete dólares por hora; trabajo que hacer por el padre que conocí, que estaba perdiendo su empleo y conteniendo el llanto, preguntándose cómo pagaría 4500 dólares al mes por las medicinas que su hijo necesita sin los servicios de salud con los que contaba; trabajo que hacer por la joven de East St. Louis, y miles más como ella, que tiene las calificaciones, tiene la energía, tiene la voluntad, pero no tiene el dinero para ir a la universidad.

Ahora, no me malinterpreten. Las personas que conocí —en pequeños pueblos y grandes ciudades, en cafeterías y complejos de oficinas— no esperan que el gobierno resuelva todos sus problemas. Saben que tienen que trabajar duro para salir adelante y quieren hacerlo. Vayan a los condados alrededor de Chicago y la gente les dirá que no quiere que se desperdicien sus impuestos, ni por una agencia de prestaciones sociales ni por el Pentágono. Vayan, vayan a cualquier vecindario marginado y la gente les dirá que el gobierno por sí solo no puede enseñar a nuestros hijos a aprender; ellos saben que los padres tienen que enseñar, que los niños no pueden alcanzar el éxito a menos que elevemos sus expectativas y apaguemos los televisores y erradiquemos las calumnias que dicen que un joven negro con un libro está actuando como blanco. Ellos saben estas cosas.

La gente no espera que el gobierno resuelva todos sus problemas. Pero sienten, sienten en sus huesos, que con sólo un pequeño cambio de prioridades podemos garantizar que todo niño en Estados Unidos tenga una oportunidad decente de salir adelante en la vida y que las puertas de la oportunidad permanezcan abiertas para todos.

Saben que podemos mejorar. Y quieren esa opción.

En esta elección ofrecemos esa opción. Nuestro partido ha elegido como líder a un hombre que encarna lo mejor que este país tiene para ofrecer. Y ese hombre es John Kerry.

II. Artículos, conferencias, entrevistas y discursos

5. La empresa social no es cambio social[†]

En la última década, la empresa y empresariado social (EES) —un método de inspiración empresarial para resolver problemas sociales— ha irrumpido en Estados Unidos y el mundo. Se ha arraigado en un amplio espectro de ámbitos, desde el desarrollo económico y la planeación urbana hasta las políticas de salud y educación. Desde que la Escuela de Negocios de Harvard estableciera la primera Iniciativa de Empresa Social hace varios años, la EES ha echado raíces en más de 100 universidades, anclada en cátedras y nuevos cursos en instituciones de élite, como Stanford, Yale, Penn, Columbia, Duke y la Universidad de California en Berkeley. Estas instituciones han contribuido a convertir la EES en una industria, financiada por 1600 millones de dólares en subvenciones desde 2003.

No obstante, la EES ha hecho muy poco por resolver los problemas sociales sistémicos que pretende tratar, muchos de los cuales, de hecho, han empeorado. En realidad, el auge de la EES distrae y minimiza el papel crucial de una ciudadanía organizada, una acción política y un gobierno democrático para lograr un cambio social sistémico, al ofrecerse como alternativa privada, de mercado. La EES se basa en una ideología neoliberal: la creencia de que los mercados, y no el gobierno, producen los mejores resultados sociales y económicos. Los defensores de la EES conciben los problemas sociales como *problemas de conocimiento* que pueden resolverse con innovación técnica impulsada por la competencia entre emprendedores sociales individuales, quienes operan por medio de empresas comerciales, sin fines de lucro o híbridas.

En contraste, un enfoque político considera los problemas sociales como *problemas de poder*. Tratar con estos problemas requiere acción política colectiva a manos de grupos organizados que utilicen el poder del gobierno democrático para superar la resistencia al cambio social estructural. Algunos ejemplos exitosos de este enfoque son los movimientos sociales que lucharon por la abolición

[†] Escrito en coautoría con Tamara Kay y Jason Spicer.

de la esclavitud, la educación pública, la reforma agraria, los derechos laborales, los derechos de las mujeres y la protección al ambiente, en Estados Unidos y otras partes.

La incompatibilidad de la EES con la acción política colectiva y democrática queda en evidencia en la manera en que sus defensores enmarcan su enfoque. Primero, afirman que los individuos "heroicos" son la clave para un cambio social amplio. Como lo explica el material promocional de Ashoka, una organización que promueve la EES:

> así como los empresarios cambian la faz de los negocios, los empresarios sociales son agentes de cambio para la sociedad, pues aprovechan oportunidades que otros dejan pasar para mejorar sistemas, inventar nuevos enfoques y crear soluciones que cambien la sociedad para bien.

En segundo lugar, afirman que la forma de organización más apta para lograr el cambio social es la firma empresarial, que ofrece flexibilidad organizacional, una entrega de servicios eficiente y la posibilidad de elegir, como consumidores, entre servicios en competencia. No obstante, las firmas de EES no compiten por "consumidores", sino por "donadores" o "inversionistas" del sector privado, con la promesa de que satisfarán las necesidades de sus "usuarios finales" (beneficiarios) y "harán el bien cuando les vaya bien".

En tercer lugar, los promotores de la EES buscan reducir al mínimo el papel del gobierno. John Whitehead, antiguo director de Goldman Sachs que fundó la Iniciativa de Empresa Social de Harvard, fue explícito en esto: "Siempre estoy buscando oportunidades de expandir el sector no lucrativo de nuestra economía, para que las empresas sin fines de lucro se ocupen de funciones que hoy realiza el gobierno [...]. En el ámbito de las escuelas públicas, las escuelas subvencionadas operadas de forma independiente son un ejemplo de cómo el sector privado puede hacerlo mejor, o las empresas sin fines de lucro pueden hacerlo mejor."

No estamos sugiriendo que la EES nunca haya tenido efectos positivos, sino que su capacidad de lidiar con grandes problemas sociales es tremendamente inadecuada. El enfoque de la EES entrega grandes ámbitos de la política pública a organizaciones del sector privado, sean comerciales o no lucrativas, reemplazando la rendición de cuentas democrática con la disciplina de mercado. Pero hacer esto tiene muy poco sentido cuando se trata de atender problemas sociales verdaderamente sistémicos, como la desigualdad económica, racial o de género, o el sistema de salud, educación o justicia.

El capitalismo empresarial depende de la competencia en el mercado entre firmas o clientes y puede recompensar la innovación con éxito económico. No existe un sistema de recompensas equivalente para la EES, lo cual significa que incluso las iniciativas de EES exitosas raras veces cambian de escala. De hecho, por lo general, encontrar soluciones de la escala adecuada para problemas sociales requiere el tipo de involucramiento gubernamental que la EES rechaza. La EES es un campo que ha crecido no por su éxito en el mercado, sino por haber construido una vasta red de apoyo ideológico y financiamiento para sus proyectos, incluida la acción de atraer a estudiantes y egresados universitarios talentosos.

POPULARIDAD SIN EVIDENCIAS

El financiamiento para la EES prolifera a pesar de la abrumadora escasez de evidencia empírica de que sea capaz de crear cambios sociales significativos. A diferencia de las organizaciones del sector público, cuyas intervenciones y acciones suelen tener identificación y seguimiento, las organizaciones de la EES no están sujetas a regulación estricta ni a requisitos de transparencia, y podemos encontrar muy poca evidencia de que efectúen evaluaciones rigurosas de su propio alcance, como lo hacen muchas organizaciones sin fines de lucro. Las populares herramientas de los estándares de reporte de alcance e inversión [IRIS, por las siglas en inglés de *impact reporting and investment standards*] y el retorno social sobre la inversión (SROI, *social return on investment*), promovidas por la EES, no se basan en métodos de investigación rigurosos. Aunque los socios de la EMES International Research Network [Red de Investigación Internacional EMES] han intentado abordar algunos de estos temas, los problemas fundamentales continúan.

A falta de esas explicaciones o evaluaciones, la mayoría de los abundantes fracasos de la EES siguen sin reportarse. No obstante, entre las excepciones se cuentan dos casos que atraen la atención de manera considerable. Las escuelas particulares subvencionadas en Estados Unidos no sólo no han conseguido reducir la desigualdad educativa, sino que se ha demostrado que la incrementan, y, sin embargo, siguen gozando de amplio apoyo financiero. A escala internacional, la cacareada iniciativa de una compañía sudafricana, con apoyo de inversionistas de la EES de Estados Unidos y el Reino Unido, proponía utilizar los juegos infantiles en ciertos carruseles especiales para bombear agua hacia aldeas africanas, pero se demostró que esto se adaptaba mal a muchas zonas y que era peor que otras soluciones. Cinco años después del lanzamiento del proyecto, PBS Frontline descubrió que muchas de estas "bombas de juego" estaban descompuestas o sin usar, y que habían desviado recursos de soluciones más amplias de acceso al agua.

El decepcionante historial de la EES en muchos casos similares resulta irónico, pues sus defensores citan la falta de eficacia y rendición de cuentas de los programas gubernamentales como justificación para promover la EES en vez del gobierno. En países en desarrollo, el modelo de la EES aspira a ayudar a gobiernos poscoloniales disfuncionales con recursos limitados para cumplir los requisitos de instituciones multilaterales como el Banco Mundial y el Fondo Monetario Internacional. Y, sin embargo, las iniciativas de la EES —como las bombas de juego— siguen dependiendo de manera parcial del financiamiento público, subvenciones exentas de impuestos y contratos de adquisición.

Dado el pobre historial de la EES, ¿cómo se explica su popularidad? Su auge tiene que ver con la drástica renegociación de la relación entre la riqueza privada y el poder público en los últimos cuarenta años. El consenso sobre el capitalismo democrático que surgió tras la segunda Guerra Mundial era que la desigualdad en la distribución de la riqueza sólo podía moderarse con la igualdad de las voces políticas de los ciudadanos. El papel de un gobierno democrático no era ser una "red de seguridad" para unos pocos desafortunados, sino una institución que rindiera cuentas ante el público y que pudiera promover el bien común en ámbitos tan diversos como la educación, la atención médica, la investigación científica y la defensa nacional. Era el único mecanismo que podía utilizar la ley para contener el poder de la riqueza privada.

Sin embargo, desde la década de 1980, las élites hostiles a las restricciones sobre la riqueza privada han tenido mucho éxito al promover una ideología neoliberal que rechaza al gobierno como institución fundamental para resolver problemas sociales y lo pinta como el origen de la mayor parte de los problemas. Según esta idea, los esfuerzos deben enfocarse no en mejorar el funcionamiento del gobierno democrático, sino en reemplazarlo con grupos del sector privado.

Este menosprecio por el papel del gobierno socava el poder de los ciudadanos ordinarios, la política democrática y el uso de recursos públicos para resolver problemas sociales. Los ciudadanos se vuelven consumidores y, a falta de restricciones al gasto, la política se convierte en una forma de mercadotecnia. En consecuencia, organizar a la ciudadanía para exigir soluciones públicas a problemas públicos es cada vez más difícil.

Existen soluciones conocidas para la mayor parte de los problemas sociales, lo que falta es la *capacidad* de aplicarlas. Hay un conjunto global de conocimientos sobre cómo reducir la desigualdad, educar a la niñez, combatir el cambio climático, mejorar nuestras ciudades y ofrecer atención médica decente al alcance de todos. Falta la voluntad política para restaurar los derechos laborales, financiar las escuelas de manera equitativa, desincentivar la producción de carbono, proveer vivienda y transporte adecuados en las ciudades, así como controlar la calidad y el costo de la atención médica. La EES no nombra, y mucho menos atiende, estos problemas políticos fundamentales.

RECLAMAR LA VOZ PÚBLICA

El hecho de que la EES argumente que los problemas sociales derivan de una falta de conocimiento técnico, y no de un desequilibrio de poder, tiene implicaciones políticas graves. El economista Albert Hirschman argumentaba que, en un sistema que experimenta un cambio dinámico, los miembros pueden, a cambio de lealtad a un propósito compartido, usar su voz en el sistema para afectar la trayectoria de dicho cambio o pueden salir del sistema en busca de otro que pueda satisfacer mejor sus necesidades. El enfoque de la EES promueve el abandono individual y colectivo de la esfera pública en favor de estrategias privadas para atender problemas sociales. Así, la EES rechaza la innovación en los métodos para utilizar la voz colectiva y generar el poder social necesario para redirigir las instituciones públicas con el objetivo de resolver problemas que son fundamentalmente políticos. Con esto socava el compromiso de los ciudadanos con la participación política, que es la base de la democracia.

En una democracia, crear cambio social requiere una interacción sostenida del Estado con una sociedad civil vigorosa. Sin embargo, la EES redefine la sociedad civil como un espacio en el que se pueden crear instituciones paralelas, privadas, que eludan el derecho de la ciudadanía y el Estado a sus recursos. Tratar a los desfavorecidos como clientes o consumidores, y no como ciudadanos, socava el desarrollo de una ciudadanía activa y comprometida que pueda usar su voz para participar en instituciones públicas y procesos democráticos que reflejen su voluntad y sus necesidades.

El verdadero cambio y la verdadera equidad que los ciudadanos requieren, y que el bien público requiere, se alcanzará sólo cuando todos puedan utilizar con eficacia su voz política sin abandonar la esfera pública. El ataque neoliberal contra el gobierno democrático crea una oportunidad de renovar nuestra democracia sólo si podemos dejar a un lado distracciones como la EES, dar un paso adelante y unirnos a nuestros conciudadanos para proporcionar la educación, organización y movilización necesarias para reclamar el poder de la voz pública.

6. Hablando de poder
(texto del Proyecto Gettysburg)

INTRODUCCIÓN

Para el propósito de hacer trabajo en conjunto, presento a continuación una forma en que podemos conceptualizar el poder a fin de disponer de un lenguaje común para entenderlo, interpretar nuestra experiencia y facilitar su uso estratégico. En el Proyecto Gettysburg fomentamos que se examinen las formas de plantear estrategias de poder más eficaces, "de manera interna" respecto a nuestros grupos de electores o bases, a lo largo de nuestras organizaciones, con más colaboración y para abordar desafíos en los contextos institucionales en los que operan nuestras organizaciones.

ENTENDER EL PODER

El doctor Martin Luther King definió el poder como "la capacidad de cumplir un propósito" y añadió: "Que sea bueno o malo depende del propósito". Entender el poder requiere verlo como algo relacional: influencia que se crea en la interacción de los propósitos —o intereses— propios con los recursos necesarios para cumplirlos. Si puedo satisfacer mis intereses por completo con mis propios recursos, tengo todo el poder que necesito. Y, si atender mis intereses requiere acceso a tus recursos, a la vez que satisfacer tus intereses requiere acceso a mis recursos, podemos colaborar para crear más "poder con" el otro que cada uno por sí mismo. Pero si mi necesidad de tus recursos es mayor que tu necesidad de mis recursos, tú tienes "poder sobre" mí: puedes tener acceso a mis recursos para atender tus intereses a expensas de los míos. Así pues, el poder no es algo que uno posea, un recurso, sino una influencia

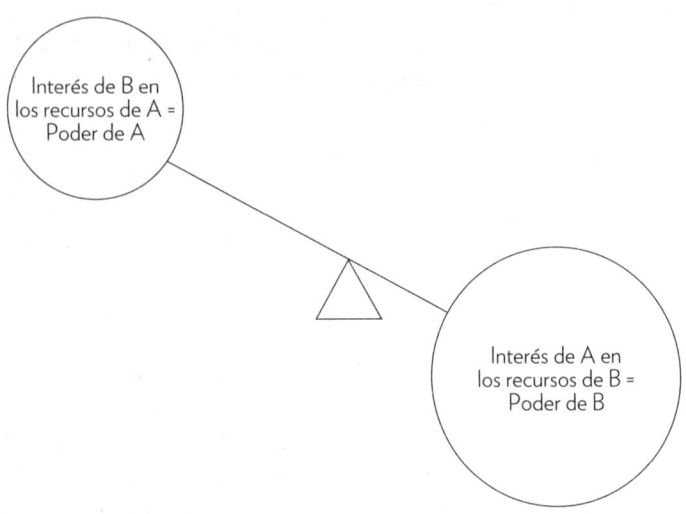

FIGURA 6.1. Poder relacional.

que se crea en la intersección de lo que tenemos con lo que necesitamos (figura 6.1).

Sin embargo, ni los intereses ni los recursos son fijos. Alexis de Tocqueville afirmaba que al asociarnos con otros podemos "comprender correctamente" nuestro "interés propio": no sólo podemos aprender más sobre nuestros propios intereses, sino también descubrir intereses que tenemos en común. Entonces, una forma muy conocida de alterar las relaciones de poder es combinar recursos en pos de intereses compartidos, de manera que la dependencia individual se torne en interdependencia colectiva (boicots, huelgas). En realidad, los intereses y recursos están muy contextualizados. Así, un interés puede entenderse como cualquier propósito relacionado con nuestros objetivos que esté anclado en nuestros valores, desde la seguridad financiera en la forma de conservar un empleo hasta la necesidad de estatus en la forma de una cátedra universitaria. Y un recurso puede ser cualquier cosa que resulte útil para procurar nuestros intereses: económico, político, social, etcétera. Preciar esta fluidez de significado, y su "poder", es uno de los componentes fundamentales de la imaginación estratégica.

Un ejemplo de cómo darle la vuelta a una relación de "poder sobre" es la acción del boicot a los autobuses en Montgomery, Alabama, que convirtió la dependencia individual respecto a los autobuses (recurso) para llegar al trabajo (interés) en la dependencia de la compañía de autobuses respecto a las ganancias (interés) del dinero de los pasajes (recurso) retenido por los participantes en el boicot. Al mismo tiempo, los participantes crearon más "poder con" entre sí al formar una red de autos compartidos que vinculaba los recursos de los propietarios de autos que deseaban poner fin a la segregación con aquellos de los que hacían sacrificios para luchar contra la segregación, pero necesitaban llegar a su trabajo. Sin embargo, el interés común que sustentaba la red de autos surgió de la participación en una lucha que iba mucho más allá del relativamente estrecho interés de viajar en autobús y llegaba al interés más profundo de acabar con la segregación.

La idea del poder como algo relacional surge de la obra de Richard M. Emerson, descrita a menudo como "teoría de la dependencia", así como de la de Bernard Loomer. Su coraje radica en que nos permite distinguir los patrones de interdependencia en los que operamos para identificar puntos de apalancamiento estratégico (Emerson, 1962; Loomer, 1976; Tocqueville, s/f).

A veces es fácil observar el poder en acción; por ejemplo, cuando un lado gana una votación en un ayuntamiento y el otro lado pierde. Pero, en otras ocasiones, el poder está "oculto", pues radica en quién decide qué cosas entran en una agenda, quién decide respecto a esa agenda y quién crea las reglas para tomar esas decisiones. Y, en otras ocasiones, el poder puede ser "invisible", en tanto que está incorporado en nuestro entendimiento de "cómo son las cosas". Esto se describe como las tres caras del poder, que pueden detectarse por medio de tres preguntas: quién gana (primera cara), quién establece agendas (segunda cara) y quién se beneficia/quién pierde (tercera cara). Este enfoque se basa en la obra de Steven Lukes (1974) y John Gaventa (1982).

Esta forma de ver el poder puede ayudarnos a distinguir la estrategia que se enfoca solamente en un síntoma, como un autobús segregado, de la que cuestiona la política de la segregación de autobuses y la que aborda la desigualdad de poder responsable de la segregación. Por ejemplo, durante la crisis económica, algunas personas eran expulsadas de sus hogares por policías, comisa-

Poder con otros
A veces podemos impulsar el cambio que necesitamos con sólo organizar nuestros recursos con otras personas y crear poder junto a ellas. Por ejemplo: abrir una guardería comunitaria, una cooperativa de crédito o un banco de servicios voluntarios.

Poder sobre otros
A veces hay quienes ejercen un poder sobre las decisiones y recursos que necesitamos para poder crear un cambio en nuestras vidas. En este caso, primero tenemos que organizar nuestro propio poder con los demás para reclamar los recursos o decisiones que satisfarán nuestros intereses

FIGURA 6.2. Diferencias del poder "con" y el poder "sobre" otros.

rios o agentes de seguridad (primera cara). Las decisiones respecto a cuándo, dónde y quién sería expulsado las tomaban los bancos en colaboración con tribunales, de acuerdo con las reglas (segunda cara). Pero, en primer lugar, ¿quién tenía el poder para poner estas reglas?, ¿de dónde venía este poder y cómo se sustentaba (tercera cara)?

ESTRUCTURAR EL PODER

El poder se ejerce en contextos, arenas o ámbitos particulares, moldeados por estructuras políticas, económicas, sociales o culturales. Las estructuras pueden entenderse como conjuntos de reglas, prácticas y normas dentro de los cuales los actores movilizan recursos para procurar intereses. Las estructuras mismas son resultado de luchas anteriores por el poder, cuya resolución produjo nuevas "estructuras".

En el contexto político, muchas veces pensamos en los ámbitos locales, estatales, nacional y global en los que se puede ejercer el poder. Podemos tratar de resolver un problema local movilizando el poder a escala local, pero si el problema es resultado de un poder ejercido a escala nacional, será prudente buscar aliados

Poder con otros
Cuando tenemos que involucrarnos con aquellos que ejercen un poder sobre nosotros para crear un cambio, nos hacemos estas cuatro preguntas básicas:

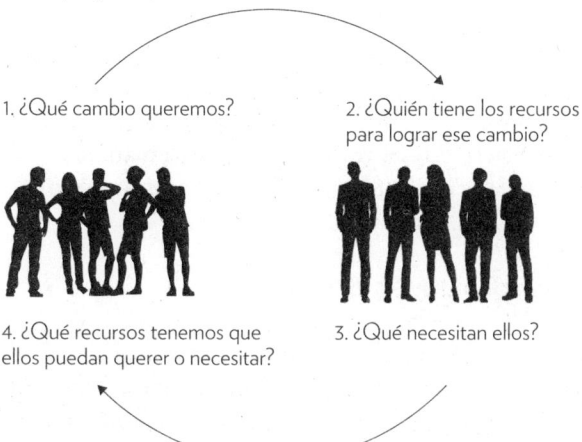

1. ¿Qué cambio queremos?
2. ¿Quién tiene los recursos para lograr ese cambio?
3. ¿Qué necesitan ellos?
4. ¿Qué recursos tenemos que ellos puedan querer o necesitar?

La pregunta estratégica
¿Cuál es nuestra teoría del cambio? ¿Cómo podemos organizar nuestros recursos para que nos den el poder de negociación que nos permita obtener lo que queremos?

FIGURA 6.3. Cambiar el poder que se ejerce sobre otros.

más allá de nuestra localidad. En esta área se concentra el trabajo de Elmer Schattschneider (1975) y Theda Skocpol (1992), entre otros.

Quizá tenemos un problema económico, pero descubrimos que debemos organizarnos política o culturalmente para adquirir los recursos necesarios para influir en los intereses de los responsables de nuestro problema económico. En otras palabras, podemos traducir "capital económico" en "capital político", o "capital cultural" en "capital económico". Las obras de Max Weber (1958 [1887]), Michael Mann (1986-2013), Pierre Bourdieu (1986) y otros se enfocan en los ámbitos en que se ejerce el poder.

También estructuramos el uso del poder dentro y entre organizaciones por medio de las cuales podemos organizar a la gente para resolver problemas producidos por otras organizaciones, creadas a su vez para procurar otros intereses. ¿Quién posee los recursos que mueven a nuestras organizaciones? ¿Dependemos más de recursos temporales o financieros para hacer nuestro trabajo? ¿Quién decide cómo se usan esos recursos, a qué grado y a lo largo de qué periodo? Los trabajos sobre la estructura de las organizaciones que ejercen la "voz" (a diferencia de las organizaciones proveedoras de bienes o servicios) incluyen las obras de Robert Michels (1915), Seymour Martin Lipset (Lipset, Trow y Coleman, 1956), James Q. Wilson (1974) y otros (Skocpol, Ganz y Munson, 2000).

PLANTEAR ESTRATEGIAS PARA EL PODER

Plantear estrategias es la forma como convertimos lo que tenemos en lo que necesitamos para conseguir lo que queremos, de modo que tiene todo que ver con el poder. Analizar el poder en los términos antes mencionados requiere que identifiquemos a los actores, sus intereses, sus recursos y sus patrones de interdependencia. Analizaríamos las formas visibles, ocultas e invisibles en las que se ejerce el poder, así como los contextos estructurales en los que opera. Con frecuencia, la estrategia no es cuestión de cómo obtener más recursos, ni siquiera de cómo alterar nuestros intereses, sino de cómo usar nuestros recursos para aprovechar al máximo su influencia. En la siguiente gráfica no se trataría de cambiar el tamaño de los pesos, sino de mover el fulcro.

Desde la perspectiva de la acción, reconfigurar el poder comienza con encontrar formas en que los actores puedan reacomodar sus recursos o redefinir sus intereses. Cuando nos concentramos en un problema en particular, quizá necesitemos preguntarnos si sólo esperamos resolver ese problema o si se trata de una política o regla general que afecta ese tipo de problema, o si es la configuración de poder, a menudo estructural, que creó el problema en primer lugar. No se trata de trazar estrategias a largo o corto plazo, sino de cuán profundo —es decir, qué tan táctico o estratégico— necesita ser nuestro enfoque para abordar nuestros problemas.

7. Organizando a Obama: campaña, organización y movimiento

¡Que no se nos olvide! Cuando Barack Obama anunció su candidatura en enero de 2007, pocos "expertos" lo tomaron en serio. Sin embargo, pocas campañas han cerrado con broche de oro como lo hizo la de Obama en noviembre de 2009. Como dijo un activista de Pensilvania apenas diez días después de la elección:

> Los voluntarios de la Asociación Popular del condado de Delaware sufren un cuadro agudo de '¡bueno, ya estamos todos bien prendidos y estamos aquí esperando!'. Sospecho que eso no sólo está pasando aquí, sino en todo el país. Aquí, *todos* los líderes voluntarios están bombardeados de llamadas de voluntarios que, en esencia, preguntan: ¿Y ahora qué, ahora qué, ahora qué, ahora qué?

A lo largo de los dos años anteriores se formó dentro de la campaña política el "movimiento para elegir a Barack Obama". Al igual que otros movimientos anteriores, estaba anclado en valores compartidos (igualdad, esperanza, comunidad en la diversidad), impulsados por la energía creativa de los jóvenes; exigía cambios personales y políticos (en las actitudes raciales, la aceptación de responsabilidad cívica, etcétera); se enfocaba en un objetivo estratégico claro (elegir a Obama) y creció de manera más rápida —y más profunda— de lo que cualquiera hubiera imaginado. Como se centraba en una labor organizativa, generó mucho más que una lista de donadores, potenciales donadores y una red de funcionarios electos, financiadores y operativos de campaña: preparó a unos 3 mil organizadores de tiempo completo, la mayoría veinteañeros; organizó a miles de equipos de liderazgo locales (1 100, tan sólo en Ohio), e involucró a un millón y medio de personas en una actividad voluntaria coordinada. Y, dado que esta campaña nacional construyó su propia organización local —y evitó la habitual mezcolanza de grupos de interés, organizaciones partidistas, contratistas y grupos

527[†]—, pudo desarrollar una nueva cultura política, la base para una genuina renovación de la política estadounidense.

El propósito de este artículo es considerar el papel que desempeñó la labor organizativa examinando su parte en la transformación de una campaña electoral en movimiento, o en el encauzamiento de un movimiento para convertirlo en campaña electoral. Muchos factores contribuyeron a una campaña tan exitosa como la de Obama: recaudación de fondos, medios pagados, medios ganados, programación, focalización, suerte, etcétera. Pero, al invertir en un programa de organización, la campaña de Obama se apartó de lo que ya era la forma convencional de liderar campañas: la mercadotecnia. Ésta fue una sabia decisión porque, para la insurgente candidatura de Obama, una estrategia convencional sólo habría fortalecido la mano del candidato con más recursos convencionales: su oponente, John McCain (Ganz, 2009). ¿Cómo surgió la decisión de organizarse, qué aportó y qué lecciones podemos aprender de esta campaña que volvió a poner la labor organizativa en el mapa (con algo de ayuda de Rudy Giuliani y Sarah Palin, por supuesto)?

ORGANIZACIÓN, MOVIMIENTOS
Y LIDERAZGOS

Después de visitar Estados Unidos en 1831, Alexis de Tocqueville escribió: "En una democracia, el conocimiento de cómo unirse es la madre de todas las formas de conocimiento: de él dependen todas las demás" (Tocqueville, s/f). Teniendo en cuenta el papel de los partidos políticos, iglesias y grupos civiles, argumentaba que la asociación podía sacar a la gente del estrecho individualismo que temía y conducirla a la construcción de los intereses comunitarios

---

[†] Se refiere a las organizaciones estadounidenses que se crean para movilizar el voto en elecciones locales, estatales o federales. Son conocidas así porque, acorde con la sección 527 del código fiscal, están exentas de impuestos y no tienen un tope en las contribuciones que pueden captar. Sin embargo, no tienen permitido coordinarse de forma explícita con partidos o candidatos, lo cual es motivo de múltiples controversias. [N. de las eds.]

necesarios para que la democracia funcionara. Más aún, el hecho de que estas asociaciones fueran voluntarias significaba que podían ser una fuente de renovación de los valores cívicos de los cuales depende un sistema político saludable. Y, por último, aunque quizá sea lo menos importante para Tocqueville, la promesa de la democracia es que la combinación de voces iguales puede, hasta cierto punto, compensar la dominación de quienes poseen más recursos. En otras palabras, para que la democracia funcione no sólo se requiere la protección de las libertades individuales, sino también la creación de una capacidad colectiva. Eso es lo que hacen los organizadores.

A diferencia de los "mercadólogos" políticos que venden causas, candidatos o productos apelando a las preferencias de sus clientes; a diferencia de los filántropos "proveedores" que proporcionan servicios a clientes que los necesitan; en contraste con los "empresarios" que idean soluciones técnicas a problemas públicos desafiantes, los organizadores identifican, reclutan y desarrollan líderes capaces de movilizar a sus bases para que "se planten juntos", a fin de aprender, colaborar y actuar en nombre de propósitos en común (Gecan, 2004).

La labor organizativa ha impulsado a grandes movimientos sociales que, desde nuestra fundación, han sido fuentes continuas, aunque episódicas, de rendición de cuentas, renovación y cambio (Skocpol, Ganz y Munson, 2000). Los movimientos sociales requieren organización, pero no toda organización produce un movimiento. Sin embargo, los movimientos sí surgen de los esfuerzos de diversos actores (individuos, organizaciones) con el propósito de reivindicar nuevos valores públicos, establecer relaciones ancladas en esos valores y movilizar el poder político, económico y cultural para traducir esos valores en acción (Rochon, 1998). Se distinguen de las tendencias, los estilos y las modas pasajeras en que son colectivos, estratégicos y organizados (Max y McAdam, 1993). Difieren de los grupos de interés en que no sólo reasignan "bienes", sino que también los redefinen. No se conforman con ganar el juego, sino que tratan de cambiar las reglas (Diani, 2000). Los participantes de los movimientos sociales que comenzaron a partir de una esperanzada respuesta a condiciones que consideraban "injustas" hacen reclamos morales basados en identidades personales y colectivas renovadas y en acción pública (Foner, 1998; Ganz, 2006).

Puesto que los movimientos sociales son dinámicos, participativos y están organizados para celebrar la identidad colectiva y reivindicar la voz pública, sus estructuras de participación, toma de decisiones y rendición de cuentas con frecuencia se parecen más a las de las asociaciones civiles que celebran la identidad colectiva (las iglesias, por ejemplo) o reivindican la voz pública (grupos activistas) que a las de aquellas que producen bienes o servicios (Rothschild-Whitt, 1979; Schiflett y Zey, 1990). La participación depende de la persuasión moral antes que de la coerción económica o política —o de los incentivos—, por lo que los resultados se basan en la participación voluntaria, motivada y comprometida de los miembros y partidarios (Knoke y Prensky, 1984; Smith, 2000). Así, su estructura de actividad se basa en un liderazgo capaz de motivar el compromiso, más que ejercer control (Andrews, Ganz, Baggetta, Han y Lim, 2010; Walton, 1985).

Los organizadores practican y desarrollan el liderazgo: aceptan la responsabilidad de habilitar a otros para cumplir un propósito compartido de cara a la incertidumbre. La necesidad de liderazgo (que a menudo queda insatisfecha) es evidente cuando los encuentros con lo incierto exigen una respuesta adaptativa: hay una ruptura con las prácticas del pasado y se ciernen nuevas amenazas, aparece una oportunidad repentina, las condiciones sociales son otras, una nueva tecnología cambia las reglas, etcétera (Heifetz, 1998).

La función del liderazgo en los movimientos va más allá de la estereotípica figura pública y carismática con la que se les suele identificar. Los movimientos se organizan identificando, reclutando y desarrollando líderes en todos los niveles. A veces, quienes hacen este trabajo, sobre todo cuando lo hacen de tiempo completo, se llaman *organizadores*, o, en términos más coloridos que se han usado en el pasado, *conferenciantes, agentes, viajeros, itinerantes, representantes* o *secretarios en el campo de trabajo*. Sin embargo, su labor se enfoca en el desarrollo de líderes voluntarios con raíces en las comunidades que pretenden organizar y en los cuales radica la vitalidad del movimiento. Por ejemplo, The Grange, una organización rural decisiva para el movimiento agrario de finales del siglo XIX, tenía 450 mil miembros organizados en 450 secciones, una estructura que requería reclutar a hombres y mujeres para 77 775 puestos de liderazgo voluntario, de los cuales 77 248 (99.3 por ciento) eran locales, 510 estatales y sólo 17 nacionales. En cualquier momento dado, 1 de cada 5 miembros ocupaba un puesto de liderazgo formal. En tiempos más recientes, un pilar del movimiento conservador, la Asociación Nacional del Rifle (NRA), con 4 millones de miembros, realizaba sus actividades en 14 mil clubes locales gobernados por unos 140 mil líderes locales, o uno de cada 25 miembros (Ganz, 2003). Y Sierra Club, una organización ambientalista de 750 mil miembros, con unos 380 grupos locales organizados en 62 secciones, debe reclutar, entrenar y dar apoyo a voluntarios para unos 12 500 puestos de liderazgo, de los cuales 10 mil son locales: uno de cada 57 miembros (Andrews, Ganz, Baggetta, Han y Lim, 2010).

Al cabo de cuarenta años, durante los cuales los conservadores tomaron la iniciativa organizando un movimiento impulsado por la reacción racial, generacional, de género y de clase ante los movimientos por la libertad en la década de 1960, los progresistas parecen estar encontrando la manera de reconectarse con una tradición que abraza el cambio, la diversidad y la equidad. En este artículo explico cómo la labor organizativa llegó a tener un papel tan importante en la campaña de Obama, por qué ocurrió, y sugiero las implicaciones que esto podría tener para lo que vendrá en el futuro.

LA CREACIÓN DE LAS CONDICIONES

Desde el principio, la campaña operó dentro de ciertas condiciones "dadas", sin las cuales es difícil imaginar que pudiera haber surgido un movimiento o siquiera una campaña exitosa: una motivadora historia de esperanza, una estrategia que requería trabajo de campo y líderes que podían encargarse de la labor organizativa y enseñar a otros a hacer lo mismo.

Una historia de esperanza:
narrativa, valores y bases

Cuando Obama se presentó ante la nación en la Convención Nacional Demócrata, en agosto de 2004, inspiró a un grupo de bases de todo el país contando una historia sobre su vocación y recordándonos nuestra vocación como pueblo; los enfrentó con los desafíos urgentes de esa vocación y nos inspiró a tomar las decisiones necesarias para hacer realidad nuestra visión de lo que somos; nos contó una historia de esperanza, una "narrativa pública".[†] Reconociendo que muchos estadounidenses notaban una crisis moral en el país, y no sólo una crisis política, su dominio de la narrativa pública le inyectó energía a la audiencia, mediante valores centrales que durante años habían estado inactivos entre los demócratas: equidad, comunidad, interdependencia y dignidad. No fue sólo que otros líderes políticos no compartieran esos valores, además, parecían curiosamente incapaces de darles vida en formas que pudieran animar a las bases.

Prescindiendo de la retórica política, Obama recordó las decisiones valientes, esperanzadoras y amorosas de quienes lo formaron —padres y abuelos— para inspirarnos con una historia que explicaba a dónde se dirigía. Después se remontó a las decisiones que los estadounidenses hemos tomado como país, con nuestra historia, comenzando con la Declaración de Independencia y dando vida a un sentido de conexión que muchos anhelábamos (no somos estados republicanos ni estados demócratas, somos Estados Unidos). Para desafiarnos, evitó recitar estadísticas y, en vez de eso, nos contó historias de individuos que pagaban el precio de nuestro fracaso para estar a la altura de nuestros valores (el trabajador de Maytag que perdió su seguro de salud, la estudiante de un barrio marginado que tenía las calificaciones para entrar a la universidad, pero no el dinero, etcétera). Y nos llamó a actuar, pero con la esperanza de que esa acción podría ser exitosa.

A diferencia de la mayoría de los candidatos demócratas, que se

---

[†] Para una definición de lo que es la narrativa pública véase abajo. Para un análisis del discurso de Obama en la Convención de 2004 que usa estas mismas ideas, véanse Ganz (2009, 2008).

enfocan en el "medio" de acción pública —políticas o programas entre los cuales podemos elegir—, Obama se enfocó en los "fines" de la acción pública: valores que pueden inspirar la acción de luchar por la política deseada. Más que nada, con este discurso, que tituló "La audacia de la esperanza", inspiró una idea de lo posible que iba más allá de lo probable, con un énfasis en la anomalía de su "presencia misma" en el estrado, hecho señalado desde sus primeras palabras. El don de Obama —y su habilidad— para contar esta historia de esperanza creó el potencial para un movimiento, sobre todo entre los jóvenes; un movimiento de "reforma moral" en la mejor tradición estadounidense. Pero esto no podía ocurrir si no estábamos organizados.

Estrategia de campo:
organizadores en el terreno

Esta "historia" se planeaba poner en escena con una estrategia que requería la movilización de los votantes "sobre el terreno". Para ganar en las asambleas del partido o *caucus*, sobre todo el primero en Iowa, y para vencer en las reñidas elecciones primarias en Nueva Hampshire y Carolina del Sur, cualquier campaña necesitaba tener personal de campo en el terreno, pero lo que este personal haría ahí era otro tema. En años recientes, los operativos han reconocido que el contacto personal con los votantes en la puerta de sus domicilios es más efectivo que una llamada, una carta o un comercial; para ello, suelen contratar, cuando se requiere, un pequeño ejército de promotores remunerados, respaldados por una línea telefónica prepagada, para identificar votantes, persuadir a los indecisos y lograr que los partidarios acudan el día de las elecciones (Gerber y Green, 2000; Fisher, 2006). Los voluntarios, considerados "excéntricos", difíciles de controlar y propensos a "desviarse del mensaje", tienen poca o nula participación. De este modo se puede hacer el "trabajo", aun a favor del menos motivador de los candidatos, siempre que pueda remunerarse.

Un *caucus* es otra historia. En 2004 los observadores notaron que el éxito de la recaudación de fondos por internet para la campaña de Howard Dean no se había traducido en un triunfo en Iowa, donde se había combinado con una campaña de promoción pagada. Por otro lado, la campaña de John Kerry demostró que se podía "organizar" a los asistentes del *caucus*, no con "sombreros naranjas" al estilo de la campaña de Dean —volcados en el estado en el último minuto —, sino con organizadores locales que pudieran entablar relaciones con cada asistente, identificar a los líderes entre ellos y prepararlos a todos para las maniobras, las negociaciones y la toma de decisiones que ocurren en un *caucus*. Así pues, una prioridad de la campaña fue poner organizadores —y no promotores— en el campo en Iowa. Su proximidad con Illinois, el estado que Obama representó como senado, también prometía una rica fuente de organizadores voluntarios, un estímulo para el "Campamento Obama" de Chicago que los capacitaba. Iowa fue el blanco de tres experimentados líderes de campaña del Medio Oeste: Steve Hildebrand, coordinador de los "estados tempraneros", que reportan antes que los demás los resultados de la votación; Paul Tewes, director en Iowa, socio de Hildebrand y veterano de la campaña de Al Gore en Iowa, en 1999; así como Mitch Stewart, director del *caucus* y veterano de la campaña de John Edwards en Iowa, en 2003. Y, pese a que nunca antes se había celebrado un *caucus* en Nevada, ahí también se desplegaron organizadores, aunque en menor número debido a la pequeña escala y fecha tardía de la elección. Sin embargo, un veterano de la campaña de Kerry en Iowa, en 2004, Mike Moffo, se convirtió en director de campo.

Aunque las elecciones primarias requieren un esfuerzo de movilización de votantes mucho más amplio, las de Nueva Hampshire y Carolina del Sur, debido a su tamaño y competitividad, también requerirían la capacidad de identificar y desplegar a votantes "en el terreno" el día de la elección. Matt Rodriguez, director, y Rob Hill, director de campo, se desplegaron a principios de 2007 y, aunque eran operadores de campaña experimentados, tenían poca o nula experiencia como organizadores. Aunque Hill tenía algo de experiencia con el *caucus* de Iowa, gran parte de su formación era como promotor pagado para la organización sin fines de lucro Public Interest Research Group [Grupo de Investigación de Interés Público] (PIRG). Así pues, aunque faltaba un año para la elección primaria, desplegaron a su personal de organización como un "ejército" que convocó a los votantes en repetidas ocasiones en el transcurso de muchos meses. Esto fue irónico, pues el único estado donde la campaña de Dean, en 2004, construyó una verdadera organización fue Nueva Hampshire. Más tarde la campaña adoptó el lema de "Dean for America" ["Dean para Estados Unidos"] y desempeñó un papel importante para convertir ese estado republicano en demócrata.

No obstante, uno de los dos directores suplentes de la campaña de Dean en Nueva Hampshire, Jeremy Bird, fue contratado como director de campo para Carolina del Sur. A Bird, aspirante a organizador, lo había convocado la administradora de campaña de Nueva Hampshire, Karen Hicks, pues estaba capacitado para la organización comunitaria en ese contexto. Hicks rechazó la estrategia de la promoción pagada, convirtió a sus promotores en organizadores y les proporcionó capacitación, impartida por quien esto escribe, en lo básico: narración de historias, encuentros uno a uno, reuniones caseras, estrategia, desarrollo de liderazgo, etcétera. La campaña de Howard Dean, en 2004, fue una de las primeras oportunidades que tuvo una "masa crítica" de jóvenes activistas para aprender métodos de organización de movimientos sociales aplicados en un contexto electoral. Además de Bird, Buffy Wicks (véase más abajo) surgió de esta experiencia, así como el organizador estrella de Bill Clinton, Roby Mook.

Dado que tenía menos personal designado que en Nueva Hampshire —pues la elección de Carolina del Sur vendría después—, pero sobre todo por su experiencia con la dirección de la campaña de Dean en Nueva Hampshire, Bird, desde el principio, convirtió a su equipo en organizadores, los capacitó en los métodos de organización de Nueva Hampshire y, a pesar de la considerable presión de Chicago para que "cumpliera con sus números diarios de registro de votantes", comenzó a desarrollar el liderazgo local que terminaría por llevarlos a una aplastante victoria en ese estado.

Entonces, hasta julio de 2007, ésos eran los estados en los que la campaña había desplegado personal para liderar los programas de campo. Sin embargo, a lo largo del país había una creciente base de datos de personas dispuestas a ser voluntarias y rápidamente proliferaron los grupos organizados por nuevos medios, como la web (llamados popularmente grupos MyBO: MyBarackObama.com), aunque sin una verdadera dirección estratégica. En Chicago, el director de campo a nivel nacional, Temo Figueroa, no era responsable por los cuatro "estados tempraneros", que eran la "jurisdicción" de Hildebrand. Sin embargo, tenía que supervisar al resto del país, asistido por cuatro "despachos", cada uno de los cuales tenía asignado un trozo del territorio. Buffy Wicks, del "despacho" a cargo de los 14 estados del oeste, era también una veterana de la campaña de Dean, en 2004, y socia de Bird. Wicks, que también se enfocaba en la labor organizativa —especialmente motivada por el hecho de que tantas personas querían ser voluntarias, pero se hacía muy poco para involucrarlas—, había instaurado un día nacional de promoción, considerado un éxito sorprendente. No obstante, para julio, la presión en la campaña nacional iba en aumento, no sólo por parte de los aspirantes a voluntarios, sino también de los financiadores que esperaban algún tipo de resultados. Por ejemplo, en California, donde el desarrollo deliberado del liderazgo todavía no había dado como resultado números de votantes registrados, estos influyentes partidarios de Obama no veían que ocurriera nada sobre el terreno. En respuesta, Figueroa decidió volver "itinerante" el Campamento Obama para ofrecer capacitación a los voluntarios que, entonces, estarían equipados con un entendimiento de lo que debían hacer con su deseo de elegir a Obama. El primero de estos "nuevos" Campamentos Obama estaría en California, y Wicks fue asignada para hacer que sucediera. Figueroa también le pidió ayuda al autor que esto escribe, quien, a su vez, reunió un equipo de capacitadores experimentados para ayudarlo en su labor.

Wicks organizó dos Campamentos Obama: Los Ángeles y San Francisco, y en sólo dos semanas lanzó 200 equipos de líderes voluntarios, coordinados por cuatro organizadores. Estos Campamentos Obama eran distintos de la versión de Chicago que se había dado en etapas más tempranas de la campaña. Iban más allá de la capacitación técnica individual, que había sido el objetivo central de aquellos primeros esfuerzos. En vez de eso, la sesión de dos días y medio se usó para organizar a los individuos en equipos de liderazgo definidos, capacitados en aptitudes organizativas (narración de historias, construcción de relaciones, estrategia y acción) y comprometidos con metas estratégicas. En un importante acto de confianza, la campaña les dio acceso al codiciado archivo de votantes, una base de datos con información detallada de las personas a las que necesitarían contactar para cumplir sus objetivos. Su trabajo, además, sería transparente y permitiría la rendición de cuentas, el aprendizaje y el reconocimiento. Más tarde, Wicks aportó más a este método al desarrollar una herramienta de internet que les permitía a los voluntarios trabajar con la lista de votantes desde sus casas, un instrumento que se transformaría en la herramienta de contacto "de vecino a vecino" que se usó en la elección general.

Aunque hubo otros tres Campamentos Obama "itinerantes", en San Luis, Nueva York y Atlanta, sólo este último usó el mismo enfoque que en California. Este esfuerzo de Atlanta fue significativo porque la participación del personal de campo de Carolina del Sur, que había aplicado una estrategia organizativa con gran éxito en aquella elección primaria, permitió que el equipo de capacitación del Campamento Obama se familiarizara con algunos de los métodos más nuevos, como la estructura del equipo de liderazgo. Wicks lideró los Campamentos Obama con ese modelo en algunos de sus estados del oeste, equipando a los voluntarios con aptitudes básicas y una estructura de liderazgo por medio de la cual podían empezar a trabajar. Más todavía, un videógrafo voluntario publicó videos del Campamento Obama de California en YouTube y en la tienda virtual de Apple, para que estuvieran a disposición de otros como recurso de capacitación.

Muy pronto, Jon Carson, que había fungido como director de campo en Illinois e inició el Campamento Obama de Chicago, fue asignado para coordinar los estados que celebrarían tanto sus *caucus* como elecciones primarias el 5 de febrero, a donde fueron enviados unos cuantos organizadores, algunos de los cuales se habían formado en California, para que iniciaran sus propias labores organizativas.

Así, gracias a estos primeros compromisos de recursos hacia un modelo de campaña organizativo, y su éxito, quedó claro que el personal de campo tendría un papel inusualmente importante en esta campaña. No obstante, esto no era por razones "ideológicas", sino porque sería necesario para ganar. No estaba claro cuál sería el balance entre la promoción al estilo de Nueva Hampshire, la organización del *caucus* de Iowa, la organización de la elección primaria de Carolina del Norte y la organización de los equipos de liderazgo de California.

Reclutamiento, capacitación
y desarrollo de líderes

Aunque tenía mucho más acceso a los practicantes creativos de los "nuevos medios" que cualquier otra campaña, estaba claro que la campaña de Obama no tendría una "estrategia de nuevos medios" y una estrategia de "vieja organización", sino una estrategia organizativa que incorporaría herramientas de los nuevos medios (Bird, 2008). Aun cuando la campaña fue pionera en la participación comunitaria en nuevos medios a partir de sus grupos MyBO, se daba por hecho que un programa de campo exitoso requeriría un liderazgo disciplinado en el terreno. Los resultados del contacto con votantes se contaban, analizaban y evaluaban a diario, lo cual hacía evidente el importante papel de la rendición de cuentas desde el principio. Este esfuerzo organizativo orientado a resultados requería operadores de campo disciplinados.

Este enfoque en la organización voluntaria también significaba que, para alcanzar la escala necesaria, sobre todo conforme creciera la campaña, ésta tendría que comprometerse con un desarrollo continuo del liderazgo. Aunque para las contrataciones iniciales para puestos de campo se recurrió a las filas de experimentados operadores políticos, la mayoría de las personas que se sentían atraídas por Obama eran muy jóvenes. Su energía se volcó en pasantías veraniegas, becas de organización y esfuerzos similares para desarrollar el liderazgo en este depósito de energía juvenil. La rápida difusión del personal de Iowa, Nueva Hampshire, Carolina del Sur y Nevada a principios de 2008 creó oportunidades para que los organizadores de campo se convirtieran en coordinadores regionales, los coordinadores se hicieran directores y los voluntarios pasaran a ser organizadores. Y, aunque la experiencia en la capacitación deliberada de personal vendría más tarde, la estructura de la campaña creó oportunidades para que los *novatos* aprendieran, los *aprendices* se desarrollaran, los *jornaleros* prosperaran y los *maestros* enseñaran. La muy larga temporada de elecciones primarias y el número de *caucus* que requerían organización significaban que la campaña tenía que construir su propia capacidad organizativa a gran escala. Esta necesidad creó una enorme oportunidad para el desarrollo de liderazgo. ¡De pronto podías estar a cargo de medio estado!

Por otro lado, aunque se esperaba la rendición de cuentas diaria a escala nacional, había muy pocos mentores disponibles. Y, hasta finales de la primavera de 2008, no existía nada parecido a un programa de capacitación nacional. En consecuencia, cada uno de los cuatro estados "tempraneros" —con la posible excepción de Nevada— desarrolló su propia "cultura de organización" afianzando relaciones que persistieron durante toda la campaña, creando patrones de promoción incrustados en esas relaciones y desarrollando un perfil casi tribal que seguiría al personal disperso por los estados. Si querías saber cuáles eran las opiniones de alguien sobre la labor organizativa —o sobre cómo tratar a los voluntarios—, sólo tenías que preguntar de qué estado venía.

Estaba muy claro que la "autoorganización" espontánea, el resultado que se esperaba de los organizadores por internet, era un mito. Por el contrario, desarrollar un esfuerzo voluntario motivado, estratégico y con aptitudes requería una mentoría constante a los organizadores que, a su vez, pudieran guiar a los líderes voluntarios, para crear un círculo virtuoso de incremento en las capacidades. Se necesitaba una inversión sostenida en capacitación y mentoría, que pudiera descender en cascada hacia toda la campaña conforme aquellos que aprendían estas aptitudes eran llamados a enseñarlas a otros.

CINCO PRÁCTICAS ORGANIZATIVAS: NARRATIVA, RELACIÓN, ESTRUCTURA, ESTRATEGIA, ACCIÓN

Cuando comenzaron a llegar los resultados de la elección, a principios de 2008, los enfoques organizativos adoptados en Iowa y Carolina del Sur, así como el trabajo voluntario surgido de California, empezaron a dar frutos. El régimen de medición, rendición de cuentas y análisis de resultados establecido a escala nacional en los inicios de la campaña permitía que los nuevos enfoques fueran visibles. El criterio era simple: lo que funcionaba funcionaba. En mayo y junio, en las reuniones de Chicago, los directores de campo fueron convocados para contemplar los resultados, considerar las lecciones aprendidas y desarrollar un enfoque organizativo en común para la elección general, comenzando por la capacitación de unos tres mil "becarios organizadores" de verano. Como Hildebrand ahora era administrador de campaña suplente, Figueroa fue reasignado para enfocarse en el voto latino y Carson se convirtió en director de campo para presidir este proceso. En esencia, fue una negociación entre enfoques; Iowa y Carolina del Sur, los más relevantes, codificaron los resultados en un manual de campo para becarios organizadores. Aun así, lo que se aplicaba en cualquier lugar dado —y el entendimiento y la energía con que se aplicaba— todavía era una función de la filiación "tribal". Las siguientes son características del enfoque que, aunque no se aplicó de manera universal, era lo más cercano a un "estándar" de campaña, distinguiéndose de todos los que lo precedieron como una mezcla de organización, construcción de movimientos y éxito electoral.

Organización basada en reunir a la gente en torno a valores compartidos, la labor de la narrativa pública

La organización basada en valores, a diferencia de la organización basada en asuntos que resolver, invita a las personas a escapar de los "depósitos de problemas" y reunirse como seres humanos completos cuya diversidad puede convertirse en una ventaja, en vez de un obstáculo, para el esfuerzo colectivo. Como los valores se experimentan —y se comunican— de manera emocional, son la fuente de la energía moral —coraje, esperanza y solidaridad— que se necesita para arriesgarse a aprender cosas nuevas y explorar nuevos caminos. Y como los valores que inspiran la acción se comunican como narrativa, cada persona puede aprender cómo inspirar a otros contando su propia historia, la historia de la experiencia en común con otros y la historia de un desafío urgente que exige atención: una narrativa pública.

La narrativa pública es una práctica de liderazgo. Por medio de la narrativa aprendemos a tomar decisiones en respuesta a los desafíos de un mundo incierto, como individuos, como comunidades y como naciones. Para responder de manera creativa a un desafío urgente, recurrimos a fuentes de esperanza frente al miedo, empatía frente a la alienación, y autoestima frente a la inseguridad: asuntos emotivos que podemos aprender a articular como nuestra historia. También debemos formular una visión de cómo podemos actuar: un asunto del intelecto, articulado como nuestra estrategia. Y luego, por supuesto, debemos actuar: es cuestión de desarrollar unas manos hábiles y decididas. La narrativa pública puede ayudarnos a vincular nuestra propia vocación con la de nuestra comunidad para llamarla a la acción ahora mismo: una historia del yo, una historia del nosotros y una historia del ahora (Ganz, 2008; Hitlin y Piliavin, 2004).

Como toda práctica, puede estructurarse, aprenderse y compartirse. La capacitación que ofreció la campaña de Obama no giraba en torno a aprenderse la historia de un candidato, sino aprender cómo articular la historia de cada persona, no simplemente como forma de "expresión de sí", sino como forma de involucrar a otros —en un nivel profundo— en la campaña. El enfoque en dominar el oficio de la narración de historias permeó toda la campaña por medio de YouTube, sitios web y, quizá lo más dramático, el discurso de Obama sobre la raza, pronunciado en Filadelfia el 18 de marzo de 2008, que concluyó con la "historia" de Ashley, tal como se había contado en una reunión casera en Carolina del Sur.

Aprender la práctica de la narrativa pública permitió a los organizadores y voluntarios expresar los valores centrales de la campaña, fomentó la confianza entre ellos y aumentó su eficacia al permitir que involucraran a los votantes de manera mucho más efectiva que con el uso de libretos, argumentos o mensajes tradicionales.

Organización a partir de relaciones basadas en compromisos mutuos de trabajo conjunto en nombre de intereses en común

Es el proceso de asociación —y no simple agregación— lo que hace que un todo sea mayor que la suma de sus partes. Como señaló Tocqueville, por medio de la asociación podemos aprender a reinterpretar nuestros intereses individuales como intereses compartidos, un objetivo en nombre del cual podemos utilizar nuestros recursos colectivos. Así, la construcción de relaciones va más allá de transmitir un mensaje, obtener una contribución o solicitar un voto. Estas conexiones "laterales", que se pasan por alto en la promoción, el telemercadeo y la mayoría de las operaciones conducidas por correo electrónico, son lo que crea el "pegamento" —o capital social— que sostiene la participación voluntaria de cara a los desafíos, inspira la creatividad en el trabajo y permite llegar a diversas redes sociales para involucrar a una comunidad más amplia (Putnam, 1994).

Los organizadores de campaña aprendieron el oficio de los encuentros uno a uno y las reuniones caseras que son la base de la organización local, anclada en los compromisos que las personas contraen entre sí, y no simplemente en una idea, tarea o problema. Las reuniones cara a cara se realizan para iniciar una relación de trabajo sostenida, y no simplemente para conseguir una firma, una donación o una promesa de apoyo (Simmons, 1998); ésta es una distinción clave entre organización y movilización. Los encuentros exitosos pueden conducir a una reunión casera en la que el "anfitrión" invita a una amplia red de asociados, algunos de los cuales acceden a celebrar sus propias reuniones, con lo que se activan las redes que se tejen a lo largo y ancho de toda una comunidad. El enfoque de las reuniones caseras fue lo más exitoso de la campaña de Dean en Nueva Hampshire, en 2003, y se convirtió en el modelo para mejorar la labor organizativa de la campaña de Obama. Una ventaja de este enfoque para una campaña "insurgente" está en que es una forma de identificar a los líderes comunitarios poniéndolos a prueba —aquellos que celebran una reunión casera exitosa demuestran tener potencial— y una manera de evitar la dependencia de organizaciones establecidas que pueden resistirse al cambio o estar aliadas con nuestro oponente.

Por ejemplo, para octubre de 2007, en la campaña de Carolina del Sur, los organizadores habían celebrado unas 400 reuniones caseras a las que asistieron unas 4 mil personas: la base de una movilización que desplegaría a unos 15 mil voluntarios el día de las elecciones, la mayoría de los cuales se involucró en actividades políticas por primera vez (Candaele y Dreier, 2008).

Estructura organizativa basada en el liderazgo de equipo, propósitos compartidos, normas claras y funciones bien definidas en vez del liderazgo individual

Los esfuerzos voluntarios a menudo tropiezan debido a que no logran desarrollar a líderes locales individuales que sean confiables, efectivos y creativos. Hay quien ve el liderazgo como el trabajo de un jefe que les dice a otros qué hacer. Otros, sospechando por completo del concepto de *equipos de liderazgo*, rechazan la estructura por completo, con resultados caóticos (Freeman, 1972-1973). Estos grupos de voluntarios a menudo se fragmentan y dejan el trabajo en manos de una sola persona, que se queja de que nadie quiere ayudar. Ésta es una de las razones por las que muchas campañas electorales evitan valerse de voluntarios y prefieren a los promotores pagados. Incluso el modelo del "líder de precinto" voluntario entraña un riesgo de agotamiento, exceso de control y poca confiabilidad.

La psicóloga social Ruth Wageman y yo aprendimos a lidiar con este problema de la deriva de voluntarios en nuestra investigación con Sierra Club, donde trabajamos para lanzar equipos de liderazgo basados en un propósito compartido, normas explícitas y funciones interdependientes claramente definidas (Ganz y Wageman, 2008). El éxito de este esfuerzo para crear una participación más vigorosa y sostenida de los miembros del equipo se tradujo de manera directa en la campaña de Obama. La directora de capacitación de Sierra Club, Liz Pallato, colaboró conmigo y con Wicks para adaptar este enfoque a la campaña en el primer Campamento Obama "itinerante", en Burbank. Observamos tres resultados: primero ansiedad (quién está al mando, quién va a decidir, etcétera), seguida de una perceptibilidad disminuida y, casi de inmediato, aumento de la capacidad para lograr resultados (medida por la capacidad del equipo para comprometer a los voluntarios a asistir a una reunión casera antes de terminar la capacitación), y, a pesar del apoyo desigual y limitado de los asesores, la mayoría de los equipos lanzados de este modo sobrevivieron al día de las elecciones. Después del Campamento Obama de Atlanta, la capacitadora Joy Cushman introdujo este enfoque en Carolina del Sur y, para la "cumbre" de junio en Chicago, el enfoque ya había demostrado su coraje al permitirles a los voluntarios de California hacer 20 mil llamadas telefónicas diarias a otros estados; a su vez, en la versión aplicada por Bird y Cushman, les permitió a los voluntarios de Pensilvania registrar a más de 100 mil votantes en algunas semanas.

Los equipos de liderazgo bien estructurados fomentan la estabilidad, la motivación y la rendición de cuentas usando el tiempo, las aptitudes y el esfuerzo de los voluntarios para promover de manera eficaz los objetivos del grupo; en este caso, elegir a Barack Obama como presidente de Estados Unidos. En vez de una acción rígida, los equipos crean una estructura en la que unos voluntarios con energía pueden llevar a cabo el trabajo real. Comunican una visión mucho más práctica —y apropiada— del liderazgo que el tan socorrido jefe macho alfa que tiene las respuestas a todo. A lo largo de esta campaña, los organizadores aprendieron cómo alentar de manera más eficaz la selección de participantes capaces y así llegaron a establecer el equipo de liderazgo del vecindario como la unidad organizacional fundamental en apoyo de la cual se construía toda la estructura de campo. Cada equipo, a su vez, aceptaba la responsabilidad de cumplir el propósito compartido de movilizar a los votantes, contribuyentes y más voluntarios dentro de territorios específicos de cada vecindario. En la elección general, los miles de equipos de liderazgo contaron con el respaldo de una estructura conformada por unos 2 500 directores de campo, directores regionales de campo y organizadores de campo.

Organización enfocada en unos pocos objetivos estratégicos claros como forma de convertir esos valores en acción

Las campañas electorales nacionales —y de activismo— asignan la responsabilidad de la estrategia nacional al nivel más alto. Sin embargo, cuando "fragmentan" objetivos estratégicos en el tiempo (plazos) y el espacio (áreas locales), pueden dar lugar a una verdadera autonomía local a fin de trazar estrategias para cumplir estos objetivos. Esto puede empoderar, motivar e involucrar a los equipos locales para lograr los objetivos deseados. La participación en una campaña nacional puede beneficiar enormemente los esfuerzos locales: crea una oportunidad de aprender de sus pares, recibir asesoría de mentores, obtener acceso a una influencia estratégica mucho mayor y obtener apoyo en el "trabajo pesado". Los esfuerzos nacionales, a su vez, se benefician en gran medida de una campaña liderada desde abajo: acceso a conocimientos locales, mayor motivación, trabajo de mejor calidad, más esfuerzo y una mayor capacidad de adaptación estratégica. Lograr este equilibrio significó que el movimiento en su conjunto estaba muy bien orientado y que la motivación personal de los voluntarios era plena. Las campañas rara vez vencen en el desafío de orientar a numerosos equipos locales sin controlarlos en exceso y sin simplificar su trabajo a tal punto que banalicen el tiempo, el esfuerzo y la imaginación de los voluntarios. El balance "apropiado" entre estrategia nacional y autonomía —y contribución— local debe determinarse de campaña en campaña, dependiendo del contenido, el contexto y las restricciones.

Los factores que motivan el involucramiento de los voluntarios son muy conocidos, aunque raras veces se llevan a la práctica. Deben cumplirse tres condiciones: que sea una experiencia plenamente significativa, que haya autonomía y retroalimentación. Siempre que los voluntarios tengan la tarea de lograr un resultado "significativo" (que marque una diferencia real en el mundo), un resultado "completo" (no sólo girar una tuerca, sino construir una máquina), y un resultado que involucre a la persona "completa" (cabeza, manos y corazón), lo experimentarán como algo "trascendental". Cuando esto se combina con la autonomía para tener responsabilidad real sobre el resultado y con una retroalimentación en tiempo real, las recompensas intrínsecas de la participación superan los efectos de una recompensa extrínseca (dinero, reconocimiento, etcétera) (Hackman y Oldham, 1980).

Pocas campañas electorales están diseñadas para permitir la autonomía estratégica, excepto a quienes están en la cima, mucho menos a los voluntarios. Las campañas suelen diseñarse como organizaciones de "control" y no como organizaciones de "compromiso", cuyo objetivo son las métricas diarias. La campaña de Obama no comenzó otorgando autonomía a los grupos locales en ninguno de los cuatro estados "tempraneros". Por otra parte, el director de cada estado tenía mucha autonomía en cuanto a cómo se producían las "métricas": electorales, por supuesto, no de organización. Aunque la autonomía estaba en manos de los líderes estatales en Nueva Hampshire, estaba más distribuida en Iowa y, sobre todo, en Carolina del Sur. Y, conforme la estructura de equipo comenzó a ser preponderante, un elemento clave que la hizo funcionar fue la delegación de responsabilidades para lograr sus propios objetivos. El énfasis en la capacitación aumentó la capacidad de los equipos para cumplir sus objetivos, así como su motivación para hacerlo. El "salto de fe" que hizo la campaña al ofrecerles acceso al archivo de votantes los alentó a estar a la altura de la responsabilidad que se les dio. Esto —junto con el enorme número de involucrados, la vastedad del país y la escala de las operaciones— empoderó a los voluntarios locales para disfrutar la responsabilidad de cumplir objetivos estratégicos en un grado que raras veces ocurre. Así pues, el equilibrio estructural que surgió —aunque de manera desigual, por supuesto— entre la acción local y el propósito nacional fue inusualmente sólido. Cuesta trabajo imaginar que un movimiento pudiera surgir en un contexto que no ofreciera oportunidades reales de autonomía significativa a escala local.

Organizar resultados claros, medibles y específicos
que permitan una evaluación, rendición de cuentas
y adaptación en tiempo real con base en la experiencia

El resultado de una elección se decide contando votos o, en el caso de la nominación, delegados. En principio, esto no es muy distinto a evaluar el resultado de una campaña de organización sindical, de reforma legislativa, o una campaña para clausurar las plantas de carbón. El reto es determinar las métricas que sirvan para evaluar el progreso —o la falta de éste— hacia el objetivo. Las campañas convencionales miden la identificación de los votantes (para nosotros; para ellos, no estoy seguro) revisando una y otra vez una lista —en persona o por teléfono— hasta que queda claro quiénes son los partidarios, quién está con la oposición y quién está indeciso; esto incluye la información demográfica para extrapolar qué votantes tienen más probabilidades de caer en cada categoría. Entonces, la campaña puede utilizar una estrategia de "persuasión" para los indecisos o una estrategia "motivacional" para "sacarles el voto" a los partidarios menos propensos a votar. Este enfoque tiene cierta lógica, especialmente al final de una campaña, cuando los votantes tienen más información sobre los candidatos, y es posible hacerlo con promotores pagados o con telemercadeo. Una estrategia de "persuasión" puede incluir correos focalizados, llamadas telefónicas, etcétera. La estrategia de "sacar el voto" puede incluir letreros en casas y puertas, comerciales de radio e intensas campañas de proselitismo y llamadas por teléfono.

Sin embargo, la situación que enfrentaban Obama y sus competidores era muy distinta. A principios de 2007 faltaban casi dos años para la elección general, más de un año para la Convención y más o menos un año para los primeros *caucus* y elecciones primarias. A esas alturas —y en una campaña insurgente como ésta— no bastaría considerar sólo esas métricas. Los organizadores también hacen mediciones, pero miden cosas distintas. Una campaña de organización se enfoca, en primer lugar, en identificar, reclutar y desarrollar el liderazgo voluntario del que dependerá el éxito de la campaña. Involucrar a los residentes locales es un primer paso para compartir la propiedad con votantes locales, que podrán entonces contactar con mayor eficacia a sus redes sociales en nombre de un candidato (o causa), a fin de incrustar el compromiso de apoyo en el tejido relacional de la comunidad. Invertir en la construcción de una base de voluntarios en los inicios de la campaña hace que sea posible lograr la escala y la profundidad deseadas sin pagar grandes sumas de dinero por operaciones, menos efectivas, de promoción pagada y llamadas por teléfono. Por último, reclutar, capacitar y desarrollar a miembros de la comunidad local no sólo implica un costo, sino una inversión en capital civil, misma que puede seguir rindiendo frutos por años: elección tras elección, causa tras causa, etcétera.

Así pues, los organizadores toman en cuenta los encuentros uno a uno, reuniones caseras, la asistencia, los nuevos anfitriones de reuniones caseras, los nuevos voluntarios, etcétera. Estas métricas "de organización" se conjuntan con las métricas "de acción": compromiso de presentarse para hacer promoción, número de personas que asistieron, número de puertas alcanzadas, votantes identificados, etcétera. Un organizador no pasa varias horas al día pegado al teléfono haciendo el trabajo que los voluntarios podrían hacer mucho mejor. El organizador invierte tiempo en reclutar a líderes para organizar a los voluntarios que contactarán a los votantes y contribuirán a la estrategia local, hablarán en eventos públicos, serán anfitriones en las visitas del candidato, donarán comida, ayudarán en la sede de la campaña, compondrán canciones, etcétera. Las métricas de organización se evaluaron en Carolina del Sur, a pesar de la considerable presión para cumplir las metas de identificación de votantes al mismo tiempo.

El trabajo de campaña que realizan los líderes voluntarios —reclutar a más voluntarios, persuadir a los indecisos, obtener compromisos, etcétera— también requiere sopesar si ellos han disfrutado una responsabilidad real evaluando su trabajo, aprendiendo de él, rindiendo cuentas y reconociendo sus éxitos. La estructura de equipo ayudó a enfrentar este desafío, pues cada equipo tenía un "administrador de datos", elegido por ser una persona preparada para ese trabajo. Los "administradores de datos" de los equipos podían coordinar, aprender juntos, dar actualizaciones a sus equipos, etcétera. Internet hizo que el desafío fuera mucho más sencillo de enfrentar al hacer más fácil el flujo de información hacia arriba, hacia abajo y a través, lo cual hizo las operaciones más transparentes, fomentó el aprendizaje y le permitió a la gente experimentar la emoción de ser parte de un todo y beneficiarse del deseo competitivo de hacer su mejor esfuerzo. Poner a disposición estos datos en el ámbito local los convirtió en un recurso para la adaptación, el aprendizaje y la variación en el enfoque, exactamente donde se necesitaba.

CONCLUSIÓN

En este artículo he procurado mostrar las formas en que esta campaña de "construcción de movimiento" siguió una ruta muy distinta de la de una típica campaña de mercadotecnia. Entender cómo ocurrió esto puede ayudarnos a comprender mejor cómo se han desarrollado, después de la elección, aspectos que pueden ir mucho más allá de declaraciones como "así es la política".

Un electorado muy motivado y arraigado especialmente —aunque no de forma exclusiva — en la juventud, inspirado por una historia de esperanza que apelaba a sus valores y lo atraía hacia el candidato y la campaña, se transformó en una fuerza electoral muy poderosa. Por supuesto, los recursos financieros generados en apoyo a este esfuerzo fueron extraordinarios, pero otras campañas también habían recaudado mucho dinero y no lo usaron de este modo. Este esfuerzo pudo combinar el entusiasmo, el contagio y la motivación de un movimiento con la disciplina, el enfoque y la organización que se necesitan para ganar.

Esto no fue un resultado preconcebido. Muchos han observado que, puesto que Obama había fungido como organizador comunitario, su campaña, por supuesto, incluiría organización. Sin embargo, la campaña de Obama para el Senado había sido tan convencional como cualquier otra. De hecho, la experiencia de Obama como organizador se enmarcaba en el enfoque ortodoxo de Saul Alinsky, es decir, del organizador solitario que "agita" a la gente para crear conciencia de sus intereses "reales", da los valores por sentado, se enfoca en lo "ganable" sobre lo urgente y ve los movimientos sociales como algo inherentemente inestable. Y, como recuerda Obama, esta experiencia lo dejó perturbado por la pérdida de control que experimentó, además de insatisfecho por las limitadas aspiraciones (Obama, 1995). Esto dista del tipo de organización de "construcción de movimiento", que se volvió característica de la campaña, y en la cual Obama, en realidad, no tenía experiencia alguna. De hecho, Obama escribió sobre su creencia de que la manera de ganar una campaña era "dejarla en manos de los profesionales" (Obama, 2006).

Aunque el círculo interno de la campaña incluía a muchas personas talentosas y creativas, hábiles operadores políticos y profesionales que habían liderado programas de campo por muchos años, no incluía a nadie que tuviera experiencia como organizador fuera del ámbito de la política convencional ni a nadie con experiencia como organizador de movimientos. La campaña de Nueva Hampshire pudo proceder sin nada de labor organizativa y se valió casi de manera exclusiva de personal de tiempo completo para hacer el trabajo "de verdad", con apoyo de voluntarios transportados desde Boston. Si se hubiera utilizado este enfoque en todas partes, es muy poco probable que el movimiento hubiera podido prosperar como lo hizo.

Entonces, ¿qué pasó?

El *caucus* de Iowa —y las asambleas de partido en general— tuvo un papel fundamental en la introducción de la labor organizativa en la campaña. Y, aunque la experiencia organizativa aplicada en Iowa era enteramente electoral, se basaba en una apreciación realista del hecho de que los líderes locales tendrían que desempeñar un papel importante para que el esfuerzo rindiera frutos, como lo había demostrado la campaña de Kerry cuatro años antes.

Entonces, ¿de dónde vino la organización del movimiento? La candidatura de Obama no sólo atrajo a gente joven, sino también a un núcleo dedicado de jóvenes organizadores, muchos de los cuales habían surgido de la campaña de Dean en Nueva Hampshire, en 2004; aunque estaban comprometidos con Obama, también veían la campaña como una forma de reintroducir la labor organizativa en la política. Jeremy Bird, director de campo de Carolina del Sur, fue una figura clave que llevó a su estado la narración de historias, la construcción de relaciones y la capacitación que había aprendido en Nueva Hampshire. Buffy Wicks, otra veterana de la campaña de Dean y colaboradora de Bird, tuvo otro papel importante. Junto con otras personas, y de manera muy abierta, este núcleo estableció una organización de "cabezas de playa" en la campaña más allá de los estados con *caucus*, desarrolló sus propias "tribus" de personal capacitado en su método y formó una red organizadora dentro de la campaña, comprometida con el desarrollo de una práctica organizativa eficaz.

En alianza con la "tribu" de Iowa, lograron introducir en la campaña un enfoque organizativo que podía traducir la motivación popular en acción organizada, pero sin convertir la campaña en un ejército, una organización de obediencia a la vieja usanza. Más aún, Bird, Wicks y otras personas hicieron un esfuerzo conjunto por "educar hacia arriba" dentro de la campaña; uno de sus primeros convertidos fue Jon Carson, director de campo nacional para la elección general. Aunque, al igual que otros en el círculo de Obama, Carson no tenía experiencia como organizador fuera del contexto electoral, demostró ser un buen estudiante y se convirtió en un partidario comprometido. Aunque Obama no fue el iniciador del enfoque organizativo, conforme éste se desarrollaba, el candidato se convirtió en un entusiasta partidario que mejoraba el trabajo de los demás, reconocía sus contribuciones y —algo casi único en las campañas presidenciales— se aseguraba de presentar a los organizadores en cada etapa durante los días cruciales de la elección general.

¿Cuáles son las implicaciones de este análisis para el futuro? Stewart y Bird, directores de campo de Iowa y Carolina del Sur, respectivamente, han sido contratados como director y director suplente de Organizing For America [Organización por Estados Unidos] (OFA). No obstante, el contexto ha cambiado. La ausencia de una campaña electoral significa, entre otras cosas, que sus esfuerzos no están sujetos a la disciplina de ganar o perder los *caucus* y las elecciones primarias, lo cual enturbia la medición de la eficacia. Obama, presidente de "toda la gente", tiene poco tiempo, energía o deseos de ofrecer un liderazgo personal a OFA. Aunque Bird y Stewart han adquirido una experiencia organizativa electoral considerable, la toma de decisiones sigue en manos de David Plouffe, administrador de campaña de Obama y, sin duda, un buen estratega electoral, pero cuyo entendimiento de la labor organizativa aún es una incógnita, sobre todo en cuanto al tipo de organización que se requiere para construir un movimiento en ausencia de una campaña electoral. Por último, como entidad de la Conferencia Nacional Demócrata, resulta difícil promover la agenda del presidente cuando parte del público meta al que debería apuntar está fuera de alcance porque también es demócrata. Al mismo tiempo, la promesa de un enfoque fresco para el involucramiento ciudadano, fundado en los principios de organización antes explicados, parece haber sido eclipsada por grupos de cabildeo filantrópicos de servicio y empresariado sociales muy bien financiados y situados en el "círculo interno" del gobierno.

Pero no todo se trata de limitaciones y restricciones al gobierno de Obama. La inversión sin par que la campaña hizo en el desarrollo de capital cívico —infraestructura de liderazgo, equipos y organizadores— ya nos ha cambiado, al crear nuevas capacidades, oportunidades y posibilidades. En todo el país están brotando esfuerzos ciudadanos para apoyar el programa de Obama. Y los jóvenes organizadores se han vuelto objeto de un gran esfuerzo de reclutamiento por parte de organizaciones comunitarias, el movimiento laboral y toda suerte de grupos activistas. Por qué estos grupos activistas no están haciendo mejor uso de sus nuevos recursos es otra cuestión.

Concluyo con las conmovedoras palabras de la lideresa de equipo de Wisconsin, Staci Leigh O'Brien, escritas poco después de la elección:

> Mientras me esfuerzo por descubrir cómo podemos alcanzar y ayudar a esta comunidad, me doy cuenta de que la campaña de Obama tuvo tres elementos clave que no son fáciles de replicar: un propósito común, un fin claro y pasos lógicos hacia nuestra meta. Nuestro equipo prosperó [...] [Y] lo que quiero es una forma de ayudar a esta comunidad marginada a construir sus propios equipos y pasar esa antorcha. Así que anoto dos peticiones:
>
> Si tiene una sugerencia para mi siguiente paso, dadas mis metas, estaré agradecida. Puede ser un libro para leer, un plan para seguir o algún consejo. Mi meta es encontrar una forma de empoderar a una comunidad como su sistema me empoderó a mí, y pasar las herramientas que esta comunidad necesita para organizarse.
>
> Mi segunda petición es simple: ¡por favor, recurran a nosotros!, ¡dennos más capacitación! Convenzan al gobierno de Obama de que la inversión en organización comunitaria fue sensata, pero que es demasiado pronto para retirarnos... Reúnannos de nuevo y enséñennos esos siguientes pasos que anhelamos, para que podamos seguir marcando una diferencia en nuestras comunidades. Enséñennos a crear un propósito y una estructura para que más equipos prosperen abordando todo tipo de problemas en nuestros pequeños rincones por todo el mundo.
>
> Mi más ferviente esperanza es que el gobierno de Obama entienda el poder de la red que ha creado. No somos, como parecen creer otras personas, legiones de jóvenes votantes soñadores a la espera de que alguien presione el botón o tire del hilo para que ayudemos a conseguir apoyo para nuevas políticas. Nos sentimos respetados, empoderados e incluidos. Soy una mujer de 45 años con un doctorado en inglés y durante años he sido feliz de influir en mi mundo con mis clases, pero he estado expuesta al poder de la organización comunitaria y a sitios profundamente necesitados que están a pocos minutos de la universidad privada donde doy clases, y,

sin embargo, a mundos de distancia. Ya no necesito que me pongan metas cada semana; sólo necesito un poco de ayuda con los siguientes pasos para seguir pasando la antorcha.

Espero que esto no sea demasiado pedir. Admito que, cuando mis voluntarios llenan la bandeja de entrada de mi correo literalmente preguntando qué deben hacer ahora, me molesta un poco su necesidad de orientación... y aquí estoy pidiéndoles a ustedes lo mismo. Sea cual sea su respuesta, estoy muy agradecida por el regalo que me han dado. Espero honrarlo al continuar transmitiéndolo.

8. Cómo el poder de la gente produce cambios

Entrevista con Bill Moyers

BILL MOYERS: *Marshall Ganz es un maestro organizador estadounidense que jamás ha cedido ante la desesperanza ni el miedo. Todo comenzó en el Verano de la Libertad en Misisipi, en 1964, cuando su furia contra la injusticia lo sacó de Harvard y lo lanzó a la lucha por los derechos civiles. Después se juntó con el legendario César Chávez y la Unión de Campesinos, y durante 16 años luchó por sindicalizar a los hombres y mujeres que laboraban horas sin fin y días sin cuento en los campos de California, cosechando a cambio de casi nada.*

Tres décadas después de abandonar Harvard, Marshall Ganz volvió para terminar su carrera y obtener un doctorado. Unos años más tarde se le pidió que fuera el arquitecto de la hábil organización de estudiantes y voluntarios para la campaña presidencial de Barack Obama.

Hoy, Marshall Ganz es miembro fundador de la Leading Change Network [Red para Liderar el Cambio], una comunidad global de organizadores, educadores e investigadores que se movilizan por la democracia.

Gusto en conocerte.

MARSHALL GANZ: Gusto en conocerte, Bill.

Las historias han sido una parte importante de tu vida. ¿De dónde salió eso? ¿Por qué las historias?

Para empezar, crecí entre historias. Mi padre es rabino y crecí con la historia del Éxodo. Y siempre me desconcertó el hecho de que, ya sabes, decían que en cierto momento fuimos esclavos en Egipto. Aunque yo nunca he sido esclavo ni he estado en Egipto, como nos decían a los niños. Pero luego comprendí que eso significaba que la historia, en realidad, no era propiedad de un pueblo, época o lugar.

Y luego fui con los campesinos. Y estábamos en la narrativa religiosa. Digo, una de mis primeras tareas con los campesinos fue organizar una marcha de Delano a Sacramento. Pero no fue una marcha. Fue una peregrinación. Fue en la Cuaresma. Llegó a Sacramento el domingo de Pascua.

Fue como una representación de la narrativa de redención de la Pascua. Pero estaba incorporada en el movimiento que estábamos construyendo. Así que, en mi experiencia como organizador, todo estaba dentro de la narrativa. De esta manera, ya sabíamos que las narrativas eran importantes. Y eran importantes para el corazón. Y no eran la historia completa. La historia completa, por así decirlo. La estrategia importaba, la estructura importaba, pero también importaba la narrativa, la motivación, el coraje.

Hasta que leí tu libro sobre Chávez y los huelguistas,[†] *no sabía qué tanto de sus esfuerzos giraba en torno a las historias. Pero, cuando leí tu libro, me di cuenta de que las historias que ellos contaban, las historias que heredaron, se sumaban para formar una historia que querían legar a sus hijos.*

Claro. Pero, digo, ésa es una de las cosas que distinguen a los movimientos de los grupos de interés. Los movimientos tienen narrativas. Cuentan historias, porque no se trata sólo de reacomodar la economía o la política. También reacomodan significados. Y no se trata sólo de redistribuir los bienes. Se trata de determinar lo que es bueno.

Entonces, ellos tienen este trabajo cultural que los movimientos están haciendo, junto con lo económico y lo político. No en vez de eso. Y me parece de particular importancia, porque hacer ese tipo de trabajo que hacen los movimientos requiere tomar riesgos, enfrentar la incertidumbre, ir contra la corriente. Y eso requiere mucha esperanza. Y entonces, ¿a dónde acudes en busca de esperanza? ¿A dónde acudes en busca de coraje? ¿A dónde vas? Acudes a esos recursos morales que se encuentran en las narrativas y el trabajo identitario, y en todas las tradiciones religiosas y culturales.

¿Sabes? [Joseph] Campbell me dijo que, para él, ése era el gran atractivo de Carl Jung. Jung envolvía su psicología con las historias de

---

[†] Se refiere al libro *Why David Sometimes Wins*, cuya introducción se incluye en el capítulo "Cómo David venció a Goliat" de este volumen. [N. del e.]

lo que había ocurrido en su vida, y en las vidas de las personas que se sentaban frente a él. Y si podía lograr que alguien se adentrara en una historia, sabía que esa persona descubriría quién era más fácilmente que si sólo trataba con ideas abstractas.

Caray, eso es muy cierto. Es lo particular. Verás, a menudo pensamos..., asociamos la comprensión con la abstracción. Es exactamente lo contrario.

Así es.

Entonces, lo particular se vuelve el portal a lo trascendente, porque por medio de la experiencia particular soy capaz de comunicar el contenido emocional del coraje que me mueve.

¿Sabes? Mi padre era capellán en el ejército de Estados Unidos. Durante tres años vivimos en Alemania, después de la guerra. Ya sabes, la fiesta de mi quinto cumpleaños fue lo que..., él trabajaba mucho con las llamadas PD.

Personas desplazadas.

Bueno, pues la fiesta de mi quinto cumpleaños fue en un campamento de personas desplazadas, un campamento de puros niños. Y mi madre pensaba que debía dar regalos en vez de recibirlos. Bueno, yo no entendí eso. Y, de hecho, me parecía genial que ahí no hubiera padres, hasta que, más tarde, entendí por qué no había padres. Y así fue, fue como un momento y luego una comprensión más profunda de ese momento, como una experiencia que me trajo a la realidad y me ayudó a entender el trabajo emocional que cumplen las historias.

¿Cómo es eso?

Me ayudó a entender que lidiar con el miedo es, probablemente, la cuestión moral central con la que tenemos que tratar. Con *moral* quiero decir..., si piensas que las cuestiones morales no son cosa de principios, sino más bien lo que Jung llamaba "sentimiento moral".

En otras palabras, ¿cómo puedo vivir con empatía en vez de alienación? ¿Cómo vivir con una noción de mi propio coraje en vez de un sentimiento de deficiencia? ¿Cómo vivir con un espíritu de esperanza en vez de miedo?

Cómo estar en el mundo, ¿cierto?

Cómo estar en el mundo y ser capaz de una interacción moral con otros seres humanos, así es como lo pienso.

Maimónides, filósofo judío del siglo XII, definió la esperanza como "creer en la plausibilidad de lo posible, en vez de la necesidad de lo probable". Ahora, déjame decirlo de nuevo. Ser realista es reconocer que el mundo no es un ámbito en el que lo probable siempre ocurra. Digo, es más probable que Goliat gane. Pero a veces David gana, ¿sabes?

¿Hubo algún tiempo en que tuvieras que hacer eso, cuando tuvieras que suspender tu incredulidad y ver que lo inevitable no era una necesidad, que era una probabilidad?

Caray, ya sabes, pues bueno..., para empezar, pensar que podía entrar a Harvard en primer lugar, viniendo de Bakersfield, y salir de Harvard para ir a trabajar a Misisipi...

¿Te fuiste antes de terminar tus estudios?

Sí, me faltaba un año. Pero verás, cuando me fui, fue sólo para ir al proyecto de verano. Pero ahí encontré mi vocación. Encontré esta cosa llamada organización, que nunca había entendido de verdad, ni había oído de ella. Y no se trataba de caridad. No se trataba de, ya sabes, ayudar. Se trataba de justicia. Se trataba de trabajar con otras personas de una manera que fuera respetuosa y potenciara su agencia y la mía al mismo tiempo.

¿Cómo aprendiste eso?

Siendo parte de ello.

Nuestro proyecto inicial..., pues estábamos tratando de exigir el derecho al voto, porque en ese tiempo los afroestadounidenses, por supuesto, no tenían derecho a votar, no tenían ningún derecho práctico al voto en Misisipi, Alabama, buena parte de Georgia, y así en esos estados.

El trabajo era construir una organización paralela llamada el Partido Demócrata de la Libertad de Misisipi, y eso era porque el Partido Demócrata excluía a los negros.

Así que nuestra idea era construir un partido paralelo, elegir una delegación, ir a la Convención Demócrata en Atlantic City, en 1964, encarar a los demócratas racistas y reemplazarlos con nuestros demócratas. Y eso iba a ser un éxito para el movimiento por los derechos civiles.

Así que el trabajo era ir a las casas de la gente, gente negra, hablar con ellos, registrar el Partido Demócrata de la Libertad, celebrar una reunión, asistir a un congreso electoral, resultar electos.

Trabajar con la gente para encontrar coraje, para encontrar solidaridad, para encontrar un sentido de esperanza, para hacer frente a las cosas que daban miedo. Digo, ya sabes, tres miembros de nuestro grupo fueron asesinados antes de que saliéramos siquiera de Oxford, Ohio. Fueron Goodman, Chaney y Schwerner. Y así fue, y muchas veces he pensado en ese libro de Paul Tillich, *Amor, poder y justicia*. Él argumenta que el poder sin amor nunca puede ser justo, pero también que el amor que no toma en serio al poder nunca puede lograr la justicia. Y eso fue, creo, lo que aprendí.

Has dicho que, cuando cuentas una historia, la historia se convierte en tres historias.

Sí. Bueno, cuando hacemos narrativa pública, eso es como una aptitud de liderazgo para movilizar a las personas a la acción pública. Así que hay una historia del yo o de uno mismo, al usar la narrativa para comunicar por qué he sido llamado. Así que cuento historias que comunican los valores que me mueven. Una historia de nosotros es usar la narrativa para crear una idea de los valores que compartimos como comunidad. Y, entonces, la historia del ahora es: ¿ellos están viviendo un desafío a esos valores que requiere acción ahora? Así que son como tres piezas.

¿Eso es lo que quiso decir Martin Luther King cuando habló de la urgencia del ahora en la iglesia de Riverside?

Exactamente. Y en ese discurso verás su vocación, y luego nos recuerda cuál es nuestra vocación como estadounidenses negros, como estadounidenses blancos y como estadounidenses. Es asombroso cómo él es capaz de hablar el lenguaje cristiano, pero de una manera que es inclusiva y no exclusiva. En verdad es extraordinario. Y entonces, como compartimos esos valores, adivinen qué, amigos: enfrentamos la urgencia de un ahora que requiere acción. Eso es la narrativa pública.

¿Es cierto que el lema de César Chávez y sus campesinos era "Sí se puede"?

Sí se puede, sí.

Que se convirtió literalmente en el lema de Obama...

Oh, ya lo creo: "Yes, we can."

¿Así fue?

Bueno, "Sí se puede" surgió en Arizona. En 1972, el gobernador de Arizona era Jack Williams, quien aprobó una ley que negaba a los campesinos el derecho a organizarse y a hacer boicots. Digo, era una ley terrible. Así que tuvimos que decidir si íbamos a impugnarla o no.

Así que fuimos todos a Arizona para impugnarla. Llegamos ahí y salimos a hablar con la gente. Y Dolores Huerta regresó. Estábamos en una reunión en la habitación de un hotel o motel. Ella dijo: "He estado hablando con toda esta gente por todas partes. Y, dondequiera que voy, la gente dice 'No se puede, no se puede'". Y dice: "Ah, no se puede. No se puede, ¿saben? Es demasiado, ¿ya saben? Y teníamos que responder a eso. Tuvimos que decir: 'Sí se puede'". Así que ése se convirtió en el lema de esa campaña, "Sí se puede". Y luego se convirtió en el lema del movimiento campesino. "Sí se puede." Así que en Nueva Hampshire, cuando Obama perdió esa noche,[†] y todos hablaban mucho de eso, fue que surgió el *"Yes, we can"*. Bueno, pues eso era lo mismo que el "Sí se puede".

Ése fue un gran momento. Eso fue lo que creó tantas esperanzas en torno a su presidencia.

¿Acaso la gente contaba demasiado con su carisma y no consideraron su inexperiencia?

Oh, en retrospectiva, es probable, ¿sabes? Pero no sé, creo que todos tenemos un poco de responsabilidad. Digo, creo que estábamos demasiado dispuestos a dejarle todo a Obama. Y creo que aquellos que queríamos hacer algo más sobre el tema de la justicia económica y la inmigración y el cambio climático necesitábamos hacer más.

Teníamos que ser controvertidos. Así es como funciona. Hay esta idea de que ser beligerante es ajeno a la democracia, y que el punto de la democracia es el consenso y la polarización es mala, la parálisis es mala. Pero, ya sabes, es como dice Saul Alinsky... los organizadores tienen que ser esquizofrénicos bien integrados, porque se necesita polarizar para movilizar y despolarizar para asentar. Pero, sin polarizar, nunca vas a movilizar nada. Y sí, entonces

---

[†] Se refiere a la derrota que sufrió Barack Obama, entonces senador por Illinois, frente a su rival, Hillary Clinton, en las elecciones primarias del Partido Demócrata en Nueva Hampshire por la candidatura a la presidencia de Estados Unidos, el 8 de enero de 2008. En un discurso pronunciado poco después, Obama usó por primera vez el lema que caracterizaría su primera campaña presidencial. [N. del e.]

hay un tiempo para negociar. Y creo que en ese tema estamos muy jodidos ahora...

Siempre ha sido la lucha y el conflicto, y los ganadores y los perdedores, lo que nos hace avanzar o retroceder.

Ése es el corazón de la democracia, la democracia es un sistema de contención. Digo, cuando funciona, es contención constructiva.

Supongamos que uno de esos estudiantes te dijera: "Profesor Ganz, sé que los campesinos estaban superados en finanzas y en número. Y sé que se les oponían los empresarios y que otros líderes obreros los desdeñaban. Sin embargo, usted dice que crearon una estrategia comunitaria exitosa para organizar a los cosechadores de uvas analfabetos. ¿Hay una lección en eso?"

La lección sería analizar cómo descubrieron la manera de hacerlo. Verás, este tipo de cosas no se pueden copiar sin más. Pero puedes mirar la profundidad de la motivación que tenían, su creatividad. ¿Cómo idearon su estrategia? ¿Cómo entendían el poder? ¿Qué entendían acerca de eso? ¿Cómo continuaron renovando su espíritu para ser capaces de seguir avanzando?

¿Cómo lo hicieron?

Bueno, hubo mucho trabajo del corazón, mucha narrativa, narración de historias, mucha celebración, mucho cultivar el corazón. Digo, ya sabes, nos tomó cinco años hacer un boicot a la cosecha de uvas. Y tuvimos que reinventar eso cada año. Y cada año regresas y dices: "Bueno, tenemos que empezar de nuevo". Pero lo encuentras en los otros, en la solidaridad, en los mitos, si quieres, que te dan la capacidad de seguir adelante.

Recuerdo que una vez escribiste algo que habías aprendido en Misisipi en el verano de 1964. Dijiste que todas las desigualdades entre negros y blancos estaban impulsadas por una desigualdad más profunda, la desigualdad de poder. Ésa me parece la realidad fundamental de la vida actual de Estados Unidos.

Sí, me parece que la desigualdad política y la desigualdad económica —y una especie de desigualdad cultural—, que se refuerzan entre sí, son un enorme problema, por supuesto. Digo, eso es con lo que tratamos de lidiar. Y así la cuestión es que, en cierto modo, podríamos pensar que la democracia liberal se basa en la idea de que la desigualdad de recursos económicos puede compensarse con igualdad de recursos políticos. En otras palabras, que la igualdad de voces puede compensar la desigualdad de riqueza. Bueno, hemos superado eso. Y...

La frase "un hombre, un voto; una persona, un voto" queda superada frente a cien mil o un millón de dólares.

Y ni siquiera es sólo el dinero. Si vives en un estado en disputa, tu voto cuenta mucho más que si vives en Nueva York, Illinois o California, cuando se trata de elegir un presidente. Si vives en un distrito en disputa, cuando se trata de elegir un miembro del Congreso, tu voto cuenta. Si vives en un distrito cuya circunscripción electoral se ha manipulado territorialmente de modo que o es sólo de demócratas o es sólo de republicanos, tu voto no cuenta. Así que, cuando ves realmente qué votos son los que cuentan, se trata de una fracción muy, muy pequeña.

Así que tenemos algunas fallas estructurales muy profundas que se remontan al principio, y no se trata de nosotros como personas, ni de nuestra cultura, nuestras creencias. Estamos operando en un conjunto de instituciones políticas que distorsionan y tuercen nuestra capacidad de expresar nuestras creencias. Tal vez lo que en verdad necesitamos es una enmienda de igualdad de voces, para garantizar que cada voto realmente tenga el mismo peso. Eso sería bastante radical. Y si diseñáramos un sistema que hiciera eso, ¿conseguiríamos algo así mañana? No, tal vez no. Pero supongo que mi punto es que hay muchas fuentes de energía y cambio en un país, por no hablar del mundo. Gran parte de eso se mueve de manera generacional. Se encuentra en lugares inesperados.

Permíteme acercarme un poco más a donde estamos tú y yo hoy. El movimiento Occupy Wall Street sacó la desigualdad económica del armario y la puso sobre la mesa del desayuno, la mesa de la comida, la mesa de la cena y las mesas redondas políticas de los domingos. Pero no se quedó a luchar por eso. ¿Qué pasó?

Bueno, me parece que el movimiento Occupy hizo una gran contribución, en el sentido de que logró lo que acabas de decir. Tomó la desigualdad económica, la justicia económica, y la convirtió en un tema legítimo. Pero se quedó atascado. Digo, se quedaron atascados en una táctica, sin una estrategia que fuera más allá de una táctica.

Y, ya sabes, una táctica no construye un movimiento. Se necesitan lugares en los que la gente pueda planear estrategias sobre cómo echar la bola a rodar. Ya sabes, al principio mencioné que esos tres elementos —la historia, la estrategia y la estructura— se necesitan para construir un movimiento, una organización.

La narrativa es "por qué" lo hacemos. Y luego la estrategia es cómo lo hacemos; no sólo una táctica, sino cómo, cuál es nuestra teoría del cambio. Cuál es nuestra teoría de cómo usar nuestros recursos para influir en esas fuentes del poder. Y luego, cuál es la estructura por medio de la cual estamos descubriendo todo esto y trabajando en ello. Así que ellos tenían problemas ahí. Ya sabes, la gente confunde estructura con opresión. Y Jo Freeman escribió un excelente texto, este...

¿La feminista?

La socióloga feminista [Jo Freeman]; el ensayo se llama "La tiranía de la falta de estructura", se lo doy a leer a todos mis alumnos, y en él ella argumenta que si crees que no tienes estructura, estás engañándote. Siempre que un grupo de personas se reúne crea una estructura. La diferencia es si es visible o invisible, si rinde cuentas o no, y si es abierta y legítima, o si está dividida en facciones y es personalista. Y así, eliges lo que quieres. Y creo que eso es honesto. Y así, rechazar la estructura es negarse a asumir la responsabilidad de gobernarnos a nosotros mismos.

Bueno, tú hablas del poder de las historias y, a lo largo de los últimos cuarenta años, la historia del libre mercado ha sido la historia triunfante en la cultura estadounidense.

De verdad lo es, ¿sabes? Y es poderosa, porque tiene una dimensión moral y tiene una dimensión política y tiene una dimensión económica. Es como si el mercado significara que todos somos libres de tomar nuestras propias decisiones, y eso es genial, porque queremos ser libres. Y todo se trata de decisiones.

Y políticamente, bueno, se basa en que la gente tome decisiones. Así que es democrático. Y en lo económico, bueno, todos sabemos que es eficiente, ¿cierto? Porque así funcionan los mercados. El problema es que cada una de esas afirmaciones está equivocada de manera fundamental, y es sobre todo un acto de fe. Digo, Harvey Cox escribió eso de que el mercado es Dios. Pero la gran pregunta es: ¿dónde está la alternativa para contrarrestar esa idea? Me parece que ése es un enorme desafío intelectual para nuestros tiempos. ¿Dónde está esa alternativa?

¿Necesitamos una nueva historia?
Necesitamos una nueva historia. Pero también una nueva manera de describir nuestros desafíos económicos y nuestros desafíos políticos, que haga hincapié no en esta idea de aquello con lo que compite cada individuo, de que cada otro individuo es la respuesta, sino en que la respuesta está en las formas en que cooperamos y colaboramos entre nosotros.

Ya sabes, Albert Hirschman, el economista del desarrollo, escribió un libro hace unos años, estoy seguro de que lo conoces: *Salida, voz y lealtad*. Y la idea es que, a ver, tienes una institución, y está metiendo la pata. Así que una manera de arreglarla es ejercer la voz. La otra manera es salir. Las soluciones de mercado son, todas, soluciones de salida.

Explícame eso.
Bueno, si no te gusta cómo funcionan las escuelas, sal de ahí y haz la tuya por aquí. Y así ejerces el poder de elección. No te gusta cómo funciona el sistema de salud, sal de ahí, haz el tuyo por aquí. Ahora, el único problema es que sólo puedes salir y hacer lo tuyo si tienes el dinero para eso. Y, entonces, el resultado es que creas estos sistemas paralelos, sistemas de élite, que, ya sabes, fragmentan el todo.

Lo público se empobrece cada vez más y creas estos pequeños guetos dorados de privilegio por todas partes. Y el enfoque es cómo encontrar soluciones de mercado, soluciones de mercado, mercado..., cuando deberíamos preguntarnos: ¿cómo encontrar maneras más eficaces de ejercer la voz?, ¿cómo podemos lograr deliberaciones públicas más efectivas?, ¿cómo podemos atraer más gente en el proceso?, ¿cómo podemos crear los lugares en los que la gente pueda aprender y deliberar entre sí?

¿Se puede llevar esto un paso más adelante o más allá del gobierno, hasta el liderazgo de otras instituciones, líderes empresariales, o de educación? Digo, ¿cómo escribimos una narrativa que los incluya en esta nueva historia de colaboración, de cooperación?

¿Sabes? El libro de Karl Polanyi, *La gran transformación*, escrito en 1941, dio en el clavo cuando mencionó que, si tienes un bien en el que el precio captura el valor, puedes "mercadearlo". Y si el precio no captura el valor, no puedes venderlo en el mercado.

Y cuando escribió, en 1941, se refería al trabajo y a la tierra.

Y trataba de explicar el problema del sistema de mercado abierto después de la primera Guerra Mundial, que había arrasado con todo tipo de estructuras sociales y abrió el camino al apogeo del fascismo en Europa. Digo, ése es el contexto en el que escribió. Estaba diciendo: "Se permitió que el sistema de mercado abierto fuera un solvente que lo corroyó todo".

Porque no respeta más valor que el valor del precio. Ahora, ¿cómo le pones precio a la educación? ¿Cómo le pones precio a la salud? ¿Cómo le pones precio al arte? Cuando ponemos precio a estas cosas, socavamos su valor. Por eso necesitamos iglesias. Por eso necesitamos escuelas cuyo valor no se base en un precio, sino en un entendimiento distinto, y que los recursos que generen no dependan de su valor monetario. Así que no sé. Hay potencial allá afuera. Pero creo que, de alguna manera, necesitamos entrar en este debate. Necesitamos entrar en esta discusión y que trate de algo realmente sustancial. Y no caer en eso de "Ay, estamos demasiado polarizados", o algo así. Necesitamos estar más polarizados, pero polarizados en torno a las cosas correctas.

¿Existe ese tipo de organización?

Hay muchas que son así. Tengo el privilegio de verlo, porque trabajo con gente joven. En el mundo de los inmigrantes, los soñadores han hecho cosas increíbles. Digo, ellos se encargan de la organización, las reuniones caseras, las conversaciones cara a cara, todas esas cosas buenas. ¿Sabes? El equipo de jóvenes organizadores salió de la campaña de Dean en 2003, en...

¿Howard Dean?[†]

Sí, por allá de 2003 o 2004, y ese gentío que, ya sabes, llegó con Obama y todo eso, de distintas formas. Pero trajeron buenas técnicas de organización a la política electoral, de una manera que había desaparecido. Todo había sido mercadotecnia. Todo era mercadotecnia. Y no es que la mercadotecnia no esté presente ahora.

[†] Político estadounidense, ya retirado, que fue gobernador del estado de Vermont entre 1991 y 2003. Participó en la elección por la candidatura del Partido Demócrata a la presidencia de Estados Unidos de 2004. Aunque no logró hacerse con la nominación del partido, su campaña fue pionera en la inclusión de trabajo de bases y financiamiento por medio de internet. [N. de las eds.]

Pero la confusión entre mercadotecnia y construcción de movimientos es muy grande. Y creo que ésa es una de las cosas en la que los grupos ambientalistas sí que se equivocaron. Creo que pensaron que podían influir en la legislación con mercadotecnia. Lo que quiero decir es que, por medio de encuestas y anuncios, podían hacer que los cambios que deseaban fueran aceptables para suficientes personas como para que, de ese modo, pudieran tener bases para lograr la legislación.

Ésa es una proposición de mercado. La construcción de movimientos ocurre cuando sabes que no tienes una mayoría. Lo que tienes que hacer es reunir suficientes bases para desarrollar el poder que necesitas para lograr lo que quieres. Así que lo que haces es involucrar a personas, que involucran a otras personas, que a su vez involucran a otras personas. Y así construyes un movimiento.

Si reflexionas sobre tu vida, ¿hay un núcleo? ¿Hay un denominador común?

Hay tres preguntas que planteó un erudito de Jerusalén del siglo I, el rabino Hillel, cuando le preguntaron "¿Cómo podemos entender lo que debemos hacer en el mundo?". Él respondió con tres preguntas. Lo primero es preguntarte: "Si no estoy para mí mismo, ¿quién estará para mí?". No es una pregunta egoísta, sino una pregunta introspectiva. Es como decir: "Pregúntate cómo eres, qué valoras, qué tienes que aportar, qué…". Pero luego, la segunda pregunta es: "Si sólo estoy para mí, ¿qué soy?". Ser un "quién" y no un "qué" es reconocer que estamos en el mundo en relación con otros, y que nuestra capacidad de hacer realidad nuestros objetivos está inextricablemente vinculada con la capacidad de otros para hacer realidad los suyos.

Y, por último, "Si no es ahora, ¿cuándo?". El momento para la acción siempre es ahora, porque, a menudo, sólo por medio de la acción podemos aprender lo que necesitamos aprender, a fin de ser capaces de actuar con eficacia en las formas que deseamos actuar. Y el hecho de que éstas sean preguntas también es muy importante para mí, porque sugiere que este trabajo, esta labor de organizar, de liderar, no es cosa de saber, es cosa de aprender.

Y se trata de preguntar y se trata de entender que es cuestión de lidiar con lo incierto. Se trata de sondear lo desconocido. No se trata de control. Se trata de aprender por medio de una experiencia con propósito. Y eso es, creo, lo que, en retrospectiva, he tratado de aprender, de enseñar, de hacer, de practicar: cómo ser esa clase de alumno y de maestro.

Marshall Ganz, espero con ansias el siguiente capítulo de esta narración. Gracias por compartir tu tiempo y tus ideas conmigo.

Gracias a ti, Bill, muchas gracias.

9. Discurso en El-Hibri

¡Gracias! ¡Buenas tardes!

Quiero agradecer a la Fundación El-Hibri, a Fouad y Nancy El-Hibri, al comité de premios, a Farhan Latif y a todos aquellos con quienes he trabajado, colaborado y aprendido. Y quiero agradecer a mis colegas premiados, Nadiah y Amar, con quienes es un honor compartir este momento.

Sobre todo, quiero agradecer a la comunidad musulmana estadounidense con la que he tenido el privilegio de trabajar los últimos ocho años, una comunidad rica en lo que el teólogo protestante Walter Brueggemann llama imaginación profética: capacidad crítica, una visión clara del sufrimiento del mundo, de su necesidad de cambio..., en combinación con esperanza, una noción de la promesa que entraña el mundo, de sus posibilidades. La crítica sin esperanza conduce a la desesperación. La esperanza sin crítica, a la autocomplacencia. Pero, combinadas, pueden generar la poderosa energía moral necesaria para efectuar un cambio profundo. Las fuentes de esa motivación son tres:

- *Inmigración:* alguien dijo una vez que Estados Unidos no tiene revoluciones, tiene inmigración. Las luchas de los recién llegados y sus hijos para abrirse camino en este país han sido un motor de cambio en el trabajo, la educación, la política, las empresas, la libertad. Y, conforme cada oleada de recién llegados lucha por salir adelante, el resultado ha sido la apertura de mejores oportunidades para todos.
- *Fe:* desde la fundación de este país, las tradiciones religiosas han sido un gran motor de cambio. Las negociaciones entre puritanos de Nueva Inglaterra y episcopales de Virginia, ninguno de los cuales lograba legitimar sus aspiraciones a ser una Iglesia de Estado, condujo a la separación de Iglesia y Estado que ha sido la base de nuestro pluralismo religioso. La fe ha sido fuente de inspiración para los grandes movimientos sociales que han impulsado el cambio en este país: el movimiento por la tem-

planza contra el consumo de alcohol, el movimiento antiesclavista, los movimientos sufragistas del siglo XIX, el movimiento por los derechos civiles en el siglo XX.

- *Las nuevas generaciones:* ya sea esta generación que está emergiendo, una más joven, o una que hace nuevos reclamos, la gente joven crece con una visión crítica del mundo y, por necesidad, con el corazón lleno de esperanza. Así que siempre ha habido una profunda afinidad entre el cambio generacional y el cambio social.

EL SIGNIFICADO DE LA EDUCACIÓN PARA LA PAZ

Es un honor especial que se me reconozca por mi labor en la educación para la paz. Pero debo decir que, desde la perspectiva de la seguridad laboral, parece haber poco riesgo de quedarme sin trabajo.

He tenido que pensar en esto. Me pregunté qué es la educación para la paz y cómo he estado haciéndola. Aunque ciertamente he creído que la paz es algo bueno, la mayor parte de mi trabajo ha tenido más que ver con la lucha, el poder y el cambio.

Explorando el significado de la palabra *paz*, he aprendido que viene del latín "estar de acuerdo". *Salaam*, o el hebreo *shalom*, tiene un significado más fuerte, que es estar seguro, en bienestar, en plenitud de vida. *Paz* no significa "ausencia de conflicto", sino, más bien, la presencia de plenitud, de armonía, de bienestar.

¿Y qué hay de la educación? Mi madre, que era maestra, y mi padre, que era rabino, se aseguraron de que yo entendiera que la raíz de la palabra *educación* es el latín *educare*: sacar *de,* no meter *en.* La misma palabra *enseñar* no se refiere a hablar, sino a mostrar. Y la raíz de la palabra árabe para maestro, *mu'allim*, equivale a "conocimiento". En otras palabras, un educador es alguien que comparte conocimiento sacando a la gente y dándole habilidades, y lo logra más mostrando que explicando, más con un "acompáñame en esto" que con un "ve a hacer esto".

Así pues, la educación debe ser la labor de habilitar a otros para que logren no sólo acuerdos, sino bienestar, plenitud.

ORGANIZACIÓN

Pero ¿puede haber este tipo de paz sin justicia? Y ¿puede lograrse la justicia sin lucha? El teólogo protestante Paul Tillich afirma que la lucha, en forma de poder, sí importa, pero que sin amor jamás puede ser justa. Por otro lado, el amor sin poder jamás podrá lograr la justicia. Y eso, en mi lenguaje, es de lo que trata la organización.

Organizar es una forma de liderazgo, una comprensión del liderazgo anclada en tres preguntas planteadas por el erudito de Jerusalén del siglo I, el rabino Hillel.

- *Si no estoy para mí mismo, ¿quién estará para mí?* Ésta no es una "pregunta egoísta", sino una "introspectiva". Si pretendemos liderar con integridad, necesitamos tener una comprensión clara de nuestros propios valores, recursos y aspiraciones.
- *Si sólo estoy para mí, ¿qué soy?* Ser un "quién" y no un "qué" es reconocer que vivimos en el mundo en relación con otros, y que nuestra capacidad para hacer realidad nuestros objetivos está ligada de manera inextricable con la capacidad de otros para hacer realidad los suyos.
- *Si no es ahora, ¿cuándo?* Esto no es un consejo para lanzarnos de un puente. Es reconocer el hecho de que raras veces podemos aprender lo que necesitamos para actuar de manera efectiva sin entrar en acción: el aprendizaje, por necesidad, surge de la acción, en vez de precederla.

Organizarse es una manera de ejercer esa forma de liderazgo que comienza con preguntar no "cuál es mi problema", sino "quiénes son mi gente", "cuál es el cambio que necesitan" y "cómo puedo darles la habilidad de convertir los recursos que poseen en el poder que necesitan para lograr ese cambio".

Sin embargo, mi trayectoria como organizador siempre tuvo un giro en cuanto a la respuesta a la pregunta de "quiénes son mi gente". Crecí en un contexto en el que siempre parecí ser un forastero. Era hijo de un rabino en la Alemania posterior a la segunda Guerra Mundial y la fiesta de mi quinto cumpleaños se celebró en un campamento de niños refugiados, donde tuve que dar regalos en vez de recibirlos, pues todos los padres habían desaparecido durante el Holocausto. Mientras el mío se desplazaba de congregación en congregación, en las pequeñas comunidades judías los servicios de los viernes por la noche siempre implicaban, para todos los demás, ver el futbol.

Pero también me enriquecí con el séder de la Pascua anual, en el que, mientras se comía, se contaba la historia del viaje de la esclavitud a la libertad. Me sentí fascinado por el personaje de Moisés: el judío era un egipcio que pertenecía a los oprimidos, pero fue criado en la casa del opresor; tras experimentar la ira del faraón, tuvo que huir al desierto (que es a donde se va a reflexionar en la Biblia) y encontró su vocación entre un tercer pueblo, los madianitas, como yerno del sacerdote Jetró, o Nebi Shieb.

En mi caso, fue en Misisipi donde encontré mi vocación. Me uní como voluntario al Mississippi Summer Project [Proyecto de Verano de Misisipi], también como forastero, para apoyar la labor de los organizadores afroestadounidenses, anclada en la tradición cristiana. Poco después de que se aprobara la Ley de Derechos Electorales de 1965 —la cual permitía exigir que los funcionarios de registro federales se hicieran cargo de los juzgados de Misisipi, cuyos funcionarios locales se habían negado, durante décadas, a registrar a los afroestadounidenses—, celebramos una pequeña reunión para decidir quién iría primero. La cabecera del condado se llamaba Liberty, donde un hombre que había tratado de registrarse tres años antes, Herbert Lee, había sido asesinado a tiros en la escalinata del juzgado, a manos del senador local. En nuestra reunión, los candidatos eran su hijo, Herbert, Jr., y Ben Faust, de 105 años, nacido en la esclavitud, quien tenía una misión por cumplir antes de morir: registrarse para votar. Al día siguiente, lo acompañé al juzgado, lo vi registrarse y me di cuenta de que podía fortalecer mi propia agencia al comprometerme con el desarrollo de la agencia de otros, haciéndolo en forma de acción. Y eso se llamaba organización. Y fue en California, trabajando en la comunidad mexicana con César Chávez, anclada en la Iglesia católica, que aprendí el oficio. Y sólo al regresar a la escuela aprendí que esa misma vocación podía conducirme a la docencia.

La noche de la primera sesión que celebramos aquí, en El-Hibri, sabía que estaba en el lugar correcto. Estábamos en una amplia sala en el segundo piso y justo antes de empezar a hablar noté un gran tapiz en la pared del fondo, que representaba el momento en que Moisés, o Nebi Musa, lanzó su cayado al piso, transformándolo en serpiente y confundiendo a los sacerdotes del faraón. Era, además, la primera noche de la Pascua judía. Y me di cuenta de que no había otro lugar donde prefiriera estar, no había otro trabajo que prefiriera hacer y no había otras personas con quienes prefiriera trabajar.

Para mí, la forma más rica de organización, o de educación para la paz, ha sido cruzar las barreras habituales, no para eliminarlas, sino para apreciar la energía, la belleza, y aprender lo que podemos ganar honrándolas.

Como está escrito: "Oh, humanidad, en verdad te hemos creado de hombre y de mujer, y hemos hecho pueblos y tribus para que lleguen a conocerse entre sí (y no detestarse)".

AMENAZADOS HOY: NACEN LOS NUEVOS ESTADOS UNIDOS

Por desgracia, vivimos en una época en la que algunos aspiran a encontrar seguridad detrás de los muros: en la homogeneidad, en lo predecible, en el pasado. Eso es vivir con miedo. Y lo que el mundo necesita más que seguridad es valentía, porque es en el coraje —corazones lo bastante fuertes para tratarse entre sí, aprender juntos y descubrir nuestra necesidad mutua— que podemos alcanzar realmente la paz.

Michelle Alexander lo dijo bien en *The New York Times*, el otro día.[†] No somos la resistencia. Donald Trump y sus aliados son la resistencia: se resisten al cambio, se resisten a la diversidad, se resisten al nuevo Estados Unidos que está naciendo, un Estados Unidos de creatividad, de diversidad, de posibilidades.

Ésta es la paz que anhelamos, pero se necesitará luchar para que

---

[†] Se refiere al artículo de Michelle Alexander, "We Are Not the Resistance", publicado el 21 de septiembre de 2018, recuperado de nytimes.com/2018/09/21/opinion/sunday/resistance-kavanaugh-trump-protest.html.

sea una paz justa. Y se necesitará aprendizaje para que sea una paz sabia. Y se necesitará amor para que sea una paz jubilosa.

Pero, sobre todo, se necesita esperanza.

Para mí, la enseñanza es una fuente de esperanza, una oportunidad no sólo de entablar una conversación con el futuro, sino de apoyar a la gente que hará realidad ese futuro. Por esto me siento tan agradecido de haber recibido la oportunidad de contribuir con la comunidad musulmana estadounidense, sus organizaciones y, sobre todo, su liderazgo emergente, que crece con una visión crítica, pero que representa el espíritu de la esperanza en su labor diaria.

Por favor, pónganse de pie todos aquellos con quienes he tenido la oportunidad de trabajar.

Y, por favor, pónganse de pie todos aquellos dispuestos a apoyar su labor.

Ésta es la esperanza, éste es el futuro, éste es el trabajo; la justicia es el objetivo, y la paz, la recompensa.

BENDICIÓN

Me gustaría concluir con una bendición de la Biblia hebrea, en el Libro de los Números, capítulo 6, versículo 22:

> El Señor haga resplandecer su rostro sobre ti, y tenga de ti misericordia;
> el Señor alce sobre ti su rostro, y ponga en ti paz.

III. Guías de trabajo

SOBRE ESTAS GUÍAS

Tus sugerencias para mejorar las siguientes guías para futuras capacitaciones son siempre bienvenidas. De la misma manera, te invitamos a usarlas y adaptarlas, sujetas a las restricciones señaladas a continuación.

Estas hojas de trabajo han sido desarrolladas en el transcurso de numerosas capacitaciones por Liz Pallatto, Joy Cushman, Jake Waxman, Dan Grandone, Devon Anderson, Rachel Anderson, Adam Yalowitz, Kate Hilton, Lenore Palladino, José Luis Morantes, Carlos Saavedra, Sean Thomas-Breitfeld, Shuya Ohno, Petra Falcon, Michele Rudy, Hope Wood, Josh Daneshforooz, Melanie Vant, Uyen Doan, Lucia Moritz, Abel R. Cano, Voop de Vulpillieres, Ana Babovic y muchos otros, así como por el personal de New Organizing Institute, Leading Change Network, MoveOn Organizers y Center for Community Change.

RESTRICCIONES DE USO

La siguiente obra se provee de conformidad con los siguientes términos y condiciones. El uso de estas guías constituye la aceptación de estos términos:

- Puedes reproducir y distribuir estas guías (pero ninguna otra parte del presente libro) de manera gratuita, pero no puedes venderla a terceros.
- No puedes eliminar las referencias de atribución en cuanto a la autoría (por ejemplo, "originalmente adaptado de las obras de Marshall Ganz de la Universidad de Harvard").
- Puedes modificar las guías siempre y cuando las referencias de atribución permanezcan y envíes cualquier modifica-

ción o actualización significativa a Leading Change Network o a su centro de recursos por medio del siguiente correo electrónico y sitio electrónico: info@leadingchangenetwork.org y leadingchangenetwork.org/resource-center-add-resource.

- De acuerdo con lo anterior, concedes una licencia irrevocable y libre de regalías a Marshall Ganz y a Leading Change Network, así como a sus sucesores, herederos, licenciatarios y concesionarios, para reproducir, distribuir y modificar los cambios y añadidos que hagas a las guías.
- Debes incluir una copia de estas restricciones en todas las reproducciones de estas guías y debes informar a quienes las reciban que están sujetos a las restricciones y obligaciones establecidas aquí.

Si tienes alguna pregunta acerca de estos términos, por favor contacta a Mais Irqsusi en este domicilio: Leading Change Network, 30 Bow Street, Cambridge, Massachusetts, 02138, o en el siguiente correo electrónico: mais.irqsusi@leadingchangenetwork.org.

O también puedes contactar a Marshall Ganz en este domicilio: Center for Public Leadership, Harvard Kennedy School, 79 JFK Street, Cambridge, Massachusetts, 02138, o en el siguiente correo electrónico: marshall_ganz@hks.harvard.edu.

10. Narrativa pública: el yo, el nosotros y el ahora

En esta guía de trabajo te enfocarás, principalmente, en tu historia del yo. No obstante, la narrativa pública no es primordialmente una forma de expresión del yo. Es un ejercicio de liderazgo que se practica motivando a otros a que se sumen a la acción, en nombre de un propósito compartido. Aunque esta guía de trabajo se enfoca en tu historia del yo, el objetivo es identificar las fuentes de tu llamado al propósito, eso con lo que llamarás a otros (historia del nosotros) a unirse contigo en la acción (historia del ahora). Recuerda: la narrativa pública requiere aprender un proceso, no escribir un guion (figura 10.1). Sólo se aprende narrando, escuchando, reflexionando y volviendo a narrar, una y otra y otra vez. Esto servirá para que comiences.

1] *Una historia del ahora:* ¿para qué desafío urgente esperas inspirar a otros a la acción? ¿Cuál es tu visión de una acción exitosa? ¿Cuál será la decisión que exhortarás a que tomen los miembros de tu comunidad —en este caso, tus compañeros de clase— para que tengan éxito al enfrentar este desafío? ¿Cómo pueden actuar en conjunto para lograr este resultado? Y, ¿cómo pueden comenzar ahora, en este momento? Describe este "ahora" en dos o tres oraciones.

2] *Una historia del nosotros:* ¿a qué valores, experiencias o aspiraciones de tu comunidad —en este caso, al menos, tus compañeros de clase— apelarás cuando los llames a que se te unan en la acción? ¿Qué historias compartes con ellos que puedan expresar estos valores? Describe este "nosotros" en dos o tres oraciones.

3] *Una historia del yo:* ¿por qué te sentiste llamado a motivar a otros a que se te unan en esta acción? ¿Qué historias puedes compartir que permitan a otros "entenderte"? ¿Cómo puedes habilitar a otros para experimentar las fuentes de los valores que te mueven no sólo a actuar, sino a liderar? Enfócate en esta sección y trata de identificar puntos de decisión clave que te ayuden a encaminarte.

CONTAR TU NARRATIVA PÚBLICA

¿Por qué las historias?

Las historias son la forma en que aprendemos a tomar decisiones. Las historias son la forma en que tenemos acceso a los recursos morales y emocionales que necesitamos para enfrentar de manera consciente lo incierto, lo desconocido y lo inesperado. Puesto que las historias hablan el lenguaje de la emoción, el lenguaje del corazón, no sólo nos enseñan cómo "debemos" actuar, sino que pueden inspirarnos el "coraje para" actuar. Y, como las fuentes de emoción en las que abrevan son nuestros valores, nuestras historias pueden ayudarnos a traducir nuestros valores en acción.

Una trama comienza cuando un protagonista que avanza hacia una meta deseada se topa con un acontecimiento inesperado, creándose así una crisis que cautiva nuestra curiosidad, decisiones que el protagonista toma en respuesta a esa crisis hacia un desenlace. Nuestra capacidad de identificarnos de manera empática con un protagonista nos permite entrar a la historia, sentir lo que el protagonista siente, ver las cosas a través de sus ojos. La moraleja, que se revela con la resolución, trae entendimiento a la cabeza y al corazón. Las historias nos enseñan cómo tener acceso a recursos morales para enfrentar decisiones difíciles, situaciones inusuales y resultados inciertos. Cada uno de nosotros es el protagonista de su propia historia de vida; enfrentamos retos en nuestra vida diaria, somos autores de nuestras decisiones y aprendemos de los resultados: la narrativa de lo que constituye lo que somos, nuestra identidad.

Al contar historias personales sobre los desafíos que hemos enfrentado, las decisiones que hemos tomado y lo que hemos aprendido de los resultados, nos volvemos más conscientes de nuestros propios recursos morales y, al mismo tiempo, compartimos nuestro saber para inspirar a otros. Como las historias nos permiten

FIGURA 10.1. Narrativa pública.

comunicar nuestros valores no como principios abstractos, sino como experiencia vivida, tienen el poder de mover a otras personas.

Las historias son específicas y visuales. Evocan un tiempo muy particular, un lugar, un contexto, humor, colores, sonidos, texturas, sabores. Mientras más comuniques esta especificidad visual, más poder tendrá tu historia para cautivar a otros. Esto podría parecer una paradoja, pero, como un poema o una pintura o una pieza musical, es la especificidad de la experiencia lo que nos da acceso al sentimiento o la reflexión universal que contiene.

Tal vez pienses que tu historia no importa, que a la gente no le interesa, que no deberías hablar de ti mismo. Pero, cuando haces trabajo público, tienes la responsabilidad de ofrecer una explicación pública de lo que eres, por qué haces lo que haces y a dónde esperas llegar. Si no eres autor de tu historia pública, otros lo serán, y tal vez no la cuenten de la manera que te gusta.

Una buena historia pública surge de la serie de puntos de decisión que han estructurado la "trama" de tu vida: los *retos* que enfrentaste, las *decisiones* que tomaste y los *resultados* que experimentaste.

- *Reto:* ¿por qué sentiste que era un reto? ¿Qué tuvo de desafiante? ¿Por qué fue *tu* reto?
- *Decisión:* ¿por qué tomaste la decisión que tomaste? ¿De dónde sacaste, o no, el coraje para hacerlo? ¿De dónde sacaste, o no, la esperanza? ¿Cómo quieres que nos sintamos?
- *Resultado:* ¿cómo sentiste el resultado? ¿Por qué se sintió así? ¿Qué te enseñó? ¿Qué quieres enseñarnos? ¿Cómo quieres que nos sintamos?

La historia que cuentas sobre por qué elegiste el camino que elegiste permite a otros tener una comprensión emocional e intelectual de tus valores, de por qué decidiste actuar de ese modo, de lo que pueden esperar de ti y de lo que pueden aprender de ti.

LA HISTORIA DEL AHORA

- ¿Qué "desafío" urgente puedes llamarnos a enfrentar?
- ¿Qué visión podríamos conseguir si actuamos?
- ¿Qué "acción" puedes llamarnos a realizar contigo?
- Por favor responde en no más de dos o tres oraciones.

Una *historia del ahora* es urgente; una urgencia basada en la amenaza o en la oportunidad: tiene la intención de inspirar a otros a dejar otras cosas y prestar atención; está anclada en los valores que celebras en tu historia del yo y del nosotros, pero supone un reto a esos valores. Contrasta una visión del mundo tal como será si no actuamos con el mundo como podría ser si actuamos, y nos llama a la acción.

- ¿Valoras honrar a aquellos que se sacrifican por su país? ¿El cuidado que reciben los veteranos que regresan cumple este criterio? Si no, ¿qué vas a hacer al respecto?
- ¿Valoras legarle un mundo habitable a la siguiente generación? ¿Las medidas que están tomándose para lidiar con el cambio climático cumplen este criterio? ¿Qué vas a hacer al respecto?
- ¿Valoras una sociedad en la que los individuos sólo son responsables de sí mismos y sus familias? ¿La sociedad está siendo so-

cavada por políticas públicas, grupos de interés y otros? ¿Qué vas a hacer al respecto?
- ¿Valoras el principio de que las instituciones poderosas, sobre todo si se benefician de apoyo público, tienen responsabilidades morales para con el público respecto a cómo usan su poder? ¿Cuáles? ¿Cómo? ¿Qué vas a hacer al respecto?
- ¿Valoras el matrimonio como unión legítima solamente entre un hombre y una mujer, un valor que está en riesgo debido a decisiones recientes de la corte? ¿Qué vas a hacer al respecto?
- ¿Valoras un trato igual ante la ley para todos los grupos raciales, religiosos y culturales? ¿Es el caso? Si no, ¿qué vas a hacer al respecto?

Los líderes que sólo describen un problema, pero no nos inspiran a actuar en conjunto para tratar de resolverlo, no son buenos liderando. Repasar una lista de "Cien cosas que puedes hacer para mejorar el mundo" es eludir el compromiso. Banaliza cada acción. Sugerir que todos trabajen en ello a su manera es ignorar la importancia del enfoque estratégico para superar la resistencia al cambio. Si te sientes llamado a enfrentar un desafío real, un desafío tan urgente que nosotros también nos sentimos motivados a enfrentarlo, tienes la responsabilidad de invitarnos a unirnos a ti en la posible acción. Una *historia del ahora* no es simplemente un llamado a estar a favor o en contra de algo —eso es una exhortación—; es un llamado a emprender una acción "esperanzadora". Eso implica claridad respecto a lo que sucederá si no actuamos, lo que podría pasar si actuamos y la acción con la que cada uno de nosotros podría comprometerse y que podría encaminarnos en una dirección clara aquí y ahora.

Por ejemplo, si me pides que "cambie un foco" para combatir el cambio climático, ¿de verdad crees que lo haré? ¿Sobre todo si es una de cien cosas que podría hacer o no hacer? Pero si me pides que me una a ti para persuadir a la Escuela Kennedy de cambiar todos sus focos firmando una petición estudiantil, te acompañe en una delegación para ver al decano y añada mi nombre a una lista pública de estudiantes que se han comprometido a cambiar los focos de sus casas, ¿cuáles crees que sean las probabilidades de éxito?

Una historia del ahora funciona si las personas se te unen en la acción.

HISTORIA DEL NOSOTROS

- ¿Quién es el "nosotros" al que llamarás a unirse a ti?
- ¿Qué valores motivadores comparten?
- ¿Qué experiencias han compartido?
- Por favor, responde en no más de dos o tres oraciones.

Todos somos parte de múltiples "nosotros": familias, religiones, culturas, comunidades, organizaciones y naciones en las que participamos con otros. ¿De qué comunidad, organización, movimiento, cultura, nación u otro grupo te consideras parte o con cuál estás conectado? ¿Con quién tienes un pasado compartido? ¿Con quién tienes un futuro común? ¿Participas en esta comunidad como resultado del "destino", de tu "elección" o de ambos? ¿Qué tan parecida o distinta de las experiencias de otros te parece tu propia experiencia? Una forma de establecer un "nosotros", una identidad compartida, es narrar historias compartidas, historias por medio de las cuales podemos expresar los valores que compartimos, así como las particularidades que conforman un "nosotros".

Tu reto en este curso es inspirar un "nosotros" entre tus compañeros, a quienes llamarás a unirse contigo en la acción motivados por valores compartidos a los que das vida narrando historias. Hay muchos "nosotros" entre tus compañeros, como los hay en cualquier comunidad. Tal vez piensen en sí mismos como un "nosotros" por haberse inscrito en esta clase, por lidiar con el reto de elegir clases, por haberse inscrito el mismo año, en el mismo programa; enfrentar retos familiares; recibir una carta de aceptación; encontrar el tiempo, dinero y espacio para asistir; experimentar cómo fue su llegada; compartir aspiraciones, antecedentes (experiencia de trabajo, religión, generación, etnia, cultura, nacionalidad, estatus familiar, etcétera), experiencias por asistir a clases aquí, compromisos con valores, aspiraciones profesionales, dilemas profesionales, entre otros. Tu reto es pensar en el "nosotros" al que puedes motivar para unirse a ti en la acción en nombre de un propósito en común.

Algunos de los "nosotros" a los que podrías invitar a tus compañeros a unirse son "nosotros" más amplios en los que quizá ya participes. Tal vez, por ejemplo, participes de manera activa en un movimiento ambientalista y podrías encontrar a otros compañeros que también lo hagan. Puedes estar activo en una comunidad religiosa, una organización de derechos humanos, una campaña política, una organización de apoyo, una asociación de inmigrantes, un sindicato, un grupo de exalumnos, etcétera. Algunos "nosotros" han existido, literalmente, desde hace miles de años —como las tradiciones religiosas— y otros desde hace pocos días. La mayoría de los "nosotros" con cierta antigüedad tiene historias sobre su fundación, los retos que enfrentaron sus fundadores, cómo los superaron, quién se unió a ellos y qué nos enseña eso sobre los valores de la organización.

Una historia del nosotros funciona si las personas se identifican unas con otras en nombre de los valores que las inspiran a actuar.

HISTORIA DEL YO

- ¿Cuáles son las fuentes de tu vocación?
- ¿Qué puntos de decisión cruciales puedes recordar?
- ¿Qué historias puedes contar sobre esos puntos de decisión?
- Por favor, usa la mayor parte de la página para responder estas preguntas.

Ahora reflexiona sobre las fuentes de tu motivación, tu llamado a liderar, los valores que te mueven a actuar. Toma un cuaderno, una grabadora, o ve con un amigo dispuesto a escucharte y describe los hitos y las experiencias que te han traído hasta este momento. Remóntate hasta donde puedas recordar.

Puedes empezar por tus padres. ¿Cómo llegaron a ser las personas que son? ¿Cómo influyeron sus decisiones en las tuyas? ¿Recuerdas algunas "historias familiares", quizá tan contadas que te has cansado de escucharlas? ¿Por qué contaban esas historias y no otras? ¿Cuál era la moraleja de esas historias? ¿Qué enseñaban? ¿Cómo te hacían sentir?

En tu propia vida, considera el propósito para el cual cuentas tu historia, enfócate en los retos que tuviste que enfrentar, las decisiones que tomaste para lidiar con ellos y las satisfacciones —o frustraciones— que experimentaste. ¿Qué aprendiste de los resultados y cómo te sientes al respecto hoy? ¿Qué te enseñó eso sobre ti mismo, sobre tu familia, sobre tus pares, sobre tu comunidad, sobre tu nación, sobre el mundo que te rodea, sobre la gente, sobre lo que de verdad te importa? ¿Qué hacía que esas historias fueran tan intrigantes? ¿Qué elementos ofrecían una perspectiva real de tu propia vida?

Si tienes dificultades, aquí hay unas preguntas para ayudarte a empezar. Esto *no* es un cuestionario. *No* debes responder las preguntas de manera individual. Son para ayudar a que los engranes de tu memoria empiecen a girar, de manera que puedas reflexionar sobre tu historia pública y contarla con brevedad e intencionalidad. No esperes incluir las respuestas a *todas* estas preguntas cada vez que cuentes tu historia. Son los ladrillos con los que pueden construirse muchas posibles historias; el objetivo, ahora mismo, es acomodarlos en hilera y ver cuál de ellos te inspira.

- ¿Qué recuerdos tienes de tu niñez que te vinculen con la gente, los lugares y los sucesos que valoras? ¿Cuáles son tus recuerdos favoritos? ¿Qué imágenes, sonidos o aromas en particular vienen a tu mente con esos recuerdos?
- Enumera todos los trabajos o proyectos en los que te hayas involucrado y que estén relacionados con esos valores (o no). Expláyate; incluye cosas como acampar en la naturaleza, servir en un grupo juvenil, ir a un mitin político, organizar un club cultural, experimentar un momento trascendente. Incluye clases que hayas tomado, proyectos que hayas liderado y trabajos que hayas hecho y que te conecten con tus valores. Nombra los últimos cinco libros o artículos que hayas leído (por voluntad propia), u obras teatrales o películas que hayas visto. ¿Qué conexión o tema puedes ver en todas tus selecciones? ¿Qué disfrutaste de esas cosas? ¿Qué dicen tus lecturas sobre ti?
- Algunos de los momentos que recuerdes podrían ser doloro-

sos a la vez que esperanzadores. La mayoría de las personas que quieren hacer del mundo un lugar mejor tienen historias de dolor que les enseñaron que el mundo necesita cambiar, e historias de esperanza que las convencieron de que es posible. Tal vez te hayas sentido excluido, menospreciado o impotente, o bien valiente, reconocido e inspirado. Asegúrate de abordar los momentos de "desafío" así como los momentos de "esperanza", y aprender a expresar esos momentos de formas que permitan a otros entender quién eres. Es la combinación de "crítica" y "esperanza" lo que crea la energía para el cambio.

- ¿Cuándo fue la última vez que pasaste un día haciendo lo que amas? ¿Qué cosa en particular te hizo querer usar ese día de esa manera? ¿Qué fue lo memorable de ese día? ¿Hay una imagen, sonido o aroma en específico en el que pienses cuando recuerdas ese día?
- ¿Qué factores hubo detrás de tu decisión de hacer carrera en el trabajo público? ¿Hubo presión para tomar diferentes decisiones? ¿Cómo lidiaste con las influencias en conflicto?
- ¿Quién fue la persona en tu vida que te presentó tu "llamado" o que te alentó a actuar? ¿Por qué crees que lo hizo? ¿Qué ejemplo te dieron tus padres? ¿Cuál fue el papel, si lo hubo, de una comunidad religiosa? ¿A quién admirabas?
- ¿A quién le das más crédito por tu involucramiento actual con el trabajo por tu causa? ¿Qué aspecto de su involucramiento en tu vida marcó una diferencia? ¿Por qué crees que fue importante que lo hiciera?

VINCULACIÓN

Al final se te pedirá que vincules tu historia del yo, tu historia del nosotros y tu historia del ahora en una sola narrativa pública.

Sin embargo, como verás, esto es un proceso iterativo y no lineal. Cada vez que cuentes tu historia, la adaptarás: para ser más claro, para adaptarte a un público distinto, para ubicarte en un contexto diferente. Conforme desarrolles una historia del nosotros, tal vez descubras que quieres alterar tu historia personal, sobre todo cuando comiences a ver con mayor claridad la relación entre ambas. De manera similar, conforme desarrolles una historia del ahora, tal vez descubras que afecta todo lo anterior. Y, cuando retrocedas para replantear lo anterior, tal vez descubras que altera tu historia del ahora.

No saldrás de esta clase con un "guion" final de tu narrativa pública, pero conocerás un proceso con el cual puedes desarrollar esa narrativa una y otra vez, donde, cuando y como lo necesites.

KENNEDY SCHOOL OF GOVERNMENT, 2013

11. Narrativa pública en acción

*Cuatro desafíos de liderazgo:
pérdida, poder, diferencia, cambio*

LIDERAZGO, NARRATIVA PÚBLICA Y AGENCIA

Las preguntas ¿qué estoy llamado a hacer?, ¿qué está llamada a hacer mi comunidad? y ¿qué estamos llamados a hacer ahora? son, al menos, tan viejas como las tres preguntas planteadas por el sabio de Jerusalén del siglo I, el rabino Hillel:

> Si no estoy para mí mismo, ¿quién estará para mí?
> Si sólo estoy para mí, ¿qué soy?
> Si no es ahora, ¿cuándo?

Liderar es aceptar la responsabilidad de habilitar a otros para que cumplan un propósito compartido en condiciones de incertidumbre.

La narrativa pública es una práctica de liderazgo: el oficio de narrar historias a fin de habilitar a otros para responder con agencia a momentos de disrupción; la capacidad emocional de tomar decisiones con conciencia. Practicamos la narrativa pública al aprender a contar una historia del yo para permitir que otros comprendan por qué estamos llamados a hacer lo que hacemos; una historia del nosotros les permite a otros experimentar los valores que compartimos, y una historia del ahora les permite tener acceso a esos valores para elegir con conciencia en respuesta a desafíos urgentes. Ahora pasamos a una comprensión más profunda, enfocándonos en desafíos de liderazgo más trascendentes, y quizá universales: habilitar a otros para lidiar con la pérdida, el poder y el cambio.

FIGURA 11.1. Narrativa pública.

Podemos aprender a movilizar los recursos emocionales incrustados en nuestros valores para responder a perturbaciones con eficacia en vez de duda, solidaridad en vez de aislamiento y esperanza en vez de miedo. De este modo, podemos transformar las amenazas de las que huimos en desafíos que podemos aceptar y habilitar a otros para que también lo hagan.

Todos somos narradores por naturaleza. Usamos historias para construir nuestras identidades individuales y colectivas, compartir experiencias que revelan los valores incrustados en esas identidades y tener acceso a los recursos morales para responder a los desafíos de un mundo incierto. La narración de historias nos permite hablar el "lenguaje de la emoción" para articular, comunicar y compartir los valores que nos mueven a actuar.

CUATRO DESAFÍOS DE LIDERAZGO:
PÉRDIDA, DIFERENCIA, PODER Y CAMBIO

Un *desafío de liderazgo* es un momento específico en el que tenemos la responsabilidad de habilitar a otros —nuestro "nosotros"—

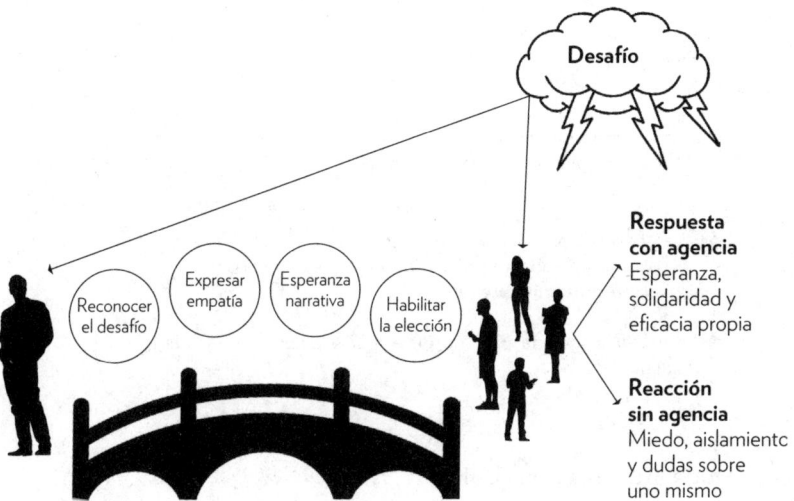

FIGURA 11.2. El puente empático.

para responder a perturbaciones con agencia en vez de reaccionar con miedo.

El *puente empático* es una forma en que podemos aprender a interactuar con otros cuando están recuperando su capacidad de tomar decisiones con conciencia. Está basado en el *respeto* por uno mismo y por los demás, los cimientos sobre los que se construye el puente empático. No se trata de sentir lástima por alguien, sino de honrar su dignidad. No se trata de menospreciarse a uno mismo. Se trata de acudir a los recursos propios, habilitar a otros para que acudan a los suyos. Y sabemos cómo se siente el respeto: es ser visto, ser escuchado y ser valorado.

El puente empático tiene cuatro elementos (figura 11.2):

- *Reconocer el desafío:* no lo ignores, no niegues su importancia ni le digas a la otra persona que "no se sienta mal". Estas palabras minimizan el dolor, el miedo o la ira reales. El respeto requiere que reconozcamos el dolor ajeno.
- *Ofrecer empatía pero no afirmarla*: no digas "sé cómo te sientes", porque no lo sabes. Por otro lado, puedes ofrecer tu propia experiencia. Ante la noticia de que a un ser querido de un amigo

> **Semana 1**
> # PÉRDIDA
>
> ✦ El **puente empático** reconoce que hay una pérdida, expresa empatía, narra una esperanza y "nos" permite hacer una elección
>
> ✦ Ejercer el liderazgo usando la narrativa para habilitar una **respuesta redentora** que haga frente a una **reacción contaminante**
>
> ✦ Habilitar la **agencia** en el "nosotros" que experimenta una pérdida

FIGURA 11.3. Semana 1: pérdida.

se le diagnosticó cáncer, muchas personas responden compartiendo una historia de su propia experiencia. Estar empáticamente disponible puede crear un espacio seguro en el que otros pueden experimentar validación para sus sentimientos.

- *Narrar la esperanza:* ¡no prometas que todo va a estar bien! Tal vez no sea así. Y, de todos modos, no puedes prometerlo. No prometas que algo salvará el día. Tenemos nuestras propias fuentes de esperanza en nuestra fe, relaciones o experiencias de vida. La esperanza vive en el espacio entre la certidumbre y la fantasía: lo posible, si no lo probable. Podemos sacar fuentes de esperanza de las experiencias de vida propias y ajenas. Podemos habilitar a otros —nuestro "nosotros"— para experimentar la capacidad de responder con agencia.
- *Ofrecer una elección:* cuando experimentamos un golpe profundamente disruptivo, podemos perder nuestro sentido de agencia o nuestra habilidad de elegir nuestro futuro. El último paso en el puente empático es la restauración del poder de elección. No se trata de decir a otros lo que harán ni lo que deben hacer. En vez de eso, significa ofrecer posibles decisiones que tu "nosotros" puede tomar ahora. Puede ser una decisión sobre cómo responder emocionalmente a lo que ha ocurrido. ¿Permitiremos que nos abrume a tal grado que debamos escondernos o

> **Semana 2**
> # DIFERENCIA
>
> ✳ Decidir cómo formar un **vínculo** con un "nosotros" para habilitar la **agencia**
>
> ✳ Decidir la **amplitud** o **estrechez** del vínculo con un "nosotros"
>
> ✳ Decidir cómo se crean los límites: **formación profunda** o **superficial** de los vínculos

FIGURA 11.4. Semana 2: diferencia.

descubriremos que podemos encontrar las fuentes de coraje y solidaridad para enfrentarlo?

Nos enfocamos en cuatro grandes desafíos de liderazgo: pérdida, diferencia, poder y cambio. Nos enfocamos en un momento muy específico en el que tú tuviste, o alguien más tuvo, que dar un paso adelante o un paso atrás para permitir que otros respondieran con agencia a una perturbación. ¿Qué dijiste? ¿Qué dijeron? Las palabras importan. Puesto que la realidad es compleja, cada una de estas perspectivas es sólo un lente con el que podemos enfocarnos en aspectos útiles de la realidad y no en una caja para contenerla.

A menudo, un momento singular de perturbación puede verse a través de múltiples lentes, cada uno de los cuales sugiere distintas maneras de responder. El cambio, por ejemplo, muchas veces implica pérdida o la diferencia implica poder. Usar distintos "lentes" para entender un momento de perturbación puede iluminar nuevas perspectivas, matices y conexiones que tal vez no hayas notado antes.

Comenzamos por preguntar cómo podemos crear una respuesta narrativa que habilite a otros para responder con agencia respecto a la experiencia de la pérdida. El psicólogo narrativo Dan

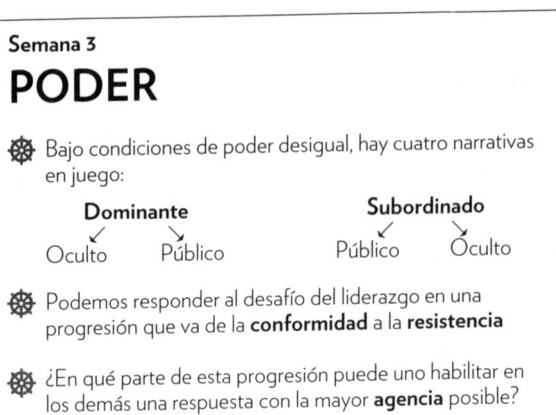

FIGURA 11.5. Semana 3: poder.

McAdams identifica dos formas en que la gente puede interpretar la experiencia de la pérdida. Una es *contaminativa:* la experiencia de la pérdida es tan dolorosa que se vuelve predictiva; las cosas buenas siempre se volverán malas, siempre seré una víctima, etcétera. McAdams llama a la otra forma de responder *redentora:* la pérdida es real, dolorosa y solitaria, pero también puede volverse una fuente de aprendizaje, crecimiento, descubrimiento y resiliencia.

A continuación, pasamos a la *diferencia:* la cuestión de qué tan amplia o estrechamente, o qué tan profunda o someramente vinculamos al "nosotros" con el cual interactuamos. La vinculación somera se basa más en múltiples tipos de experiencias compartidas como miembros de un grupo en particular. La vinculación amplia se basa en menos tipos de experiencia compartida, pero puede ser más inclusiva, como una escuela entera. Ninguna es "buena" o "mala". El objetivo es evocar valores compartidos por el "nosotros" para darle la habilidad de actuar con agencia. También podemos considerar la profundidad de la experiencia compartida en la que está arraigado nuestro "nosotros". Por ejemplo, podemos experimentar momentos de paternidad o maternidad de una manera muy profunda, sin importar que no se compartan ampliamente. También podemos experimentar la relación con nuestros

> **Semana 4**
> # PODER
>
> 🌸 Cuando ocurre un cambio podemos:
>
> **Reaccionar** con **miedo** o
> **Responder** con **esperanza**
>
> 🌸 Hay cuatro maneras de narrar un cambio:
> Rechazar el cambio | Acomodar el cambio   Vieja historia
> Adaptarse al cambio | Rechazar la continuidad   Nueva historia
>
> 🌸 ¿Qué narrativa habilita que un "nosotros"
> pueda responder con agencia?   la narrativa pública

FIGURA 11.6. Semana 4: cambio.

vecinos de manera muy somera, aunque se compartan muchas de estas experiencias.

El desafío de la *desigualdad de poder* ocurre en cualquier momento en que coincidan un dominador y un subalterno. Acudiendo a la obra del politólogo James Scott, distinguimos cuatro historias diferentes que se narran en un momento así: las historias públicas y ocultas del subalterno, y las historias públicas y ocultas del dominador. La pregunta es cómo podemos usar la narrativa para habilitar la agencia del subalterno, y a veces incluso la del dominador, en un espectro que va de la obediencia a la resistencia. ¿Cuándo y cómo elegimos obedecer o resistir? Elegir es cuestión de responder con agencia, en vez de simplemente reaccionar. El poder depende de la estrategia: ¿podemos convertir los recursos que poseemos en el poder que necesitamos para ganar? También se pueden tomar decisiones similares en el lado dominante.

Por último, con el *cambio,* preguntamos cómo los líderes pueden habilitarnos para responder con conciencia a un cambio disruptivo. Esto no se refiere al "cambio" que buscamos, sino al cambio que se nos impone. Consideramos cuatro posturas: 1] rechazar el cambio insistiendo en la vieja historia, 2] aceptar el cambio insistiendo en una nueva historia, 3] aceptar elementos del cambio en la medida en que puedan adaptarse a la vieja historia y

4] aceptar elementos de la vieja historia en la medida en que puedan adaptarse a la nueva.

Estos cuatro desafíos de liderazgo describen los tipos de perturbaciones que muchos hemos experimentado en nuestras vidas. Aquí las vemos como desafíos para el liderazgo: cómo podemos habilitar a otros (y no sólo a nosotros mismos) para responder con agencia.

PEDAGOGÍA: DIAGNOSTICAR, ANALIZAR, APRENDER

La pedagogía de la narrativa pública requiere que nos enfoquemos en momentos específicos; en este caso, momentos específicos de desafío al liderazgo. Para entender cómo podemos responder a dichos momentos, recurrimos a momentos (casos) específicos de desafío al liderazgo en nuestras vidas.

Cada caso describe un momento específico en el que participaste en un "nosotros" que enfrentó pérdida, diferencia, poder o cambio. Puesto que nos enfocamos en la narrativa, las palabras específicas de *lo que se dijo* son importantes. Para analizar el momento no necesitas ser quien tuvo la responsabilidad del liderazgo, pero sí tienes que haber estado presente. Puedes tomar casos de cualquier contexto personal, laboral o social en los que hayas participado. El análisis de casos personales puede ser muy útil para aprender a responder frente a perturbaciones en nuestras vidas profesionales (y viceversa). Al reflexionar sobre estos casos de nuestras vidas, y dar un lenguaje a la relación entre el yo y el nosotros, construimos nuestra capacidad de encontrar el sentido de estos desafíos de liderazgo y responder a ellos en el futuro.

Al hacer esto lograrás:

- *Diagnosticar* un desafío de liderazgo tomado de tu propia experiencia usando las herramientas de la narrativa pública para describir el desafío, quién estuvo involucrado y las distintas narrativas en juego.
- *Analizar* la respuesta del liderazgo a este desafío examinando las narrativas en términos de su intención, los valores que

expresaban y su efectividad para permitir la agencia del nosotros.
- *Aprender* las lecciones de liderazgo, derivadas del uso de la narrativa pública, que puedas incorporar a tu propia práctica.

AHONDAR EN NUESTRA COMPRENSIÓN DE LA NARRATIVA PÚBLICA

Mientras que aprender a contar una historia del yo, del nosotros y del ahora te proporciona una práctica de liderazgo fundamental, sobre todo para permitir que otros "entiendan" tu vocación, enfocarte en la pérdida, la diferencia, el poder y el cambio sirve para habilitar a otros para encontrar —a menudo entre ellos— los recursos emocionales necesarios para responder con agencia a perturbaciones graves. Aprendemos el oficio de la narrativa pública para acceder a los recursos motivacionales que necesitamos para habilitar a otros para responder con agencia a los desafíos urgentes. El oficio revela el poder incrustado en la experiencia de un momento singular que puede cambiar no sólo nuestras vidas, sino también las de otros.

Acerca de Leading Change Network

Leading Change Network (LCN) es una comunidad global dinámica especializada en las prácticas de *organización* cuyo objetivo es catalizar el poder de las personas y las comunidades hacia un mundo más justo, más sostenible y más democrático, sin importar fronteras ni generaciones.

Fundada en 2012 por Marshall Ganz y un grupo de organizadores, la red se ha convertido en una comunidad activa en más de 57 países, en donde se lideran campañas y se imparten talleres y cursos en más de 30 idiomas.

LCN busca desarrollar la capacidad de liderazgo para una organización comunitaria efectiva basada en:

- Enseñar organización por medio de cursos y talleres, y por medio de un centro de recursos con materiales en varios idiomas.
- Capacitar para la enseñanza y la adaptación de esta pedagogía.
- Ofrecer capacitación y *coaching* personalizados en narrativa pública, campañas, desafíos de liderazgo, adaptación y diseño de currículos, etc.
- Crear una comunidad global de las prácticas de organización con líderes interconectados para conseguir un aprendizaje y un empoderamiento mutuos.
- Documentar y compartir experiencias, casos de éxito, innovaciones, herramientas y aprendizajes de organización.
- Cultivar centros *(hubs)* temáticos y regionales para la organización.

Si deseas desarrollar tu capacidad de organización y ser parte de nuestra comunidad global, visita nuestro sitio electrónico, donde encontrarás más información sobre nuestros programas, recursos y membresías.

También puedes contactarnos por correo electrónico o en nuestras redes sociales:

- Página web: www.leadingchangenetwork.org
- Correo electrónico: info@leadingchangenetwork.org
- Facebook: /leadingchangenetwork19
- Twitter: @LeadingChangeNt
- LinkedIn: /leadingchangenetwork

SOBRE EL CENTRO DE RECURSOS DE
LEADING CHANGE NETWORK

Con la expansión global de la pedagogía de la organización, cada vez más educadores y organizadores están innovando, capacitando y adaptando estas prácticas de manera continua en una gran diversidad de contextos culturales, lingüísticos, religiosos, políticos e institucionales.

El centro de recursos del LCN es una colección diversa y multilingüe de recursos de organización, que comprende desde lecturas y guías de formación hasta casos de estudio, videos, gráficas, diapositivas y más.

El centro de recursos existe gracias a las generosas contribuciones de nuestra comunidad; si pones en práctica o adaptas esta pedagogía, agradeceremos que compartas tus recursos con la comunidad de LCN: son bienvenidas las contribuciones en cualquier idioma, formato y contexto.

Puedes visitar, explorar y compartir recursos en la página electrónica del centro de recursos de LCN: leadingchangenetwork.org/resource-center.

Referencias

INTRODUCCIÓN

Aiello, Emilia y Marshall Ganz (2020), *2020 Public Narrative Impact Survey Overview Report*, Cambridge (MA), Ash Center for Democratic Governance and Innovation, recuperado de ash.harvard.edu/files/ash/files/public_narrative_impact_survey.pdf?m=1626714440.

Ganz, Marshall (2000a), "Resources and Resourcefulness: Strategic Capacity in the Unionization of California Agriculture (1959-77)", *American Journal of Sociology*, vol. 105, núm. 4, pp. 1003-1062.

___ (2000b), *Five Smooth Stones: Strategic Capacity in the Unionization of California Agriculture*, Universidad de Harvard (tesis de doctorado).

1. EL PODER DE LAS HISTORIAS EN LOS MOVIMIENTOS SOCIALES

Amsterdam, Anthony G., y Jerome Bruner (2000), *Minding the Law: How courts rely on storytelling, and how their stories change the ways we understand the law - and ourselves*, Cambridge (MA), Harvard University Press.

Benford, Robert D. (1997), "An Insider's Critique of the Social Movement Framing Perspective", *Sociological Inquiry*, vol. 67, pp. 409-430.

Benford, Robert D., y David A. Snow (2000), "Framing Processes and Social Movements: An Overview and Assessment", *Annual Review of Sociology*, vol. 26, pp. 611-639.

Bologh, Gary (2000), "Learning from Populism: Narrative Analysis and Social Movement Consciousness", ponencia presentada en la reunión anual de la American Sociological Association (ASA), Washington D. C., agosto.

Bradt, Kevin M. (1997), *Story as A Way of Knowing*, Kansas City, Sheed and Ward.
Brueggemann, Walter (1978), *The Prophetic Imagination*, Minneapolis, Fortress Press.
Bruner, Jerome (1986), *Actual Minds: Possible Worlds*, Cambridge (MA), Harvard University Press.
___ (1990), *Acts of Meaning*, Cambridge (MA), Harvard University Press.
___ (1991), "The Narrative Construction of Reality", *Critical Inquiry*, vol. 18, núm. 1, pp. 1-21.
Carr, David (1986), *Time, Narrative, and History*, Bloomington, Indiana University Press.
Chong, Dennis (1991), *Collective Action and the Civil Rights Movement*, Chicago, University of Chicago Press.
Coleman, James S. (1990), *Foundations of Social Theory*, Cambridge (MA), Harvard University Press.
Davis, Joseph E. (2000), "Introduction: Social Change and the Problem of Identity", en Joseph E. Davis (ed.), *Identity and Social Change*, Nuevo Brunswick, Transaction.
___ (2002), "Narrative and Social Movements: The Power of Stories", en Joseph E. Davis (ed.), *Stories of Change: Narrative and Social Movements*, Nueva York, State University of New York Press.
El Malcriado (1965), "A Movement", *El Malcriado*, sin fecha.
Emirbayer, Mustafa, y Anne Mische (1998), "What Is Agency?", *American Journal of Sociology*, vol. 103, pp. 962-1023.
Franzosi, Roberto (1997), "Mobilization and Counter-mobilization Processes: from the red years (1919-1920) to the black years (1921-1922) in Italy", *Theory and Society*, vol. 26, pp. 275-304.
Gamson, William (1992), *Talking Politics*, Nueva York, Cambridge University Press.
Ganz, Marshall (2000a), "Resources and Resourcefulness: Strategic Capacity in the Unionization of California Agriculture (1959-1966)", *American Journal of Sociology*, vol. 105, núm. 4, pp. 1003-1062.
___ (2000b), *Five Smooth Stones: Strategic Capacity in the Unionization of California Agriculture*, Universidad de Harvard (tesis no publicada).

Gergan, Kenneth J., y Mary M. Gergan (2001), "Narratives of the Self", en Lewis P. Hinchman y Sandra K.Hinchman (eds.), *Memory, Identity, Community: The Idea of Narrative in the Human Sciences*, Albany, The State University of New York.

Hinchman, Lewis P., y Sandra K. Hinchman (eds.) (2001), *Memory, Identity, Community: The Idea of Narrative in the Human Sciences*, Albany, The State University of New York.

Hunt, Scott A. (2000), "Social Psychology and Narrative Concepts: Explaining Individual Movement Participation", en James A. Holstein y Gale Miller (eds.), *Perspectives on Social Problems*, vol. 12, Greenwich (CT), JAI Press, pp. 255-290.

___, y Robert D. Benford (1994), "Identity Talk in the Peace and Justice Movements", *Journal of Contemporary Ethnography*, vol. 22, núm. 4, pp. 488-517.

Jasper, James M. (1998), "The Emotions of Protest: Affective and Reactive Emotions in and Around Social Movements", *Sociological Forum*, vol. 13, núm. 3, pp. 397-424.

Kim, Hyojoung, y Peter. S. Bearman (1997), "The Structure and Dynamics of Movement Participation", *American Sociological Review*, vol. 62, febrero, pp. 70-93.

Levy, Jacques (1975), *Cesar Chavez: An Autobiography of La Causa*, Nueva York, Norton.

MacIntyre, Alasdair (1981), *After Virtue: A Study in Moral Theory*, Notre Dame (IN), University of Notre Dame Press.

___ (2001), "The Virtues, the Unity of a Human Life, and the Concept of a Tradition" en Lewis P. Hinchman y Sandra K. Hinchman (eds.), *Memory, Identity, Community: The Idea of Narrative in the Human Sciences*, Albany, The State University of New York.

McAdam, Doug, John D. McCarthy y Mayer N. Zald (1996), "Introduction: Opportunities, mobilizing structures, and framing processes - toward a synthetic, comparative perspective on social movements", en Doug McAdam, John D. McCarthy y Mayer Zald, *Contemporary Perspectives on Social Movements*, Nueva York, Cambridge University Press.

Medina, Eliseo (1998), entrevista con el autor, Los Ángeles (CA), agosto.

Munck, Gerardo L. (1995), "Actor Formation, Social Co-Ordination, and Political Strategy: Some Conceptual Problems in the

Study of Social Movements", *Sociology*, vol. 29, núm. 4, pp. 667-685.

Peterson, Jordan B. (1991), "Narrative and Self-Concept", *Journal of Narrative and Life History*, vol. 1, pp. 135-153.

___ (1999a), *Maps of Meaning: The Architecture of Belief*, Nueva York, Routledge [hay traducción al español: *Mapas de sentidos. La arquitectura de la creencia*, Barcelona, Ariel].

___ (1999b), "The Pragmatics of Meaning. The Semiotic Frontline", publicado en www.semioticon.com.

Polkinghorne, Donald E. (1988), *Narrative Knowing and the Human Sciences*, Albany, The State University of New York.

Polletta, Francesca (1998a), "Contending Stories: Narratives in Social Movements", *Qualitative Sociology*, vol. 21, núm. 4, pp. 419-446.

___ (1998b), "'It was little a fever...' - Narrative and Identity in Social Protest", *Social Problems*, vol. 45, núm. 2, mayo, pp. 137-159.

Ricœur, Paul (1995), *Figuring the Sacred: Religion, Narrative, and Imagination*, Minneapolis, Fortress Press.

Sarbin, Theodore R. (1995), "Emotional Life, Rhetoric and Roles", *Journal of Narrative and Life History*, vol. 5, pp. 213-220.

Somers, Margaret (1992), "Narrativity, Narrative Identity, and Social Action: Rethinking English Working Class Formation", *Social Science History*, vol. 16, pp. 591-629.

___ (1994), "The narrative constitution of identity: A relational and network approach", *Theory and Society*, vol. 23, pp. 605-649.

Steinberg, Marc W. (1999), "The Talk and Back Talk of Collective Action: A Dialogic Analysis of Repertoires of Discourse among 19th Century English Cotton Spinners", *American Journal of Sociology*, vol. 105, núm. 3, pp. 736-780.

Taylor, Charles (1989), *Sources of the Self*, Cambridge (MA), Harvard University Press [hay traducción al español: *Fuentes del yo. La construcción de la identidad moderna*, Barcelona, Paidós, 2012].

Teske, Nathan (1997), *Political Activists in America*, Nueva York, Cambridge University Press.

Wilson, James Q. (1995 [1974]), *Political Organizations*, Princeton (NJ), Princeton University Press.

2. CÓMO DAVID VENCIÓ A GOLIAT

Alinsky, Saul D. (1971), *Rules for Radicals*, Nueva York, Vintage.
Amabile, Teresa (1996), "A Theoretical Framework", en *Creativity in Context*, Boulder, Westview, pp. 81-130.
Bandura, Albert (1989), "Human Agency in Social Cognitive Theory", *American Psychologist*, vol. 44, núm. 9, pp. 1175-1184.
Bartunek, Jean M. (1993), "Multiple Cognition and Conflicts Associated with Second Order Organizational Change", en J. Keith Murnighan (ed.), *Social Psychology in Organizations*, Englewood Cliffs, Prentice-Hall, pp. 337-343.
Bernstein, Basil (1975), "Social Class, Language and Socialization", en *Class Codes and Control: Theoretical Studies towards Sociology of Language*, Nueva York, Schocken, pp. 170-189.
Bourdieu, Pierre (1984), *Distinction: A Social Critique of the Judgement of Taste*, Cambridge (MA), Harvard University Press [hay traducción al español: *La distinción. Criterio y bases del gusto*, México, Taurus, 2012].
Brown, Jerald (1972), *The United Farm Workers Grape Strike and Boycott, 1965-70*, Cornell University (tesis de doctorado), pp. 190-221.
Bruner, Jerome (1990), *Acts of Meaning*, Cambridge (MA), Harvard University Press.
Campbell, Donald T. (1960), "Blind Variation and Selective Retention in Creative Thoughts as in Other Knowledge Processes", *Psychological Review*, vol. 67, pp. 380-400.
Carlton-Ford, Steven (1992), "Charisma, Ritual, Collective Effervescence and Self-Esteem", *Sociological Quarterly*, vol. 33, núm. 3, pp. 365-388.
Chambers, Jack A. (1973), "Relating Personality and Biographical Factors to Scientific Creativity", *Psychological Monographs*, vol. 78, núm. 7, pp. 1-20.
Chandler, Alfred D. (1962), *Strategy and Structure: Chapters in the History of the American Industrial Enterprise*, Cambridge (MA), MIT Press.
Child, John (1972), "Organizational Structure, Environment and Performance: The Role of Strategic Choice", *Sociology*, vol. 6, núm. 1, pp. 1-22.

Chong, Dennis (1991), *Collective Action and the Civil Rights Movement*, Chicago, University of Chicago Press.

Clemens, Elisabeth (1996), "Organizational Form as Frame: Collective Identity and Political Strategy in the Labor Movement, 1880-1920", en Doug McAdam, John D. McCarthy y Mayer N. Zald (eds.), *Comparative Perspectives on Social Movements*, Nueva York, Cambridge University Press, pp. 205-226.

Cohen, Michael D., James G. March y Johan P. Olsen (1976), "A Garbage Can Model of Organizational Choice", *Administrative Science Quarterly*, vol. 17, pp. 1-25.

Collins, Randall (1981), "On the Microfoundations of Macrosociology", *American Journal of Sociology*, vol. 86, pp. 984-1013.

Conger, Jay A. y Rabindra N. Kanungo (1998), *Charismatic Leadership in Organizations*, Thousand Oaks, Sage.

Conti, Regina, Teresa M. Amabile y S. Pokkak (1995), "Problem Solving among Computer Science Students: The Effects of Skill, Evaluation Expectation and Personality on Solution Quality", artículo presentado en la reunión anual de la Eastern Psychological Association, Boston.

Dahrendorf, Ralf (1958), *Class and Class Conflict in Industrial Society*, Palo Alto, Stanford University Press.

Damanpour, Fariborz (1991), "Organizational Innovation: A Meta-Analysis of Effects of Determinants and Moderators", *Academy of Management Journal*, vol. 34, núm. 3, pp. 555-590.

Davis, Joseph E. (2002), "Narrative and Social Movements", en Joseph E. Davis (ed.), *Stories of Change: Narrative and Social Movements*, Albany, State University of New York Press.

Deci, Edward L. y Richard M. Ryan (1980), "The Empirical Exploration on Intrinsic Motivational Processes", *Advances in Experimental Social Psychology*, vol. 13, pp. 39-80.

DiMaggio, Paul (1997), "Culture and Cognition", *Annual Review of Sociology*, vol. 23, pp. 263-287.

Duncan, Robert B. (1973), "Multiple Decision-Making Structures in Adapting to Environmental Uncertainty: The Impact on Organizational Effectiveness", *Human Relations*, vol. 26, núm. 3, pp. 273-292.

Dunne, John Gregory (1967), *Delano: The Story of the California Grape Strike*, Nueva York, Farrar Straus & Giroux.

Durkheim, Émile (1964 [1915]), *Elementary Forms of Religious Life*, Nueva York, Macmillan, pp. 319-322 [hay traducción al español: *Las formas elementales de la vida religiosa*, México, FCE, 2012].

Eisenhardt, Kathy M. y Claudia Bird Schoonhoven (1990), "Organizational Growth: Linking Founding Team, Strategy, Environment, and Growth among U. S. Semiconductor Ventures, 1978-1988", *Administrative Science Quarterly*, vol. 35, pp. 504-529.

Emerson, Richard (1962), "Power-Dependence Relations", *American Sociological Review*, vol. 27, pp. 31-44.

Everett, Rogers (1995), *Diffusion of Innovations*, Nueva York, Macmillan, pp. 371-403.

Fisher, Lloyd H. (1953), *The Harvest Labor Market in California*, Cambridge (MA), Harvard University Press.

Gamson, William (1975), *The Strategy of Social Protest*, Belmont, Wadsworth, pp. 1-13 y 28-37.

Ganz, Marshall (2001), "The Power of Story in Social Movements", ponencia presentada en la reunión anual de la American Sociological Association [incluida en el capítulo "El poder de las historias en los movimientos sociales" de este volumen].

Gentner, Dedre (1989), "Mechanisms of Analogical Learning", en Stella Vosniadou y Andrew Ortony (eds.), *Similarity and Analogical Reasoning*, Cambridge, Cambridge University Press, pp. 199-239.

Gersick, Connie J. (1994), "Pacing Strategic Change: The Case of a New Venture", *Administrative Science Quarterly*, vol. 29, pp. 499-518.

Hackman, J. Richard y Richard Walton (1986), "Leading Groups in Organizations", *Designing Effective Work Groups*, San Francisco, Jossey-Bass, pp. 72-119.

Hall, Rodney Bruce (1997), "Moral Authority as a Power Resource", *International Organizations*, vol. 51, núm. 4, pp. 591-622.

Hamel, Gary (1996), "Strategy as Revolution", *Harvard Business Review*, vol. 74, núm. 69, pp. 69-78.

Heródoto (1972), *The Histories*, Londres, Penguin, pp. 551-555 [hay traducción al español: *Historia*, Barcelona, Gredos, 2016].

Hollander, Edwin P., y Lynn R. Offermann (1990), "Power and Leadership in Organizations: Relationships in Transition", *American Pscyhologist*, vol. 45, núm. 2, pp. 179-190.

House, Robert J., William D. Spangler y James Woycke (1991), "Personality and Charisma in the U.S. Presidency: A Psychological Theory of Leader Effectiveness", *Administrative Science Quarterly*, vol. 36, núm. 3, pp. 364-397.

Hutchins, Edwin (1991), "The Social Organization of Distributed Cognition", en Lauren B. Resnick, John M. Levine y Stephanie D. Teasley (eds.), *Perspectives on Socially Shared Cognition*, Washington D. C., American Psychological Association, pp. 283-307.

Jasper, James (1997), *The Art of Moral Protest: Culture, Biography, and Creativity in Social Movements*, Chicago, University of Chicago Press, pp. 69-99.

Jenkins, J. Craig (1985), *The Politics of Insurgency: The Farm Worker Movement in the 1960s*, Nueva York, Columbia University Press, pp. 137-144.

Jenkins, J. Craig y Charles Perrow (1977), "Insurgency of the Powerless: Farm Worker Movements in the U.S.", *American Sociological Review*, vol. 42, pp. 429-468.

Kasperson, Conrad J. (1978), "Psychology of the Scientist. Scientific Creativity: A Relationship with Information Channels", *Psychological Reports*, vol. 42, pp. 691-694.

Knocke, David y James R. Wood (1981), *Organized for Action: Commitment in Voluntary Associations*, Nuevo Brunswick, Rutgers University Press.

Lakoff, George y Mark Johnson (1980), "The Metaphorical Structure of the Human Conceptual System", *Cognitive Science*, vol. 4, pp. 195-208.

Langer, Ellen (1989), *Mindfulness*, Reading (MA), Addison-Wesley, pp. 115-171.

Levinthal, Daniel (1997), "Three Faces of Organizational Learning: Wisdom, Inertia, and Discovery", en Raghu Garud *et al.* (eds.), *Technological Innovation: Oversights and Foresights*, Cambridge, Cambridge University Press, pp. 167-180.

Lévi-Strauss, Claude (1962), *The Savage Mind*, Londres, Weidenfeld and Nicolson [hay traducción al español: *La mente salvaje*, México, FCE, 1964].

Levy, Jacques (1975), *Cesar Chavez: An Autobiography of La Causa*, Nueva York, Norton, p. 207.

Lewis, Kyle, Donald Lange y Lynette Gillis (2005), "Transactive Memory Systems, Learning, and Learning Transfer", *Organization Science*, vol. 16, núm. 6, pp. 581-598.

Lipsky, Michael (1968), "Protest as a Political Resource", *American Political Science Review*, vol. 62, núm. 48, pp. 1144-1158.

Lofland, John (1996), *Social Movement Organizations*, Nueva York, De Gruyter, pp. 190-191.

Lukes, Stephen (1974), *Power: A Radical View*, Londres, Macmillan.

MacKinnon, Donald W. (1965), "Personality and the Realization of Creative Potential", *American Psychologist*, vol. 20, núm. 4, pp. 273-281.

Majka, Theo J. y Linda C. Majka (1982), *Farm Workers, Agribusiness and the State*, Filadelfia, Temple University Press, pp. 429-468.

Mann, Michael (1986), *The Sources of Social Power, vol. 1: A History of Power from the Beginning to A.D. 1760*, Nueva York, Cambridge University Press, pp. 1-33.

March, James y Johan Olsen (1976), *Ambiguity and Choice in Organizations*, Bergen, Universeitetsforiaget.

Mathiessen, Peter (1969), *Sal Si Puedes. Cesar Chavez and the New American Revolution*, Nueva York, Dell.

McAdam, Doug (1983), "Tactical Innovations and the Pace of Insurgency", *American Sociological Review*, vol. 48, pp. 735-754.

McCleod, Poppy Lauretta y Sharon Alisa Lobel (1992), "The Effects of Ethnic Diversity on Idea Generation in Small Groups", ponencia presentada en la convención de la Academy of Management, Las Vegas.

Michels, Roberto (1962 [1911]), *Political Parties: A Sociological Study of Olicarchichal Tendencies of Modern Democracy*, Nueva York, Collier.

Moore, Mark (1995), *Creating Public Value: Strategic Management in Government*, Cambridge (MA), Harvard University Press.

Morin, Alexander (1952), *The Organizability of Farm Labor in the United States*, Cambridge (MA), Harvard University Press.

Morris, Aldon (1993), "Birmingham Confrontation Reconsidered: An Analysis of the Dynamics and Tactics of Mobilization", *American Sociological Review*, vol. 58, pp. 621-636.

Nelson, Eugene (1966), *Huelga: The First Hundred Days of the Delano Grape Strike*, Delano (CA), Farm Worker Press.

Nemeth, Charlan Jeanne (1986), "Differential Contributions of Majority and Minority Influences", *Psychological Review*, vol. 93, núm. 1, pp. 22-32.

Nemeth, Charlan Jeanne y Barry M. Staw (1989), "The Tradeoffs of Social Control and Innovation in Groups and Organizations", *Advances in Experimental Social Psychology*, vol. 22, pp. 722-730.

Oberschall, Anthony (1973), *Social Conflict and Social Movements*, Englewood Cliffs, Prentice-Hall.

Oliver, Christine (1988), "The Collective Strategy Framework: An Application to Competing Predictions of Isomorphism", *Administrative Science Quarterly*, vol. 33, núm. 4, pp. 543-561.

Oliver, Pamela E. y Gerald Marwell (1992), "Mobilizing Technologies for Collective Action", *Frontiers of Social Movement Theory*, New Haven, Yale University Press, pp. 251-272.

Osborn, Alex F. (1953), *Applied Imagination: Principles and Procedures of Creativity Thinking*, Nueva York, Scribner's.

Perrow, Charles (1986), *Complex Organizations: A Critical Essay*, Nueva York, McGraw-Hill.

Pfeffer, Jeffrey y Gerald Salancik (1978), *The External Control of Organizations: A Resource Dependence Perspective*, Nueva York, Harper and Row.

Pillai, Rajandini (1996), "Crisis and the Emergence of Charismatic Leadership in Groups: An Experimental Investigation", *Journal of Applied Social Psychology*, vol. 26, núm. 6, pp. 543-563.

Piore, Michael (1995), *Beyond Individualism*, Cambridge (MA), Harvard University Press.

Porter, Michael (1996), "Making Strategy", *Harvard Business Review*, vol. 74, núm. 6, pp. 61-77.

Powell, Walter W. (1988), "Institutional Effects on Organizational Structure and Performance", en Lynne G. Zucker (ed.), *Institutional Patterns and Organizations*, Cambridge (MA), Ballinger, pp. 115-136.

Rogers, Everett (1995), *Diffusion of Innovations*, Nueva York, Free Press.

Rosaldo, Renato (1989), *Culture and Truth: The Remaking of Social Analysis*, Boston, Beacon.

Ruscio, John, Dean Whitney y Teresa M. Amabile (1995), *How Do Motivation and Task Behaviors Affect Creativity? An Investigation in Three Domains*, Waltham, Brandeis University Press.

Salancik, Gary y Jeffrey Pfeffer (1977), "Who Gets Power and How They Hold on to It: A Strategic Contingency Model of Power", *Organizational Dynamics*, vol. 2, núm. 2, pp. 2-21.

Schelling, Thomas C. (1960), *The Strategy of Conflict*, Cambridge (MA), Harvard University Press.

Senge, Peter (1990), *The Fifth Discipline: The Art and Practice of the Learning Organization*, Nueva York, Doubleday.

Sewell, William (1996), "Three Temporalities: Toward and Eventful Sociology", en Terrence J. McDonald (ed.), *The Historic Turn in the Human Sciences*, Ann Arbor, University of Michigan Press, pp. 245-280

Simonton, Dean Keith (1988), "Creativity, Leadership and Chance", en Robert J. Sternberg (ed.), *The Nature of Creativity: Contemporary Psychological Perspectives*, Cambridge, Cambridge University Press, pp. 386-426.

Skocpol, Theda (1984), "Emerging Agendas and Recurrent Strategies", *Vision and Method in Historical Sociology*, Nueva York, Cambridge University Press, pp. 356-391.

___ (1985), "Bringing the State Back in: Strategies and Analysis in Current Research", en Peter B. Evans, Dietrich Rueschemeyer y Theda Skocpol (eds.), *Bringing the State Back*, Nueva York, Cambridge University Press, pp. 3-37.

Smelser, Neil J. (1962), *Theory of Collective Action*, Nueva York, Free Press, pp. 109-120.

Snow, David A. et al. (1986), "Frame Alignment Processes, Micromobilization, and Movement Participation", *American Sociological Review*, vol. 5, núm. 4, pp. 464-481.

Stark, Rodney y William Bainbridge (1985), *The Future of Religion: Secularization, Revival and Cult Formation*, Berkeley, University of California Press.

Strang, David y John Meyer (1994), "Institutional Conditions for Diffusion", *Institutional Environments and Organizations*, Thousand Oaks, Sage, pp. 100-112.

Swidler, Ann (1986), "Culture in Action: Symbols and Strategies", *American Sociological Review*, vol. 51, núm. 2, pp. 273-286.

Taylor, Charles (1989), *Sources of the Self*, Cambridge (MA), Harvard University Press.

Tilly, Charles (1978), *From Mobilization to Revolution*, Reading (MA), Addison-Wesley, pp. 52-97.

Turner, Michael (1966), *The Ritual Process: Structure and Anti-Structure*, Nueva York, Cornell University Press [hay traducción al español: *El proceso ritual. Estructura y antiestructura*, Madrid, Taurus, 1988].

Turner, Ralph y Lewis Killian (1987 [1972]), *Collective Behavior*, Englewood Cliffs, Prentice-Hall.

Tushman, Michael y Peter Murmann (1997), "Organization Responsiveness to Environmental Shock as an Indicator of Organizational Foresight and Oversight: The Role of Executive Team Characteristics and Organization Context", en Raghu Garud *et al.* (eds.), *Technological Innovation: Foresights and Oversights*, Nueva York, Cambridge University Press.

Utterback, James M. (1971), "The Process of Technological Innovation within the Firm," *Academy of Management Journal*, vol. 14, pp. 75-88.

Van de Ven, Andrew H. *et al.* (1999) *The Innovation Journey*, Nueva York, Oxford University Press, pp. 3-20, 125-148 y 149-180.

Von Hippel, Eric (1988), *The Sources of Innovation*, Nueva York, Oxford University Press.

Weber, Max (1946 [1920]), *From Max Weber. Essays in Sociology*, Nueva York, Oxford University Press, pp. 180-195.

___ (1958 [1905]), *The Protestant Ethic and the Spirit of Capitalism*, Nueva York, Scribner's [hay traducción al español: *La ética protestante y el espíritu del capitalismo*, México, FCE, 2011].

___ (1978 [1914]), *Economy and Society*, Berkeley, University of California Press [hay traducción al español: *Economía y sociedad*, México, FCE, 2014].

Weick, Karl E. (1979), *The Social Psychology of Organizing*, 2.ª ed., Reading (MA), Addison Wesley.

___ (1993), "Sensemaking in Organizations: Small Structures with Large Consequences", en J. Keith Murnighan (ed.), *Social Psychology in Organizations*, Englewood Cliffs, Prentice-Hall, pp. 10-37.

Zaltman, Gerald, Robert Duncan y Jonny Holbeck (1973), *Innovations and Organizations*, Nueva York, Wiley.

3. ORGANIZACIÓN

Bartlett, Jamie W. (ed.) (1996), *The future is ours: a handbook for student activists in the 21st century*, Nueva York, Henry Holt.
Bobo, Kim, Jackie Kendall y Steve Max (2001), *Organizing for social change*, Nueva York, Seven Locks.
Bronfenbrenner, Kate, Sheldon Friedman, Richard W. Hurd, Rudolph A. Oswald y Ronald L. Seeber (eds.) (1998), *Organizing to win: New Research on Union Strategies*, Nueva York, ILR Press.
Fisher, Robert (1994), *Let the People Decide: Neighborhood Organizing in America*, Nueva York, Macmillan.
Gardner, Howard (1989), *The Unschooled Mind: How Children Think and how Schools Should Teach*, Nueva York, Basic Books.
Gitlin, Todd (1989), *The Sixties. Years of Hope, Days of Rage*, Nueva York, Bantam Books.
Guinier, Lani, y Gerald Torres (2002), *The Miner's Canary: Enlisting Race, Resisting Power, Transforming Democracy*, Cambridge (MA), Harvard University Press.
Lewis, John (1998), *Walking with the Wind: A Memoir of the Movement*, Nueva York, Simon and Schuster.
Reed, Ralph (1994), *Politically Incorrect. The Emerging Faith Factor in American Politics*, Dallas, Word.
Shilts, Randy (1987), *And the Band Played On: Politics, People and the AIDS epidemic*, Nueva York, Penguin.
Smith, Jackie, Charles Chatfield y Ron Pagnucco (eds.) (1997), *Transnational Social Movements and Global Politics: Solidarity Beyond the State*, Nueva York, Syracuse University Press.
Takaki, Ronald (1989), *Strangers from a Different Shore: A History of Asian Americans*, Nueva York, Penguin.
Wood, Richard L. (2002), *Faith in Action: Religion, Race and Democratic Organizing in America*, Chicago, University of Chicago Press.

4. DIRIGIR EL CAMBIO: LIDERAZGO, ORGANIZACIÓN Y MOVIMIENTOS SOCIALES

Andrews, Kenneth T., Marshall Ganz, Matt Baggetta, Hahrie Han y Chaeyoon Lim (2007), "Leadership, Membership, and Voice: Civic Associations That Work", manuscrito inédito.

Anónimo (2004), "Exodus", en Robert Alter (ed.), *The Five Books of Moses: A Translation and Commentary*, Nueva York, Norton.

Argyris, Chris (1980), "Some Limitations of the Case Method: Experiences in a Management Development Program", *Academy of Management Review*, vol. 5, pp. 291-298.

Aristóteles (1941), *The Poetics*, Nueva York, Random House [hay traducción al español: *Poética de Aristóteles*, Madrid, Gredos, 1922].

___ (1941), *The Rhetoric*, Nueva York, Random House [hay traducción al español: *Retórica*, México, UNAM, 2019].

Barker, Colin, Alan Johnson y Michael Lavalette (2001), "Leadership Matters: An Introduction", en Colin Barker, Alan Johnson y Michael Lavalette (eds.), *Leadership and Social Movements*, Manchester, Manchester University Press, pp. 1-23.

Bird, Jeremy (2008), entrevista con el autor, Chicago, 8 de noviembre.

Blau, Peter (1964), *Exchange and Power in Social Life*, Nueva York, Wiley.

Brueggemann, Walter (2001), "The Alternative Community of Moses", en *The Prophetic Imagination*, Minneapolis, Fortress Press, pp. 1-19.

Bruner, Jerome (1986), "Two Modes of Thought", en *Actual Minds, Possible Worlds*, Cambridge (MA), Harvard University Press, pp. 11-25.

Candaele, Kelly y Peter Dreier (2008), "The Year of the Organizer", *American Prospect*, 1 de febrero.

Cialdini, Robert B. (2001), *Influence: Science and Practice*, Needham Heights, Allyn & Bacon.

Couto, Richard A. (1993), "Narrative, Free Space, and Political Leadership in Social Movements", *Journal of Politics*, vol. 55, núm. 1, pp. 57-79.

Diani, Mario (2000), "The Concept of Social Movement", en Kate

Nash (ed.), *Readings in Contemporary Political Sociology*, Nueva York, Blackwell Publishing, pp. 158-176.

Edmondson, Amy C., Richard M. Bohmer y Gary P. Pisano (2001), "Disrupted Routines: Team Learning and New Technology Implementation in Hospitals", *Administrative Science Quarterly*, vol. 46, pp. 685-716.

Eric Foner (1998), *The Story of American Freedom*, Nueva York, W.W. Norton.

Freeman, Jo (1972-1973), "The Tyranny of Structurelessness", *Berkeley Journal of Sociology*, vol. 17, pp. 151-164.

Gamson, William A. (1992), *Talking Politics*, Nueva York, Cambridge University Press.

Ganz, Marshall (2000), "Resources and Resourcefulness: Strategic Capacity in the Unionization of California Agriculture (1959-1967)", *American Journal of Sociology*, vol. 105, núm. 4, pp. 1003-1062.

___ (2000), "Resources and Resourcefulness", pp. 1003-1062.

___ (2002), "What Is Organizing?", *Social Policy*, vol. 33, pp. 16-17.

___ (2003), *Public Leadership Project*, Cambridge (MA), Harvard University Press.

___ (2004), "Why David Sometimes Wins: Strategic Capacity in Social Movements", en David M. Messick y Roderick M. Kramer (eds.), *Psychology of Leadership: New Perspectives and Research*, Mahwah, L. Erlbaum Press.

___ (2006), "'Left Behind': Social Movements, Parties, and the Politics of Reform", ponencia presentada en la reunión anual de la American Sociological Association, Montreal, agosto.

Ganz, Marshall, y Ruth Wageman (2008), "Leadership Development in a Civic Organization: Multi-level Influences on Effectiveness" (ponencia en proceso de escritura), Cambridge (MA), Harvard Kennedy School of Government.

Gecan, Mike (2004), "Three Public Cultures", *Going Public: An Organizer's Guide to Citizen Action*, Nueva York, Anchor, pp. 151-166.

Gersick, Connie (1994), "Pacing Strategic Change: The Case of a New Venture", *Academy of Management Journal*, vol. 37, núm. 1, pp. 9-45.

Gladwell, Malcolm (1999), "Six Degrees of Lois Weisberg", *The New Yorker*, 11 de enero, pp. 52-63.

Goffman, Erving (1956), *The Presentation of Self in Everyday Life*, Nueva York, Doubleday [hay traducción al español: *La presentación de la persona en la vida cotidiana*, Buenos Aires, Amorrortu, 2001].

Gould, Stephen Jay (1987), *Time's Arrow, Time's Cycle: Myth and Metaphor in the Discovery of Geological Time*, Cambridge (MA), Harvard University Pres [hay traducción al español: *La flecha y el ciclo del tiempo. Mito y metáfora en el descubrimiento del tiempo geológico*, México, FCE, 2020].

Granovetter, Mark (1973), "The Strength of Weak Ties", *American Journal of Sociology*, vol. 78, núm. 6, pp. 1360-1379.

Hackman, J. Richard (1977), "Designing Work for Individuals and for Groups", en J. Richard Hackman, Edward E. Lawler y Lyman W. Porter (eds.), *Perspectives on Behavior in Organizations*, Nueva York, McGraw-Hill, pp. 242-257.

Hackman, J. Richard y Ruth Wageman (2005), "When and How Team Leaders Matter", *Research in Organizational Behavior*, vol. 26, pp. 39-76.

Hammack, Phillip L. (2008), "Narrative and the Cultural Psychology of Identity", *Personality and Social Psychology Review*, vol. 12, núm. 3, pp. 222-247.

Heaney, Seamus (1991), *The Cure at Troy*, Nueva York, Farrar, Straus, and Giroux.

Heifetz, Ronald (1998), *Leadership Without Easy Answers*, Cambridge (MA), Harvard University Press.

Jenkins, J. Craig y Robert J. Brulle (2003), *Foundation Funding for Environmental Advocacy* (proyecto apoyado por el Nonprofit Sector Research Fund), Washington D. C., Aspen Institute.

King Jr., Martin Luther (1963), "I Have a Dream", discurso pronunciado en Washington D. C., 28 de agosto.

Knoke, David y David Prensky (1984), "What Relevance Do Organization Theories Have for Voluntary Associations?", *Social Science Quarterly*, vol. 65, pp. 3-20.

Kozlowski, Steve W. J., Stanley M. Gully, Eduardo Salas y Janis A. Cannon-Bowers (1996), "Team Leadership and Development: Theories, Principles, and Guidelines for Training Team Leaders and Teams", en Michael M. Beyerlein, Douglas A. Johnson y Susan T. Beyerlein (eds.), *Advances in Interdisciplinary Study of Work Teams, Team Leadreship*, vol. 3, Greenwich, JAI Press, pp. 253-291.

MacGillis, Alec (2008), "Obama Camp Relying Heavily on Ground Effort", *The Washington Post*, 12 de octubre, p. A 04.

Macintyre, Alasdair (2001), "The Virtues, the Unity of a Human Life, and the Concept of a Tradition", en Lewis P. Hinchman y Sandra K. Hinchman (eds.) *Memory, Identity, Community: The Idea of Narrative in the Human Sciences*, Albany, The State University of New York, pp. 241-263.

Marcus, George E. (2002), *The Sentimental Citizen*, University Park, Penn State University Press.

Max, Gary T. y Doug McAdam (1993), "Collective Behavior in Oppositional Settings: The Emerging Social Movements", en *Collective Behavior and Social Movements*, Englewood Cliffs, Prentice-Hall.

McAdam, Doug (1982), *Political Process and the Development of Black Insurgency, 1930-1970*, Chicago, University of Chicago Press.

McAdams, Dan P. y Philip J. Bowman (2001), "Narrating Life's Turning Points: Redemption and Contamination", en Dan P. McAdams, Ruthellen Josselson y Amia Lieblich (eds.), *Turns in the Road: Narrative Studies of Lives in Transition*, Washington D. C., American Psychological Association, pp. 3-34.

Michels, Robert (1959), *Political Parties*, Nueva York, Dover.

Milne, Paul (2005), entrevista con el autor, julio.

Morris, Aldon (1986), *The Origins of the Civil Rights Movement: Black Communities Organizing for Change*, Chicago, The Free Press.

Morris, Aldon D. y Suzanne Staggenborg (2004), "Leadership in Social Movements", en David A. Snow, Sarah A. Soule y Hanspeter Kriesi (eds.), *The Blackwell Companion to Social Movements*, Malden, Blackwell Publishing, pp. 171-198.

Nepstad, Sharon y Christian Smith (1999), "Rethinking Recruitment to High-Risk/Cost Activism: The Case of Nicaragua Exchange", *Mobilization: An International Quarterly*, vol. 4, núm. 1, pp. 25-40.

Nussbaum, Martha (2001), *Upheavals of Thought: The Intelligence of Emotions*, Nueva York, Cambridge University Press [hay traducción al español: *Paisajes del pensamiento. La inteligencia de las emociones*, Barcelona, Paidós, 2001].

Oliver, Pamela E. y Gerald Marwell (1988), "Mobilizing Technologies for Collective Action", en Aldon D. Morris y Carol McClurg Mueller (eds.), *Frontiers in Social Movement Theory*, New Haven, Yale University Press, pp. 251-271.

Polletta, Francesca (2006), "Ways of Knowing and Stories Worth Telling", en *Was Like a Fever: Storytelling in Protest and Politics*, Chicago, University of Chicago, pp. 109-140.

Putnam, Robert (1994), "Social Capital and Institutional Success", *Making Democracy Work: Civic Traditions in Modern Italy*, Princeton (NJ), Princeton University Press, pp. 163-185.

Rochon, Thomas (1998), *Culture Moves: Ideas, Activism, and Changing Values*, Princeton (NJ), Princeton University Press.

Rothschild-Whitt, Joyce (1979), "The Collectivist Organization: An Alternative to Rational-Bureaucratic Models", *American Sociological Review*, vol. 44, núm. 4, pp. 509-527.

Schiflett, Kathy L. y Mary Zey (1990), "Comparison of Characteristics of Private Product Producing Organizations and Public Service Organizations", *Sociological Quarterly*, vol. 31, núm. 4, pp. 569-583.

Scott, James C. (1977), *The Moral Economy of the Peasant: Rebellion and Subsistence in Southeast Asia*, New Haven, Yale University Press.

Seligman, Martin E. P. y Mihaly Csikszentmihaly (2000), "Positive Psychology: An Introduction", *American Psychologist*, vol. 55, pp. 5-14.

Shakespeare, William, *Henry V*, acto IV, escena 3 [hay traducción al español: *Enrique V*, en *Obra completa III. Dramas históricos*, México, Penguin Random House, 2015].

Simmons, Ian (1998), "On One-to-Ones", *The Next Steps of Organizing: Putting Theory into Action*, Seminario 91r de Sociología, Universidad de Harvard.

Sitkin, Sam (1992), "Learning Through Failure: The Strategy of Small Losses", *Research in Organizational Behavior*, vol. 14, pp. 231-256.

Skocpol, Theda (2003), "From Membership to Management", en *Diminished Democracy*, Norman, University of Oklahoma Press, pp. 127-174.

Skocpol, Theda, Marshall Ganz y Ziad Munson (2000), "A Nation of Organizers: The Institutional Origins of Civic Voluntarism in the United States", *American Political Science Review*, vol. 94, núm. 3, pp. 527-546.

Smith, David Horton (2000), *Grassroots Associations*, Thousand Oaks, Sage.

Somers, Margaret (1992), "Narrativity, Narrative Identity, and Social Action: Rethinking English Working Class Formation", *Social Science History*, vol. 16, pp. 591-629.

___ (1994), "The Narrative Constitution of Identity: A Relational and Network Approach", *Theory and Society*, vol. 23, pp. 605-649.

Stirland, Sarah Lai (2008), "Obama's Secret Weapons: Internet, Databases and Psychology", *Wired*, 29 de octubre.

Taylor, Charles (1989), *Sources of the Self: The Making of Modern Identity*, Cambridge (MA), Harvard University Press.

Tulving, Endel (2002), "Episodic Memory: From Mind to Brain", *Annual Review of Psychology*, vol. 53, pp. 1-25.

Wageman, Ruth (1995), "Interdependence and Group Effectiveness", *Administrative Science Quarterly*, vol. 40, pp. 145-180.

Walker, Adrian (2009), "Transcending Race, Class", *The Boston Globe*, 27 de mayo.

Walton, Richard (1985), "From Control to Commitment in the Workplace", *Harvard Business Review*, vol. 63, núm. 2, pp. 77-84.

Weber, Max (1946), *From Max Weber: Essays in Sociology*, Nueva York, Oxford University Press.

Wilson, James Q. (1973), *Political Organizations*, Nueva York, Basic Books.

6. HABLANDO DE PODER
(TEXTO DEL PROYECTO GETTYSBURG)

Bourdieu, Pierre (1986), "The Forms of Capital", en John. Richardson (ed.), *Handbook of Theory and Research for the Sociology of Education*, Nueva York, Greenwood, pp. 241-258.

Emerson, Richard M. (1962), "Power-Dependence Relations", *American Sociological Review*, vol. 27, pp. 31-41.

Gaventa, John (1982), *Power and Powerlessness: Quiescence and Rebellion in an Appalachian Valley*, Urbana y Chicago, University of Illinois Press.

Lipset, Seymour Martin, Martin A. Trow y James S. Coleman (1956), *Union Democracy: The Internal Politics of the International Typographical Union*, Garden City (NY), Anchor Books.

Loomer, Bernard (1976), "Two Conceptions of Power", *Process Studies*, vol. 6, núm. 1, pp. 5-32.

Lukes, Steven (1974), *Power: A Radical View*, Nueva York, Macmillan.

Mann, Michael (1986-2013), *Sources of Social Power*, vols. 1-4, Nueva York, Cambridge University Press.

Michels, Robert (1915), *Political Parties*, Nueva York, Crowell-Collier.

Schattschneider, Elmer E. (1975), *The Semi-Sovereign People: A Realist's View of Democracy*, Nueva York, Cengage.

Skocpol, Theda (1992), *Protecting Soldiers and Mothers: The Origin of the America Welfare State*, Cambridge (MA), Harvard University Press.

Skocpol, Theda, Marshall Ganz y Ziad Munson (2000), "A Nation of Organizers: The Institutional Origins of Civic Voluntarism in the United States, *The American Political Science Review*, vol. 94, núm. 3, pp. 527-546.

Tocqueville, Alexis de (s/f), *Democracy in America*, vol. II, sección 2, capítulo VIII [hay traducción al español: *La democracia en América*, México, FCE, 2019].

Weber, Max (1958 [1887]), "Class, Status and Party", en Hans Heinrich Gerth y Charles Wright Mills (eds.), *From Max Weber*, Nueva York, Oxford University Press.

Wilson, James Q. (1974), *Political Organizations*, Princeton (NJ), Princeton University Press.

7. ORGANIZANDO A OBAMA: CAMPAÑA, ORGANIZACIÓN Y MOVIMIENTO

Andrews, Kenneth T., Marshall Ganz, Matt Baggetta, Hahrie Han y Chaeyoon Lim (2010), "Leadership, Membership, and Voice: Civic Associations That Work", *American Journal of Sociology*, vol. 115, núm. 4, pp. 1191-1242.

Bird, Jeremy (2008), "New Forms of Political Organizing", entrevista en el Berkman Center for Internet and Society, Universidad de Harvard, 10 de diciembre.

Candaele, Kelly y Peter Dreier (2008), "The Year of the Organizer", *American Prospect*, 1 de febrero.

Diani, Mario (2000), "The Concept of Social Movement", en Kate Nash (ed.), *Readings in Contemporary Political Sociology*, Nueva York, Blackwell Publishing, pp. 158-176.

Fisher, Dana (2006), *Activism, Inc.: How the Outsourcing of Grassroots Campaigns is Strangling Progressive Politics in America*, Stanford, Stanford University Press.

Foner, Eric (1998), *The Story of American Freedom*, Nueva York, W.W. Norton.

Freeman, Jo (1972-1973), "The Tyranny of Structurelessness", *Berkeley Journal of Sociology*, vol. 17, pp. 151-164.

Ganz, Marshall (2003), "Public Leadership Project", curso dictado en la Universidad de Harvard.

___ (2006), "'Left Behind': Social Movements, Parties, and the Politics of Reform", ponencia presentada en la reunión anual de la American Sociological Association, Montreal, agosto.

___ (2008), "What is Public Narrative?" (manuscrito), Cambridge (MA), Harvard Kennedy School.

___ (2009), "Introduction", en *Why David Sometimes Wins: Leadership, Organization and Strategy in the California Farm Worker Movement*, Nueva York, Oxford University Press [incluido en este volumen en el capítulo "Cómo David venció a Goliat"].

___ (2009), "Leading Change: Leadership, Organization, and Social Movements", en Nitin Nohria y Rakesh Khurana (eds.), *Handbook of Leadership Theory and Practice*, Harvard Business Press, pp. 509-550 [incluido en el capítulo "Dirigir el cambio: liderazgo, organización y movimientos sociales" de este volumen].

Ganz, Marshall y Ruth Wageman (2008), "Sierra Club Leadership Development Project", reporte final, 8 de mayo.

Gecan, Mike (2004), "Three Public Cultures", en *Going Public: An Organizer's Guide to Citizen Action*, Nueva York, Anchor, pp. 151-166.

Gerber, Alan y Donald P. Green (2000), "The Effects of Personal Canvassing, Telephone Calls, and Direct Mail in Voter Turnout: A Field Experiment", *American Political Science Review*, vol. 94, pp. 653-664.

Hackman, J. Richard y Greg R. Oldham (1980), *Work Redesign*, Reading (MA), Addison-Wesley.

Heifetz, Ronald (1998), *Leadership without Easy Answers*, Cambridge (MA), Harvard University Press.

Hitlin, Steven y Jane Allyn Piliavin (2004), "Values: Revising a Dormant Concept", *Annual Review of Sociology*, vol. 30, pp. 359-393.

Knoke, David y David Prensky (1984), "What Relevance Do Organization Theories Have for Voluntary Associations?", *Social Science Quarterly*, vol. 65, pp. 3-20.

Max, Gary T. y Doug McAdam (1993), "Collective Behavior in Oppositional Settings: The Emerging Social Movement", en *Collective Behavior and Social Movements*, Englewood Cliffs, Prentice-Hall.

Obama, Barack (1995), *Dreams from My Father: A Story of Race and Inheritance*, Nueva York, Three Rivers Press [hay traducción al español: *Los sueños de mi padre: una historia de raza y herencia*, Barcelona, Debate, 2009].

___ (2006), *The Audacity of Hope: Thoughts On Reclaiming the American Dream*, Nueva York, Random House [hay traducción al español: *La audacia de la esperanza. Reflexiones sobre cómo restaurar el sueño americano*, Madrid, Penguin Random House, 2019].

Putnam, Robert (1994), "Social Capital and Institutional Success", en *Making Democracy Work*, Princeton (NJ), Princeton University Press, pp. 163-185.

Rochon, Thomas (1998), *Culture Moves: Ideas, Activism, and Changing Values*, Princeton (NJ), Princeton University Press.

Rothschild-Whitt, Joyce (1979), "The Collectivist Organization: An

Alternative to Rational-Bureaucratic Models", *American Sociological Review*, vol. 44, núm. 4, pp. 509-527.

Schiflett, Kathy L. y Mary Zey (1990), "Comparison of Characteristics of Private Product Producing Organizations and Public Service Organizations", *The Sociological Quarterly*, vol. 31, núm. 4, pp. 569-583.

Simmons, Ian (1998), "On One-to-Ones", *The Next Steps of Organizing: Putting Theory into Action*, Seminario 91r de Sociología, Universidad de Harvard.

Skocpol, Theda, Marshall Ganz y Ziad Munson (2000), "A Nation of Organizers: The Institutional Origins of Civic Voluntarism in the United States", *The American Political Science Review*, vol. 94, núm. 3, pp. 527-546.

Smith, David Horton (2000), *Grassroots Associations*, Thousand Oaks, Sage.

Tocqueville, Alexis de (s/f), *Democracy in America*, vol. II, sección 2, capítulos II-VI, pp. 506-517 [hay traducción al español: *La democracia en América*, México, FCE, 2019].

Walton, Richard (1985), "From Control to Commitment in the Workplace", *Harvard Business Review*, marzo.

Glosario de términos clave

BASES (CONSTITUENCY)

La primera pregunta que se hace un organizador no es "cuál es mi problema" sino "quién es mi gente" ó "quién es mi base". Una base es un grupo de personas, o simpatizantes, que aprenden a trabajar juntas o mantenerse unidas para decidir, reafirmar y actuar conforme a sus propios objetivos. Organizar no sólo se trata de resolver problemas. Se trata de habilitar a las personas con el problema para que movilicen sus propios recursos hacia resolverlo y mantenerlo resuelto.

CAMBIO (CHANGE)

El cambio es específico, concreto y significativo. Requiere concentrarse en un objetivo que haga una diferencia real, tangible y visible. No se trata de "generar consciencia", de tener una conversación significativa, ni de dar un excelente discurso. Se trata de un objetivo visible y claro, explicar por qué conseguir ese objetivo puede generar una diferencia real en cuanto al reto al que se enfrenta tu base y hacer que suceda.

CAMPAÑA (CAMPAIGN)

Es una forma estratégica y motivacional de organizar la actividad de un cambio. Es estratégica porque es una forma de dirigir el esfuerzo. Es motivacional porque representa una historia en desarrollo con la esperanza de que podamos lograr nuestro objetivo. Conforme progresa, descubrimos que podemos marcar una diferencia. Nuestro trabajo adquiere la urgencia de unos plazos de vencimiento genuinos. La solidaridad de colaborar con otros en una causa común nos da energía.

Las campañas facilitan que nos *enfoquemos* en objetivos específicos, uno a la vez. Crear algo nuevo requiere una intensa energía y concentración, a diferencia de la inercia que mantiene las cosas en movimiento una vez que han comenzado. Podemos invertir energía por un número limitado de días, semanas o meses, en niveles que no podemos —ni debemos— sostener durante periodos más largos. Al terminar una campaña, consolidamos nuestras victorias o nuestras pérdidas, volvemos a nuestra vida normal, nos reagrupamos y, quizá, emprendemos otra campaña para el futuro. La cualidad "aventurera" de una campaña facilita el desarrollo de relaciones y vínculos con mayor rapidez —e intensidad— que en un contexto ordinario. Es más fácil que lleguemos a compartir una historia en común si todos participamos en su creación.

Las campañas se desarrollan a lo largo del tiempo con un ritmo que, poco a poco, construye una base, reúne impulso gradualmente con picos preliminares, culmina en un clímax cuando se gana o se pierde la campaña, y luego llega a la resolución. Cuando se hacen bien, las campañas fortalecen a las organizaciones que las crearon.

COMPROMISO (COMMITMENT)

Una promesa específica de tiempo, dinero o acción. El compromiso con un futuro compartido y con las consecuencias de un pasado compartido transforma un intercambio en una relación. La clave para la acción de los movimientos sociales es el oficio de obtener *compromisos*. Es una aptitud de liderazgo que a mucha gente le resulta muy difícil dominar. Garantizar el compromiso es el medio principal por el cual los movimientos sociales pueden obtener los recursos que necesitan para hacer su trabajo. Cualesquiera que sean las razones, se requiere coraje, entrenamiento y dedicación para desarrollar una cultura de pedir y obtener compromisos reales en los movimientos sociales.

EQUIPO DE LIDERAZGO (LEADERSHIP TEAM)

Los organizadores más exitosos son aquellos que forman un equipo de liderazgo con el cual trabajar desde los comienzos de su campaña. Aunque puede ser un error reclutar a personas demasiado pronto para que actúen como comité organizador —sobre todo si no procuras reclutar a personas a las que la comunidad vea como líderes, o al menos como líderes en potencia—, los organizadores suelen errar por tardar demasiado. Mientras más pronto dispongas de un equipo de personas con las cuales trabajar, más pronto el "yo" del organizador se convertirá en el "nosotros" de la nueva organización. Una vez que has formado un equipo de liderazgo, es más fácil establecer un ritmo de reuniones periódicas, decisiones claras y rendición de cuentas visible, que ayudará a lograr que las cosas realmente sucedan.

ESPERANZA (HOPE)

Uno de los recursos más importantes de una organización. Las fuentes de esperanza pueden ser las experiencias con "soluciones creíbles": no sólo tener noticias de éxitos en otros lados, sino también experiencia directa de pequeños éxitos y pequeñas victorias. Otra fuente de esperanza radica, para muchos, en tradiciones de fe, creencias espirituales, prácticas culturales y entendimientos morales. Las relaciones y vínculos sociales ofrecen otra fuente de esperanza. Conocemos a personas capaces de inspirar esperanza con su sola presencia. Lo que se conoce como "carisma" puede entenderse como la capacidad de una persona para inspirar confianza en otros, o para creer en sí misma. Más filosóficamente, Maimónides, erudito judío del siglo XII, afirmaba que la esperanza es la creencia en la "plausibilidad de lo posible", en vez de la "necesidad de lo probable".

ESTRATEGIA (STRATEGY)

La estrategia es la manera en que convertimos lo que tenemos en lo que necesitamos para obtener lo que deseamos; es decir, la estrategia es la manera en que convertimos recursos en poder. Tres elementos cruciales en la estrategia son la focalización, las tácticas y el tiempo. Cuando Marshall Ganz habla de estrategia, no se refiere a una sola táctica, sino a toda una serie de ellas por medio de las cuales los estrategas pueden convertir una oportunidad a corto plazo en una ganancia a largo plazo. La buena estrategia, como el buen jazz, es un proceso creativo continuo de aprender para alcanzar un objetivo deseado, interactuando con otros para adaptarnos a circunstancias en constante cambio.

HISTORIA O RELATO (STORY)

Aunque podemos ver las historias como estructuras discursivas, el aspecto que se muestra más claramente en el pensamiento de Marshall Ganz es la narración de historias como representación, en la que el "texto" es tanto acción como palabra y símbolo.

Las historias cautivan porque enseñan a lidiar con lo inesperado. Aunque a menudo se cuentan historias que comienzan con "érase una vez", lo que mueve a las personas a contar historias no es la preocupación por el pasado, sino por el futuro. Por medio de las historias se puede recurrir al pasado para enfrentar un desafío actual, para dar forma a un futuro deseado. Un líder apela al entendimiento de sus bases sobre su pasado, sus identidades, para enfrentar un desafío del momento, de forma que un nuevo y mejor futuro fuera posible para ellos.

La forma discursiva con la que los valores se traducen en acción es la historia. Una historia se compone de sólo tres elementos: *trama, personaje* y *moraleja*. El efecto depende del *contexto*: quién cuenta la historia, quién escucha, dónde están, por qué están ahí y cuándo.

En esta edición se alterna entre historia y relato como sinónimos de *story*.

LÍDERES Y LIDERAZGO (LEADERS/LEADERSHIP)

Debe distinguirse la autoridad del liderazgo. La autoridad es una legitimidad de mando que suele asociarse con posiciones sociales, puestos o roles específicos: una legitimidad sustentada en creencias culturales, así como en recursos de coerción. Ejercer el liderazgo en un contexto cívico puede requerir más aptitud que en otros contextos, porque depende más de la persuasión que del mando.

Antes que ocupar un peldaño en una jerarquía dada, los líderes se caracterizan por proporcionar a las bases los recursos que necesitan para atender sus intereses; a su vez, las bases proporcionan los recursos que los líderes necesitan para atender los suyos. El liderazgo es la aceptación de la responsabilidad de crear condiciones que permitan a otros lograr un propósito compartido, de cara a la incertidumbre.

Una de las responsabilidades más importantes de un líder es la de procurar las necesidades del grupo en su conjunto. Aunque el liderazgo puede ejercerse por individuos que trabajan en equipo (y, sin duda, un equipo puede emplear fortalezas complementarias para resolver un problema), la responsabilidad de procurar al equipo en sí tiene que recaer en alguien.

Dado que los líderes son tan importantes para la labor organizativa, resulta útil desarrollar una organización "rica en liderazgo", lo cual significa que los organizadores necesitan aprender a delegar. La interacción entre el líder y las bases da como resultado una comprensión profunda de los valores y cómo traducirlos en acción, se vuelve lo que Burns llama "liderazgo moral".

A veces, las personas que hacen esta labor de liderazgo, sobre todo cuando lo hacen de tiempo completo, se llaman *organizadores* o, usando términos más coloridos, *conferenciantes, agentes, viajeros, itinerantes, representantes* o *secretarios de campo*.

MOVIMIENTOS SOCIALES (*SOCIAL MOVEMENTS*)

Los movimientos sociales se caracterizan de otras manifestaciones sociales porque cuentan una nueva historia contrapuesta a un relato más antiguo o hegemónico. Surgen como resultado de los esfuerzos de actores con propósito (individuos, organizaciones) por reivindicar nuevos valores públicos, formar nuevas relaciones ancladas en esos valores y movilizar el poder político, económico y cultural para traducir esos valores en acción.

Dado que los recursos relacionales son tan importantes para los movimientos sociales, y dado que entrar en nuevas relaciones y mantener las viejas es tan laborioso, sólo es posible aumentar el tamaño del movimiento si se recluta en todos los niveles a líderes que acepten la responsabilidad. El reto es lanzar una red lo bastante amplia como para reclutar a otros que hagan este trabajo, crear la capacidad de entrenarlos y ofrecer la mentoría necesaria para apoyar su desarrollo.

NARRACIÓN DE HISTORIAS (STORYTELLING)

La narración de historias es la manera en que aprendemos a ejercer agencia para lidiar con nuevos desafíos, siendo conscientes del pasado, pero también de futuros alternativos. La narración de historias es la manera en que tenemos acceso a los recursos emocionales —o morales— para tener la motivación de actuar hacia esos fines. Un entendimiento narrativo es inductivo: es "verdadero" en tanto que nos mueve, y domina los ámbitos de la religión, la literatura, la poesía y la política.

Cuando iniciamos una nueva organización, no sólo construimos nuevas relaciones y movilizamos nuevos recursos, sino que comenzamos una nueva historia: una historia que, si tiene éxito, entretejerá muchos otros relatos individuales en una historia general de la comunidad en la que vivimos. Los líderes aprenden a contar una historia de esperanza que responde las preguntas ¿por qué ahora?, ¿por qué nosotros? y, para aquellos a quienes esperamos movilizar, ¿por qué ustedes?

NARRATIVA PÚBLICA (PUBLIC NARRATIVE)

Es un marco de conceptual, o pedagogía, que está constituido por tres relatos: una historia del yo (o personal), del nosotros, y del ahora. La narrativa pública es la forma en que aprendemos a ejercer agencia: el poder de elección frente a la incertidumbre. Por medio de la narrativa pública, los líderes —y las bases— de los movimientos sociales pueden inspirar una acción movilizando fuentes de motivación, construyendo nuevas identidades individuales y colectivas compartidas, y encontrando el coraje para actuar. La narrativa pública requiere de aprender un proceso, no de escribir un guion. Sólo se aprende narrando, escuchando, reflexionando y volviendo a narrar, una y otra vez.

La narrativa pública es una práctica de liderazgo: el oficio de narrar historias para habilitar a otros a que respondan con diligencia en momentos de disrupción; la capacidad emocional de tomar decisiones con conciencia. Se practica la narrativa pública cuando se aprende a contar una historia del yo que permita que otros comprendan por qué estamos llamados a hacer lo que hacemos, una historia del nosotros que permita a otros experimentar los valores que compartimos y una historia del ahora que permita tener acceso a esos valores para elegir con conciencia en respuesta a desafíos urgentes.

ORGANIZACIÓN U ORGANIZAR (ORGANIZATION/ORGANIZING)

Es la manera en que un grupo de gente se convierte en un colectivo con intereses, creencias y marcos de referencia en común. Tiene momentos de elección, formación de identidad y acción: la formación de un núcleo de líderes, el lanzamiento de la organización y el inicio de un movimiento. Cuando se trata de organizar, la interacción con otros no es un añadido, sino que está en el centro del proceso de aprendizaje. Aprender a desafiar, apoyar y motivar a aquellos con quienes trabajamos —y aprender a dejar que ellos nos desafíen, apoyen y motiven— son algunos de los ejemplos de lo que requiere una labor organizativa.

PODER (POWER)

Suele pensarse este concepto como uno de dominación y dependencia: se obtiene el poder sobre otros haciendo que dependan de mí para obtener los recursos que necesitan. Pero hay una segunda forma de ver el poder: como "poder para", o interdependencia. Cuando A posee recursos que B necesita, y B posee recursos que A necesita, se da la oportunidad de un intercambio que puede aumentar nuestro poder conjunto. En este contexto, la movilización del poder no es un juego de suma cero. El "poder para" es resultado de la cooperación social y nuestra capacidad de lograr juntos lo que no podemos lograr por separado.

Entender el poder desde la perspectiva de Marshall Ganz requiere verlo como algo relacional: una influencia que se crea en la interacción de los propósitos —o intereses— propios con los recursos necesarios para cumplirlos. Así pues, el poder no es algo que uno posea, un recurso, sino una influencia que se crea en la intersección de lo que tenemos con lo que necesitamos. El poder, entonces, no es sólo un asunto de recursos materiales, sino también de imaginación.

TÁCTICAS (TACTICS)

Las tácticas son actividades específicas con las que se implementa la estrategia. Son congruentes con tus metas, pero exhiben la falta de recursos de tu oposición. Aprovechan tu fuerza y las debilidades de la oposición. Entran en la experiencia de tu base, pero quedan fuera de la experiencia de tu oposición. Unifican a tus bases, pero dividen a la oposición. Son congruentes con tus metas. Las tácticas violentas en pos de objetivos pacíficos son disonantes, como los son los objetivos de empoderar a la gente y que dependen de movilizar dinero.

Procedencia de los textos

I. TEXTOS TEÓRICOS PARA LA PRÁCTICA

1] "El poder de las historias en los movimientos sociales". Título original: "The Power of Story in Social Movements"; conferencia preparada para la reunión anual de la American Sociological Association, en Anaheim, California, agosto de 2001. Reproducido con el permiso del autor.

2] "Cómo David venció a Goliat". Título original: "Introduction. How David Beat Goliath"; introducción al libro de Marshall Ganz, *Why David Sometimes Wins. Leadership, Organization, and Strategy in the California Farm Worker Movement*, Nueva York, Oxford University Press, 2009, pp. 3-21. Publicado con el permiso del titular de los derechos por medio de PLS Clear.

3] "Organización". Título original: "Organizing"; artículo incluido en George R. Goethals, Georgia J. Sorenson y James MacGregor Burns (eds.), *Encyclopedia of Leadership*, Thousand Oaks, Sage, 2007, pp. 1134-1140. Publicado con el permiso de Berkshire Publishing Group.

4] "Dirigir el cambio: liderazgo, organización y movimientos sociales". Título original: "Leading Change: Leadership, Organization and Social Movements"; artículo incluido en Nitin Nohria y Rakesh Khurana (eds.), *Handbook of Leadership Theory and Practice*, Cambridge (MA), Harvard Business Press, 2010, pp. 509-550. Publicado con el permiso de Harvard Business Publishing.

II. ARTÍCULOS, CONFERENCIAS, ENTREVISTAS Y DISCURSOS

5] "La empresa social no es cambio social". Título original: "Social Enterprise is Not Social Change"; artículo de Marshall Ganz, Tamara Kay y Jason Spice, "Social Enterprise is Not Social

Change", en *Stanford Social Innovation Review*, vol. 16, núm. 2, primavera de 2018, pp. 59-60. Disponible en doi.org/10.48558/Z8F0-3080. Publicado con autorización de los editores del *Stanford Social Innovation Review*.

6] "Hablando de poder (texto del Proyecto Gettysburg)". Título original: "Speaking of Power. Gettysburg Project"; artículo redactado el 14 de marzo de 2014. Publicado con el permiso del autor.

7] "Organizando a Obama: campaña, organización y movimiento". Título original: "Organizing Obama: Campaign, Organizing, Movement"; texto preparado para la reunión anual de la American Sociological Association en San Francisco, California, agosto de 2009. Publicado con el permiso del autor.

8] "Cómo el poder de la gente produce cambios". Título original: "How People Power Generates Change"; entrevista con Bill Moyers para su programa *Moyers & Company*, 10 de mayo de 2013. Reproducida con el permiso de los titulares de los derechos de dicho programa. Disponible también en billmoyers.com/episode/how-people-power-generates-change.

9] "Discurso en El-Hibri". Título original: "Acceptance speech"; discurso de aceptación del Peace Education Prize entregado por la fundación El-Hibri, pronunciado en 2018. Publicado con el permiso del autor.

PARTE III. GUÍAS DE TRABAJO

10] "Narrativa pública: el yo, el nosotros y el ahora". Título original: "Public Narrative. Self, Us & Now (Public Narrative Worksheet)"; material académico publicado con el permiso del autor.

11] "Narrativa pública en acción. Cuatro desafíos de liderazgo: pérdida, poder, diferencia, cambio". Título original: "Public Narrative in Action. Four Leadership Challenges: Loss, Power, Difference, Change"; material académico publicado con el permiso del autor.

Nota sobre las obras usadas en la portada

El punto de partida de la narrativa pública, la pedagogía de la organización que Marshall Ganz ha construido a lo largo de su vida, consiste en la articulación de tres relatos: la historia del yo, del nosotros y del ahora. La labor de organizar parte del aprovechamiento de la fuerza que tienen las historias para construir poder y así generar cambios reales y tangibles en el mundo.

Para expresar visualmente estas ideas, invitamos a tres de los artistas contemporáneos más importantes de México y América Latina: Pia Camil, Marcos Castro y Abraham Cruzvillegas, quienes donaron sendas piezas para las portadas de la primera edición de *¡Sí se puede! Estrategias para organizarse y cambiar el mundo*. Si algo tienen en común sus trabajos es una reflexión acerca de las estructuras de poder que operan en el mundo, y la función del poder organizativo y la imaginación de las comunidades frente a ellas. Interdisciplinarias, impredecibles y diversas, las obras del trío de artistas articulan historias y narrativas que inciden en distintos espacios sociales y políticos, al tiempo que producen cambios en las estructuras subyacentes.

La elección no ha sido ornamental, por eso las imágenes evocan temas recurrentes en el pensamiento de Ganz como comunidad, cambio social y activismo. Al ofrecer tres versiones para la portada de un mismo libro, buscamos aunar el esfuerzo artístico de estos creadores con el arte de la organización, el activismo y la política, dos campos de acción que se tocan para transformar una realidad que debe ser distinta.

En su prolífica obra, los proyectos más recientes de ABRAHAM CRUZVILLEGAS (Ciudad de México, 1968) destacan por sus vínculos y búsquedas en torno a la autoconstrucción: las estrategias creativas, precarias y colaborativas con las que los vecinos de la colonia Ajusco han transformado la infraestructura de vivienda

Abraham Cruzvillegas, *Teoría y práctica para autoconstruir poder, organizarse y transformar el mundo*, 2022, acrílico sobre papel, 297 × 210 mm.

en los pedregales al sur de la Ciudad de México, localidad habitada en su mayoría por migrantes y donde el propio artista nació y creció). En su portada, Cruzvillegas utiliza trazos verdes y rosas —colores considerados "secundarios"— puntuados por grafismos negros. Cruzvillegas integró en su vocabulario plástico esta combinación peculiar hace veinte años cuando reconoció el trazo urbano de su propio barrio en una favela de Mangueira, Río de Janeiro. Allá encontró paralelos entre el contexto mexicano y brasileño en términos de la necesidad que se transforma en organización social y, a su vez, genera cambios en una realidad llena de desigualdades, que se viven y encarnan en estos colores: los de la bandera de una escuela de samba, donde la carencia deviene música y baile.

El trabajo de PIA CAMIL (Ciudad de México, 1980) se vincula con el paisaje urbano mexicano, un acercamiento crítico al modernismo y uno de sus legados principales: el consumismo. En fechas más recientes, su obra se ha enfocado en la exploración y vivencia de la colectividad manifestada en la participación pública. Su portada retoma un registro fotográfico del proyecto "Ahí Viene el Sol", comisionado por el Círculo Latinoamericano del Museo Gu-

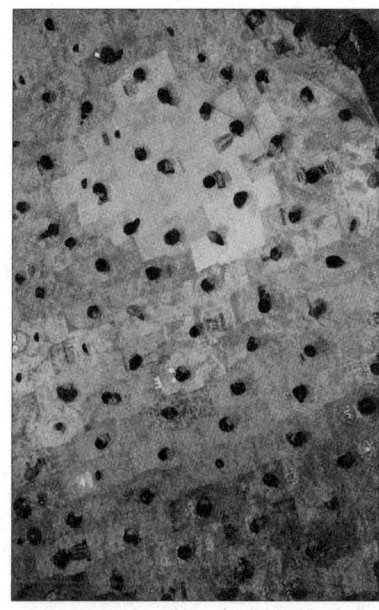

Pía Camil, *Here Comes the Sun*, 2019, tejido de playeras de segunda mano adquiridas en los barrios de Queens y Harlem, 12 m de diámetro. Foto de Enid Alvarez © Salomon R. Guggenheim Foundation, Nueva York.

ggenheim y producido con apoyo del Colectivo de Cultura del Este de Harlem y el Museo Queens. Este performance, que se realizó en 2019, se basó en los intercambios con comunidades migrantes de Harlem del Este y Corona, y en él Camil tejió una red de personas unidas por camisetas de segunda mano que fueron confeccionadas por costureras de la Ciudad de México, y que funcionan como una reflexión sobre el impacto del consumismo global, las rutas comerciales contemporáneas, las fronteras y la migración en la sociedad mexicana.

MARCOS CASTRO (Ciudad de México, 1981) utiliza en su trabajo símbolos encontrados en mitos, narraciones locales e imágenes históricas y naturales que vislumbran eventos futuros y nuevas identidades, al tiempo que explora los movimientos sociales y un futuro en decadencia. En esa prognosis son importantes las herramientas —como el megáfono y la palabra— que podrían ayudar a combatir y evitar un final distópico para el mundo. El azul en esta obra es una alusión al código de colores que los mexicas utilizaban para representar a Huitzilopochtli y también al sur como punto

Marcos Castro, *Megáfono*, 2017, acuarela, 75.5 × 112 cm.

cardinal de su cosmogonía. En ese sentido, su obra se relaciona con la opresión, la unidad y la jerarquía geopolítica del sur global (sobre todo en su acepción latinoamericana).

La primera edición de *¡Sí se puede! Estrategias para organizarse y cambiar el mundo*, de Marshall Ganz, se terminó de imprimir en Litográfica Ingramex, SA de CV, Centeno 162-1, Granjas Esmeralda, 09810, Ciudad de México, en diciembre de 2022, con un tiraje de 3 000 ejemplares. La composición tipográfica se llevó a cabo en el taller de Libros Grano de Sal, SA de CV, empleando la familia Marco PE, que es un diseño de Toshi Omagari.
☞